# 白墨《はくぼく》の零《こぼ》れるあたり春の式

玄月

edit gallery

モデル　津田一郎

撮影　熊谷聖司

千夜千冊エディション

# 数学的

松岡正剛

角川文庫
24109

千夜千冊
EDITION

松岡正剛

# 数学的

# 虚

## 前口上

数学は反復される現象たちから生じ、
計算する知性を幾何と数式で自立させてきた。
けれどもそのうち、数学のユニコーンには虚数の角がはえて
そのふるまいには翼をもったパラドクスがあらわれた。
角と翼をつけた数学がコンピュータに吸収されると、
そこから誰も見たことのない非線形なペガサスが出現した。

目次



第一章　数学的センス

第二章

# 数学をつくる

## 第三章　非線形で考える



## 第四章　情緒だって数学である

# 第一章 数学的センス

マーティン・ガードナー『自然界における左と右』
オスカー・ベッカー『数学的思考』
キース・デブリン『数学：パターンの科学』
グレゴリー・J・チャイティン『セクシーな数学』
スチュワート・シャピロ『数学を哲学する』
サイモン・シン『フェルマーの最終定理』
デイヴィッド・バーリンスキ『史上最大の発明アルゴリズム』

数学のパズル性と
自然の奥にひそむパリティ性

マーティン・ガードナー

# 自然界における左と右

Martin Gardner: The Ambidextrous—Universe Left, Right, and the Fall of Parity 1964

坪井忠二・小島弘訳　紀伊國屋書店　一九七一／一九九二

この人が数学を愉《たの》しくさせ、この人が数学の手品を見せ、この人が数理を「遊」につなげた。マーティン・ガードナーである。会いにいったときは六五歳くらいだったか。サイエンティフィック・アメリカン誌の数学部門の人気コラムニストで、一九五六年から八一年まで一度も休まず「数学ゲーム」を書きつづけ、その中の、いじわるでおシャレなゲームやパズルの珠玉の束を次々に本にしていった。

日本版は白揚社がハードカバーにして引き受け、『数学マジック』『現代の娯楽数学』『新しい数学ゲーム・パズル』『宇宙パズル』として届けた。ついで講談社ブルーバックスがソフトカバーの『数学ゲーム』1・2を、東京図書が『数学魔法館』正・続・続々をリボン付きクリスマスケーキのように売り出した。どの本も気になるパズルが目に入ってくるのだが、うっかり買えばまんまとガードナーの術中にはまるに決まっている。それでもこれらは聴き逃せないジャズ演奏みたいなもの、見逃せない陶芸品めいていたから、見ないことにするわけにはいかない。そこでついつい買って帰るものの、部屋に戻ってしばらくするとギャフンと言わされる。けれども、このギャフンが「うっとり」を生む。数学に巻きこまれるには、この魔法にかかる必要がある。

さて、そのガードナーが「数学ゲーム」を書き始めた一九五六年は、物理学の或る事情が一変した年にあたっていた。リーとヤンとがベータ崩壊の研究のあげく、「パリティが保存されない」ということを発表したのである。

パリティ（parity）は比較した対象物の価値や価格が等価とみなせるときに使う専門用語で、金融業界や証券業界では日常的に交わされているのだが、数学者が偶数と奇数を扱うときにも使っていた。「偶奇性」などと訳している。

二つの整数が両方とも偶数か、両方とも奇数であれば、その二つの整数は同じパリティをもつといい、一方が偶数で他方が奇数ならばこのあいだのパリティは反対になるという。もうすこし拡張すると、自然界にはパリティが保存されるような現象の進み方と、そうではない進み方があるはずだと想定されていた。

十円銅貨をオモテにして数枚並べ、これをどんな順序でもよいから一つずつ裏返しにしていくとき、これを偶数回くりかえしているかぎりは、その結果は最初のパターンを必ず含むものとなる。このとき「パリティは保存された」と考える。逆に、奇数回で裏返していると最初のパリティと最後のパリティはさかさまになる。このとき「パリティは破れた」と考える。このように偶奇性を見る見方がパリティだ。

ここには、ある現象を反対に映し出す現象上の鏡像関係とでもいうべきものがひそんでいる。またその関係には、自然界の秘密とわれわれがそれを観察しているときの見方の関係の秘密とが、同時に隠されていた。

リーとヤンが一九五六年に「弱い相互作用」においてパリティが保存されないことを提唱し、それを受けてウーがコバルト60を使ってベータ崩壊を測定した実験は、「パリティは破れた」というメッセージをもたらした。自然界にはパリティが破れていく現象があるということになったのである。

このことが何を意味しているかを、にわかに認識することは少しむずかしい。そこで、このメッセージを「宇宙には鏡像関係が成立しない現象がある」というふうに読みかえてみると、鏡に映しても左右が入れ替わらない現象が、どこかにあるということになる。ただし、この見方が何を意味しているのかというと、けっこう手ごわい。

宇宙のどこかに宇宙人がいたとして、そこに向けて地球から一枚の絵を送っても、その絵のどこが上下で、どこが左右かはわからない。たとえば化学分子構造の右上の炭素を左下の腕に移してほしいというようなメッセージは、宇宙人には伝わらない。それならコバルト60の放射線が左（あるいは右）に曲がったという現象は、伝わるのか。物理学界が騒ぎだした。パリティ問題と呼ばれた。

なぜ、こんなことが重要かというと、物質は原子をつなげて出来ているからだ。酸素と窒素のちがいは、物質にひそむ〝手〟の結び方によって決まる。鉄と銀とのちがいは〝手〟のつなぎのちがいなのである。例の亀の甲羅の形からいろいろな〝手〟が出ている分子構造や化学式はそのことを示している。

この〝手〟の奥にあるものをずっと追求していくと、そこには〝手〟の究極をつくっている何かがあるにちがいないということになる。おそらくは電子や陽子のレベルの、つまりは素粒子やそれ以下の現象のレベルでおこっているもともとのルールのところで、パリティが決まっているということになる。そうでなければ、何によって手を結ぶか結ばないかが、わからない。

物質の動向の究極には手を結ぶか結ばないかという問題に関するもともとのそのままもとのルールがあるはずなのだ。では、左右の手を結ぶ問題とはいったいぜんたい何なのかということになる。それがはっきりしないかぎり、宇宙人は地球から送られてきたメッセージの左右について、最終的な結論が出せない。

これがパリティ問題である。ひらたくいえば、勝手の問題である。左勝手とか右勝手とかという、あの勝手だ。パリティ問題とは「物質における最終的な勝手の問題」なのである。リーとヤンの理論は、その物質の究極の勝手の動向のところでパリティ（すなわち勝手）は破れているかもしれないと言い出したのだった。これは何を意味しているのか。物質はいったいどこのレベルで左右を決めているのかということだ。

当時、こうしたパリティの問題をわかりやすく解《ほぐ》している本はなかった。そんなときに登場してきたのが、数学パズル王マーティン・ガードナーによる『自然界における左と右』だった。

あまりに忽然《こつぜん》と納得させられたので、のちにぼくはこの人に会いに行くのだが、当時はなんとすばらしい思考と表現ができるものなのか、うっとりするばかりだった。科学者や数学者でこのような解説ができるのはめずらしい。専門分野をつかいながらもその本質的な問題を拡張しつづけて、しかも本質的な問題の根本をはずさない。

ガードナーはこの問題を、「鏡で左右が入れ替わるのはなぜか」という、誰もが知っていながらちゃんと答えられない問いから始めている。われわれは鏡の中で左右が入れ替わっているのに、上下が入れ替わっていないことを知っている。しかし、ほんとうにそうなのか。ガードナーは実は左右も入れ替わっていないことを告げ、読者をびっくりさせる。そしてその証拠に、自分が映っている鏡に向かってそのまま鏡の中に入っていけば、上下だけではなく、左右も入れ替わりがないことに気がつくはずだと説明する。ガードナーはそうした疑問をたくみに解説しながら、自然界における対称性の出現と保存のありかたについて次々に問題を投げかけ、鮮やかな説明を加えていった。

こうして、ぼくはすっかりパリティの謎の内奥にひたることになったのである。それとともに、自然というものを科学的にとらえる思考方法の新しい訓練を、数学的マジシャンから受けたのである。その訓練はポアンカレやガモフやディラックやワイルから示唆された訓練とは、またちがっていた。そこには思考の自由に関する翼の広げ方のようなものがあった。

では、後日談だ。ニューヨークの編集部にガードナーを訪ねると、「ごめんごめん、一五分しか時間がとれないんだけれど」と言いながら、マーティンは数学パズルは数学そのものではなくて、数学を支える考え方や数学を超える見方を鍛えるためのものだといった主旨を述べ、でも私よりもずっとこのことがわかっている数学仙人がニューヨークにいるんだよとニヤッと笑うと、その人の名とアドレスを教えてくれた。それがレイモンド・スマリヤンだった。

数日後に村田恵子と数学仙人を訪れて、呆気《あっけ》にとられた。数学者であってピアニスト、論理学者であってタオイスト、ゲーデル研究者であって奇術師だったのだ。帰国してすぐに、スマリヤンの『タオは笑っている』（工作舎）を翻訳刊行した。

第八三夜　二〇〇〇年七月三日

［追記］その後、スマリヤンの本は「ゲーデルとカントールをめぐる難問奇問」というサブタイトルの『スマリヤンの無限の論理パズル』（白揚社）、『哲学ファンタジー：パズル・パラドックス・ロジック』（ちくま学芸文庫）、『ゲーデルの不完全性定理』（丸善）などが翻訳刊行されている。すべてガードナー以上かもしれない。

**参照千夜**

六七〇夜：ヘルマン・ワイル『数学と自然科学の哲学』　七六八夜：ジョージ・ガモフ『不思議の国のトムキンス』　一八夜：アンリ・ポアンカレ『科学と方法』

完全性を求める数学は
どこかに「はかなさ」を秘めている

オスカー・ベッカー

# 数学的思考

中村清訳　工作舎　一九八八

Oskar Becker: Größe und Grenze der Mathematischen Denkweise 1959

数学の偉大さと惨めさを、パスカルやバルザックのように書けないはずがない。これがオスカー・ベッカーが本書を執筆したときの動機だ。パスカルの偉大さはともかく、バルザックの惨めさとは何かというと、数学的思考の限界のことをいう。

ベッカーがフッサール門下で、かつ名うてのハイデガー主義者であることは、佐々木力《ちから》などによって夙《つと》に喧伝《けんでん》されてきた。この系下に立った数理哲学者というのは、そういない。フッサールには『算術の哲学』という名著があり、ハイデガーは「自然と人間のあいだには相対的なしくみがある」とみなしていて、二人は自然的人間的現象学の基本にひそむしくみが「数学的なるもの」だろうということを見抜いていた。ベッカーはこの二人の数学がわかる哲人に数理的洗礼を受けた。

こういうベッカーだから、本書は記述にまったく贅肉《ぜいにく》がないにもかかわらず、説明は数学そのものでも科学そのものでもなく、ひたすら数学的思考を哲学の意匠で追いつめていく。その書きっぷりが水際立っている。

ピュタゴラスやアナクシマンドロスの時代、数は「事物の中」にあるか「事物そのもの」か「事物によって合成されたもの」か、まだ決定されていなかった。やがてアリストテレスによって、事物は数を模倣しているようだという構想が支配的になって、「イデアとしての数」という考え方が広まった。数は事物にぴったり〝付いたもの〟になったのだ。

この見方には限界があった。たとえば三角形が事物であるのか、数学的形式のものなのかが、わからない。これを確かめるには、数学というものがまずもって自立して、分析的な実験の対象として議論されるか、あるいは精密科学としての深化をとげなければならなかった。あるいはガリレオがそう言ったように、「自然という書物は数学的言語で書かれている」という言い方を成立させる必要があった。

こうしてデカルトとパスカルの時代に「記号代数」や「普遍数学」という見方が登場する。これで数学は「方法」に近づき、思考の道具になり、さらに思考のかなり重要な部分に数学が絡まっているとみなされるようになった。けれどもここでもまだ、人知というものが「自然に従ってそういう数学的方法になった」のか（これはフランシス・ベーコンの言葉でもある）、それとも逆に「ありうべき数学的思考に従って自然の法則を数学化している」のかは、決まったわけではなかった。

どちらにせよ、この時期に数学の自立がはたされた。十七世紀と十八世紀は観測装置や機械が次々に発明され、人知はそれらがもたらす数値と一緒に、自然現象の多くを数学モデルにせざるをえなくなり、十九世紀に入るとその数学モデルの数をふやしていくことが、数学者の仕事になっていったのである。一方、大半の科学と技術のほうも、いってみれば「数学への後退」（ベッカー）によって著しい進歩をとげたのだ。とはいえ、数学がまちがっているとか、逆にどこもまちがっていないという保証は誰によっても確かめられていなかった。数学の言葉があらわしている命題が無矛盾であるかどうかということは、ずっとほったらかしになってきたのである。

二十世紀が始まる前後になって、いよいよ数学の完全性が問われることになった。わかりやすくいえば、次のような考察が始まった。

5+3 はこのままでは成立していない。5+3=8 もこのままでは何も表明していない。「5+3=8 は、数学的に約束された手続きにもとづいた表明の体系の一部である」と言って、われわれは初めて「5プラス3は8である」という情報を入手する。では、この「〜は8である」の「である」は何なのか。それは数学という対象言語を支えているメタ言語なのである。

数学が言明している情報の本質を、数式を包む言明そのものの問題として扱おうとする立場を、ヒルベルトは「超数学」（数学基礎論）とよんだ。「〜は8である」の「〜は〜である」の「〜」が無矛盾であるかどうかをつきとめるには、この超数学による新たな数学的思考を必要とするのではないかというのだ。

かくてクルト・ゲーデルが声を上げた。「超数学」がなくたって、数学の完全性があやしいことは証明できるという声だ。こうして「不完全性定理」が提出された。数学の完全化は不可能だという空恐ろしい定理であった。それはベッカーによれば、「算術を論理的に基礎づけるのに十分なことが明白なあらゆる体系の中に、真ではありながら体系そのものの中では決定不能の命題が存在する」というものだった。ゲーデル自身はこう書いた、「数学は完全化不可能で、その明証的公理は有限の規則で尽くされることは決してないだろう」。

本書は終盤にさしかかって、ゲーデルの不完全性定理を検討しながら、ますますストイックに「数学的自由」と「数学的限界」のはざまをめざしていく。

ベッカーがそこで持ち出すのはハイデガーの次の言葉である。それは、「数学は歴史学や哲学にくらべて格別に厳密ということはない。ずっと狭いだけなのである」というものだ。ベッカーの言い分は明快だ。数学は数学が向かうべき狭い対象をめざすことによって数学的思考を維持できたのではないか。ただし、そのことによって数学的思考が保たれたとしても、だからといってそれで自然像がどのような数学で語られるべきかという提案にはなりえない。むしろ数学はどんどんと異質な自然像づくりに貢献してきたのではあるまいか。でも、それでいいではないか。数学とはそういうものなのだ。そう、ベッカーは結ぶのだ。

以上、「数学的思考」に迫るオスカー・ベッカーをあえてストイックに紹介したのだが、実はベッカーにはもうひとつ、「美のはかなさ」をめぐる鋭い美学があって、ぼくはこちらのほうをずいぶん早くに稲垣足穂《たるほ》によって堪能させられていた。詳しくは『フラジャイル』（筑摩書房）第二章「忘れられた感覚」を読まれたい。

ベッカーは一九二九年のフッサール生誕七十年記念号の「哲学現象学研究年報」で、「美のはかなさ」の本質としてフラジリティ（ドイツ語でFragilität）を持ち出した。論文名を「美のはかなさと芸術家の冒険性」という。これは美の存在学の極め付きの試みともいうべきもので、カントの「うつろいやすい美」やカール・ゾルガーの浪漫的虚無主義を起点に、いったい「壊れやすさ」（Zerbrechlichkeit）とは何かということが議論されている。

ベッカーは「もろさ」「はかなさ」こそが美の根底から突出していて、それはあらゆる感覚と感性の尖端（Spitze）としてわれわれの前に投企されていると見抜いたのである。

これで見当がつくだろうように、ベッカーは「数学だってはかないものなんだ」「そこには不完全で壊れやすいところがあるから美しい」と言いたかったわけなのである。そこには数学が思考のシャープペンシルの細い芯のような尖端《せんたん》をもっているという摑《つか》まえ方があった。

なお六八九夜にも書いておいたように、日本で最初にベッカーに注目したのは九《く》鬼周造《きしゅうぞう》だった。九鬼はベッカー自身にも会っている。

第七四八夜　二〇〇三年四月七日

**参照千夜**

七六二夜：パスカル『パンセ』　一五六八夜：バルザック『セラフィタ』　一七一二夜：フッサール『間主観性の現象学』　九一六夜：ハイデガー『存在と時間』　二九一夜：アリストテレス『形而上学』　一七三四夜：ガリレオ『星界の報告』　一三三夜：ヒルベルト&コーン＝フォッセン『直観幾何学』　一〇五八夜：ハオ・ワン『ゲーデル再考』　八七九夜：稲垣足穂『一千一秒物語』　六八九夜：九鬼周造『「いき」の構造』

## 数学センスは
## パターンの動かし方にあらわれる

キース・デブリン

# 数学：パターンの科学

宇宙・生命・心の秩序の探求

山下純一訳　日経サイエンス社　一九九五

Keith Devlin: Mathematics—The Science of Patterns 1994

ダリのシュールな絵を教科書の端っこに見いだしたとき何を感じたか、アンデルセンの童話で泣いたのは何のお話だったのか、コルトレーンの《至上の愛》をいつ聴いたのか、どんなときにベルニーニの彫刻《法悦》に息を呑んだのか、土方巽《ひじかたたつみ》の舞踏をどこで観たのか。人生のセンスはだいたいこれで決まる。もうひとつ、ある。これらのことを誰と語りあったのか。

十五歳のとき、担任で数学を教えていた赤井先生がやおら「メビウスの輪」を黒板に描いて、どうや不思議やろ、表と裏がぐるっとつながっとるんやと言った。ノートを切ってねじった輪っかをつくって、何度も指で辿《たど》って不思議に溺れた。それからしばらくたって、桂寿一先生（デカルトの翻訳者）からエルンスト・ヘッケルの洋書『自然の芸術的形態』をもらった。一週間ずうっとページを繰っていた。

二十代のおわり、ダーシー・トムソンの『生物のかたち』（東京大学出版会UP選書）に出会った。並木橋の杉浦康平スタジオで、奈良《なら》原一高《はらいっこう》さんや武満徹《たけみつとおる》さんを交えて、「かたちの美」はどうして仕上がっていくのかを夜遅くまで話した。そのあとバートランド・ラッセルの『神秘主義と論理』（世界思潮研究会）を読んだ。「数学は冷酷で厳粛な美しさである」とあった。厳粛な美だけではなく冷酷な美でもありたいというところが、パラドックス好きで皮肉が相手に刺さるとエビぞって悦ぶラッセルらしかった。

数学を美的に感じる数学者はかなり多い。オイラーもポアンカレも、高木貞治《ていじ》も岡潔《きよし》も、数学的な美学の極みに惚《ほ》れぬいた。けれども数学は美しくなければならないとか、数学はエレガントであるというような玄人《くろうと》好みの話はペダンティックな自慢話になりかねず、その感興は伝わりにくい。それを納得させるには、自分で数学に溺れるか、さもなければオスカー・ベッカーほどの独特な美学的な表現解説力がいる。

とはいえベッカーのように、鉛筆の先が尖《とが》って折れやすいようなフラジリティをもって数学美を解説できるというのはかなり特別な才能で、そうとうに言葉の美学にも通じていなければならず、そのため「美」はともかく、数学が苦手な者たちはせめて「数学的おもしろさ」には馴染んでおきたいというふうになる。

それはそうだろう。数学というもの、不得意な相手ではあっても、邪険にするにはあまりにもかっこよくて、セクシャルすぎるのである。だから少しは付きあいたい。では、どうしたら馴染めるのか。お近づきになれるのか。おそらく答えはただひとつだ。それは「パターンに遊べるかどうか」だ。

本書は、数学的思考や科学的思考におけるパターンの意味と効力を説明するにはうってつけだ。著者はアメリカではセントメリーズ大学の名物理学部長としてそこそこ知られてきたが、むしろイギリスでのサイエンティフィック・エッセイストとしてのほうが有名だ。中身は「数学はパターンの科学である」ということをさまざまな角度から案内したもので、興味深い例が次々に繰り出される。図版も多い。全部につきあっているとやや〝数学疲れ〟が出てくるかもしれないが、それでも一般読者に読ませる技量には事欠かない。とくにデザイナーは手元に置いておきたい。

構成は数学入門コースウェアになっている。1「計算」（数、記号、ギリシア数学、素数のパターン、フェルマーの最終定理）から始まって、2「推論と伝達」（ブールの論理学、命題論理、述語論理、集合論、ヒルベルトとゲーデル、言語のパターン）、3「動きと変化」（無限級数、関数、変化率の計算、微分・

積分、複素数、解析的数論）と進み、ここで4「形」（ユークリッド幾何学、座標、非ユークリッド幾何学、射影幾何学、次元）、5「対称性と規則性」（対称性の群、ガロア、壁紙のパターン、タイル張り）という日常感覚と非日常感覚をつなぐ幾何学を深めながら、いったん6「位置」という見方のおもしろさ（オイラーの定理、ネットワーク、トポロジー、多様体、結び目）を展開して、最後にまたフェルマーの定理に戻っていく。こういうみごとな構成で、おまけに一章ごと一節ごとの展開スピードが心地よいので、その味に酔える。

たとえば第2章「推論と伝達」は、カントールの集合論の意味を説明しながらラッセルのパラドックスを紹介し、そこからヒルベルトの問題の立て方とゲーデルの定理を両睨《にら》みすると、ポール・コーエンの画期的な方法を挙げ、ついでチューリング・マシンの意図を解き、さっと「言語にもパターンがある」という話題に突っ込んでいく。

この「言語にもパターンがある」についての説明では、ソシュール、ボアズ、ブルームフィールドが横並びに紹介され、そのあとただちにカルナップの論理実証主義とチョムスキーの生成文法論が解説される。この手際は早くて気持ちいい。

第5章「対称性と規則性」では雪の結晶から入って、パターンはしばしば「対称性の群」によって変換されるという図形変換的な話に進み、代数のような抽象的な数学でも対称性や変換性がおこりうること、この問題に立ち向かった若き天才ガロア（二十歳で決闘死）の話とそこから発展した「群論」の概要を案内したうえで、これらをフェリックス・クラインが「エルランゲン・プログラム」（一八七二）として幾何学の統合的な展望に仕向けていったこと、そこから射影幾何学やトポロジー（位相幾何学）という新分野が誕生していったことなどにふれる。

この章では「詰め込み」と「積み上げ」が強調される。リンゴやミカンをどのように詰め込むと一番効果的なのかといった問題だ。

この問題はガウスの「格子状詰め込み問題」の解法に始まってラグランジュの数論にまで発展するのだが、一方ではこの手のパターン数学が鉱物の結晶問題、ダーシー・トムソンが着手した生物の形態進化とパターンの関係の謎、壁紙やタイル張りの妙、ウィリアム・モリスのレッサーアーツ、ディリクレ領域（Dirichlet allocation）やボロノイ図のもつ意味、ロジャー・ペンローズの周期性と非周期性の研究（準結晶の研究）などにも及んでいく。本書はこのあたりも案内する。いずれも鮮やかな事例だ。

とくに本章に登場するジョン・ホートン・コンウェイがボール紙で示した「空間の非周期的なタイル張りの二重プリズム模型」（一九九三）は、見ているだけで興奮する。この数論と立体モデルで図抜けた才能を発揮したお洒落《しゃれ》な数学者コンウェイは、さきごろのコロナに罹《かか》って亡くなった。

ちなみに本書はフェルマーの定理を何度も引いて議論をすすめているが、そのあたりのことはサイモン・シンの『フェルマーの最終定理』の千夜千冊でやや詳しくふれたので、そちらを読んでもらいたい。

数学はパターンをどう使うかというしくみを中心にできている。数学はパターンの科学なのである。ただし本書はパターンという用語ですべてをすませているが、パターンにもいろいろがある。

フォーム、フォーマット、テンプレート、スタイル、モールド、モデルなどもパターンに入るし、日本では「形」も「型」も「体」も、「風儀」「形式」「形態」も、「紋切り型」も「鯛焼き」も「鯛焼きのための鉄板」も、みんなパターンなのである。洋裁でパターンといえば型紙のことだし、エソロジー(動物行動学)でパターンといえば、繰り返しあらわれる動きのことだ。心理学では「ゲシュタルト」が知覚とともにあらわれるパターンのことだった。クリストファー・アレグザンダーは、建築設計にもパターン・ランゲージがあると言った。

こういうぐあいにパターンと言ってもいろいろなので、パターンとは何かということ自体を目くじら立てて追求しないほうがいいかもしれない。おおざっぱには、われわれが「型」のようなものを借りて思考をしているときは、すでにパターン的になっているということなのだ。そこにパターン的なものが認められれば、すべてがパターンか、パ

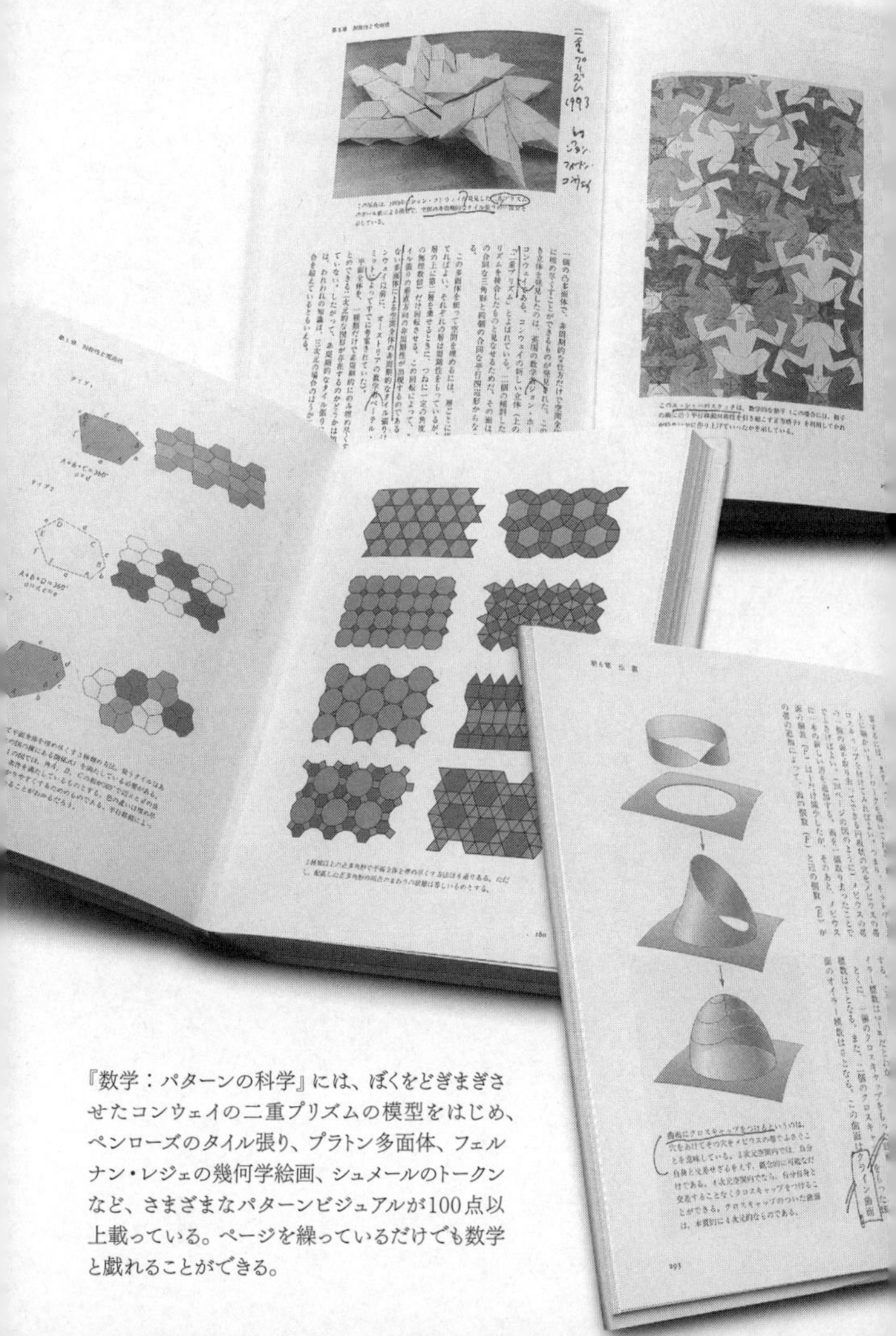

『数学：パターンの科学』には、ぼくをどぎまぎさせたコンウェイの二重プリズムの模型をはじめ、ペンローズのタイル張り、プラトン多面体、フェルナン・レジェの幾何学絵画、シュメールのトークンなど、さまざまなパターンビジュアルが100点以上載っている。ページを繰っているだけでも数学と戯れることができる。

ターン的なるものなのである。パターンがどういうものかということより、どんなパターンであってもパターンをつかって思考や制作をすすめ、それが「世界を見るための方法」を示している、その方法が数学から読みとれるということが、とりあえずは重要なのだ。

なぜ文明が「数」をもったのかということは、人類学にとっても数学にとっても面倒なほどの大問題である。それにもかかわらず、あまり説得力のある説明がなかったのだが、「パターンの発生」という視点からみれば、それほどの難問ではない。

そもそも「数える」ということは、与えられた集まりに含まれる「メンバーの個数というパターン」を知ることなのである。そこで使われる数字という記号はパターンのためのトークン（代用品）からの転用だった。スリランカのベッダ族はココナツの個数を数えるのに木片を用意して、ココナツ一つずつに木片を対応づける。全部でどのくらいココナツがあったかというときは、木片の山のほうを見る。そして「たくさんある」と答える。ここでは木片が数字の代わりのトークンだ。このトークンと数字とのあいだのどこかに「思考をはこぶパターン」が出入りした。

幼児には、目の前の立体物が面や線でできていることはどうしてもわからない。体積という概念もわからない。ジャン・ピアジェは、幼児が立体や体積を理解するには、少し年齢がすすんでパターンというものを学習しないかぎりはなかなか理解は得られないと強調した。だったら子供にはなるべく早く「パターンで見ること」を教えるのがいい。そのうえで自由な発想に向かったほうがいいとも強調した。

おそらく人間（ホモ・サピエンス）が理性や思考力を身につけるようになったのは、パターンを使うようになったからだったろう。また、パターンを記録（記憶）して動かせるようになったからだったろう。パターンを動かそうとしたり、何かにあてはめようとしたりすると、「思考に何かをもたらす推進力」のせめぎあいがするすると寄り添ってくるわけで、それがたまらなくおもしろかったのだ。数学を愉しむには、この寄り添ってくる「思考の型」とどんなふうに親しむかがキモになる。

これはぼくがイシス編集学校でまず「型」を教え、ついでその「型」を使って何かを表現することを遊んでもらい、最後に世界観の中にいかに多くの「型」が組み合わさっているかを学んでもらっている手順と同じだ。子供も大人も何を学習すればいいのかといえば、「世界をパターンで見る見方がいくつもある」ということに勇気をもって乗っかれるかどうかなのである。

この手続きをわかりやすく手順で解くのが数学なのである。数学は立体物や時空間についてさえ、他のいくつかのパターンの組み合わせによって理解する。

というわけで、「数」にまつわるもともとの由来をいえば、一つとか三本とか四七個とかと数えているというそのことが、「世界をパターンで見る」という数え方の発生（つまりは「数」の発生）だったのである。数えるという行為そのものが自然数をパターンで表現したということだった。

それならわれわれが「一つ、三本、四七個」と数えられるようになったのは、どうしてかといえば、ひとつには指を折ってみること（ディジットすること）を学習の知恵として自覚できたからだろうが、これだけでは数を運用できなかった。指を折ってみるだけでは数えた記憶がのこらない。そこで数の記録を何かで示しておくことにした。こうしてトークンが介在することになった。

トークンなら日にちがたっても数がのこる。このエビデンスについては七〇年代後半から八〇年代にかけて、人類学者のデニス・シュマント＝ベッセラートが古代イランのスーサの出土品から調べ上げた。粘土製のトークンに数のぶんだけの線分や穴が刻まれていた。かくてトークンが先行して、ここから記号や数字が派生したわけである。そこからは各地で計数システムがさまざまに工夫され、指折りでは賄いきれない「桁上がり」も思いついた。

数学の原型は、このような「トークンとしての数字」と「学習されたパターン」とをたくみに組み合わせてできあがっている。もう少し正確にいえば、数学的な思考がパターンによっているということは、数学はパターンによって「数による計算」という抽象的な思考を維持しているということだ。そのことによって推論に沿った抽象的な構造も想定できていったということだ。「数えられる数」はのちに自然数と呼ばれた。

旅商人であったミレトスのタレスは、「円はその直径によって二等分される」とか、また「相似な三角形の対応する辺は比例する」という洞察をした。これはまさに抽象的な構造を視覚的に明示したもので、そこからピュタゴラスのクロトン学派が登場し、次の時代の幾何学と抽象数学の第一歩を踏み出した。

ピュタゴラスの提案は、知というものは「数と音と図」の組み合わせであるということだった。だからピュタゴラスはクロトンの学園に、①アリスメティカ（数論）、②ハルモニア（音楽）、③ゲオメトリア（幾何）、④アストロロギア（天文）という四科目を掲げた。それを「クアドリウィウム」（四科）といい、のちに中世ラテン世界でこれに論理学・文法・修辞学の「トリウィウム」（三科）が加わって、これらがのちのヨーロッパの七つの「学芸」になり、やがて自由七科としての「リベラル・アーツ」になった。ヨーロッパの知は最初の最初から「パターンの組み立て」に発していたわけである。

このうちのゲオメトリアをユークリッドが発展させた。ユークリッドは『原論』に定義と公理から二二個の定理を案出し、そのうえで五つの公準を提示した。「任意の点から任意の点に直線を引くことができる」とか、「任意の中心と半径をもつ円を描くことができる」といったものだ。公準はのちにヒルベルトによって二〇個以上にふえたけれど、いまなお幾何学の基礎になっている。

ここに「形、平面、角度、長さ、高さ、面積、比、同じ、違い、移動、内側と外部、大小」といった認知の要素が、数学的に摑み出せることになった。これらはいまではすっかり幾何学の基本文法のような顔をしているが、その出自からして「パターンをつかって対象を解釈するための認知道具」だった。

ユークリッドは『原論』第七巻に、偶数と奇数のちがい、素数の性質、算術の基本法などについても書いた。そこには、のちにモジュラス(有限算術)として扱われる考え方が先取りされていた。それを近代数学の意匠に仕上げたのは若きフリードリッヒ・ガウスである。ユークリッドとガウスによって、パターン思考が幾何から代数に移行できるようになった。パターンは、数学が乗り換え、着替え、持ち替えをしながら、代数やら幾何やら解析やら応用数学やらと様式を選択していくにも絶必だったのである。

さて、数学には命題と証明がつきものだ。命題が与えられ、これを順々に証明していくプロセスは数学の独壇場である。しかしながら、そこに次から次へと数式が登場してくるのは、数学の苦手な者には食後のたびに二錠のめばすむ風邪薬にくっついている長々しい使用説明のようで、できれば御勘弁ねがいたいところだろう。

けれども、数式による進行は数学が真偽のいきさつを雄弁に組み立てるべく、主語と述語をいろいろ持ち出しているプロセスであって、いわば小説の描写のようなものなのだ。この数式の展開がなければ、数学は文明の一切の記述から抜け落ちていく。

数学の証明につきあうのは風邪薬の説明を読むよりうんとエキサイティングで、どちらかといえばスマートな推理小説の展開に近い。ただし、ここで持ち出されている主語や述語は、小説の叙述とは異なって、ひとえに「論理」(あるいはその代用品)の進行のためのものなので、証明プロセスにおける数式の展開では、パターンはいろいろ組み合わさって論理の姿をとることにした。

そういうふうにしてみようと最初に思いついたのは、他の多くのお題設定がそうだったように、アリストテレスだ。アリストテレスは三段論法などの考案でも知られているが、パターンの組み合わせの進行を「主語述語命題」という論理の見え方に移行させた。これによって数学は、主語と述語にもとづく論理の行方をあらわせるようになっていく。論理の行方をあらわすとは「推論」のプロセスを示すということである。

ところがアリストテレスが着手した推論の手続き(論理的推論)は、その後はあまり発展しなかった。やっと十九世紀半ばになってジョージ・ブールが登場し、思考のパターンを代数的に把握しようと試みて、ようやく論理を代数化することができるようにした。

主語述語命題は（代表的にはあいかわらずの三段論法）、ブールの代数論理学（ブール代数）によって新たな様相を獲得する。ブール代数はのちのコンピュータのもととなり、アルゴリズムとしてのプログラムをつくるうえでの大前提になっていく。

こうして数学は、論理もまたパターンであると確信するに至ったのである。真偽もパターン・フォーメーションの精査によって証明できることになったのだ。

論理パターンで数学的思考をあらわすには、どうしたらいいのか。ジョゼッペ・ペアノやゴットロープ・フレーゲの出番がやってきた。ここでちょっと告白すると、ぼくが数学を邪険にするまいと決めたのは、うんと若い時にはマーティン・ガードナーの数学パズルのおかげだが、少し長じてからはフレーゲの概念記法と述語論理の扱いに出会ってからのことだった。

ペアノは寡黙な人物だったようだが、そうとう多才である。自然数の公理系の確立者で（ペアノの公理）、存在記号や包含記号の考案者、また無活用ラテン語の発案者としても知られている。けれども、なんといってもペアノ曲線の発見者として数学星座のように輝いた（ペアノの図形）。

これは閉じた平面（空間）を単位正方形に分割したとき、どのくらい連続的で空間充塡的な図形が埋め尽くせるかという問題に挑戦したもので、パターンの魔術の特例のように十九世紀末の数学界の話題になった。

ペアノの図形論からは、その後シェルピンスキーのガスケット図形、コッホの雪片曲線、マンデルブロのフラクタル図形などの姉妹たちが生まれ、なかでもブルーノ・ムナーリがシェルピンスキーの閉じたペアノ曲線に惚れて、これをいろいろなデザインに転用したことでも有名になった。もっとも論理パターンの数学としては美しすぎて、数学思想史から敬遠されていった。

一方、フレーゲの「概念記法」(Begriffsschrift)は、まったく新しい「数理論理学」をつくりあげた。論理のはこびを特別な論理操作記号で記述して、それを述語論理として計算できるようにしたのだから、これはまた腰が抜けそうな変革の狼煙《のろし》だった。一八七九年の狼煙である。

論理操作記号による計算は哲学史上、数学史上、言語史上のいずれにおいても初めてのことで、パターン性の高い略式言語の可能性を告げた。述語論理はアリストテレスの命題論理をいわば文章(フォーミュラと呼ばれる)に拡張したもので、哲学が代数になりうることを宣言した。いずれも前代未聞、フレーゲはいつのまにこんなことを考えていたのか、何をどう工面してこんなアイディアを「論理パターン」で動かせると思ったのか、その秘密を知りたくなったものだ。おそらく「入れ子型の思考」とはどういうものかということを考え抜いて、そこで覆われがちになる構造を隠さず明示化できるような方法はないものか、そこをつくろうとしたのである。非可述的(impredicative)な二階量化や多重量化(multiple quantification)がこうして誕生した。

フレーゲによって数学の論理的進行は、あっというまに、「かつ」「または」「〜でない」「〜ならば」と、および「すべての」と「いくつかの」の数量詞程度で、ほぼあらわせるようになった。まさに「計算できるパターン・ランゲージ」が数学界の手にまるごと入ったわけである。


それならフレーゲの概念記法のおかげで数学がすっかり記述的な変貌をとげたのかというと、そうではなかった。つまりダンテやシェイクスピアによって文学が様相を変えたように数学も変貌していったのかというと、そうではない。

数学は「意味の科学」ではなく、あくまで「パターンの科学」だったので、とくに当時は、ここから言語に代わる数学言語によって思考を自由に操れる方法は生まれてはこなかった。それをおこすには、ヒルベルトの超数学の登場と、ゲーデルの反論と、そしてチューリングの万能計算マシンのアイディアが連打される必要があった。

とはいえ、これらの連打からむくむくと形をなしていった二十世紀後半のコンピュータの驚異的出現が、言語的思考のプロセスを数学思考に置き換えていくようにしたかといえば、それもまたそうでもなかったのである。数学本来の行く末も、そのことを念願していたわけでもなかった。

では念願の「パターンの科学」を言語や意味にまで及ばせるというフレーゲ発進の道筋はその後どうなったかというと、ここからは「システムとしての言語学」に研究の先端が軌道転換していって、ソシュール、ボアズ、ブルームフィールドらの共時的言語学や、ヴィトゲンシュタイン、カルナップ、ハリスらの論理実証主義や、チョムスキーの生成文法論、および記号論理学のほうへと課題が転じていってしまったのだった。

うっかり「パターンの数学」では言語の秘密が解けなかったという話にしてしまったが、これはないものねだりだったかもしれない。デジタル・コンピュータがこんなに世の中にいきわたったのだから、ブール代数やフレーゲ論理算術の本懐は存分に遂げられたということにしておいたほうがいいだろう。

数学史における「パターンの数学」には、実にいろいろなものがある。パターンそのものの種類をふやしてもいったし、パターンを置いておく台座も用意されたし、パターンが変化していく推移を追った数学も試みられた。

デカルトのXY座標系は台座である。古代以来の立方体の倍積問題や角の三等分問題も、ガウス、ロバチェフスキー、ボヤイ、リーマンが取り組んだ非ユークリッド幾何学も、ルネサンス絵画に採り込まれた遠近法も、十七世紀に証明されたデザルグの定理も、

n次元空間がありうるということも、台座がなければ生まれなかった。

なかでも対称性がもたらす「パターンの数学」はかなり豊富だ。そもそも合同とか相似という見方が獲得できたのもパターンの動向を対称性から得たものだった。対称性がもつ意味については、ヘルマン・ワイルやマーティン・ガードナーの千夜千冊でも紹介しておいた。先に述べたペンローズやコンウェイのことも忘れないでほしい。

パターンに光と位置をもたせると新しい数学が生まれうることは、射影幾何学とトポロジーが鮮やかに見せつけた。ぼくは杉浦康平が「数学セミナー」の表紙デザインをしていたときに杉浦さんと仕事をしていたのだが、当時の杉浦さんが位相幾何学とトポロジーをさまざまなデザインに応用しているのを見て、ずいぶん刺激をうけた。冒頭でも紹介したように、そこに奈良原一高さんや武満徹さんが加わって、ある一夜をメビウスの輪やクラインの壺を音楽や写真にするにはどうしたらいいかという話題で過ごしたものだ。

そのときぼくはポアンカレの代数トポロジーとリスティングの結び目の話を持ち出してみたと記憶するのだが、音楽談義に色気を添えるほどにはならなかった。それからというものである、ぼくが数学と音楽を愉しむ夜こそ最もダンディでなければならないと思うようになったのは。

第一八三二夜　二〇二三年十月十六日

**参照千夜**

一二一夜：アマンダ・リア『サルバドール・ダリが愛した二人の女』　五八夜：アンデルセン『絵のない絵本』　一〇三四夜：石鍋真澄『ベルニーニ』　九七六夜：土方巽『病める舞姫』　九八一夜：杉浦康平『かたち誕生』　一〇三三夜：武満徹『音、沈黙と測りあえるほどに』　一八夜：ポアンカレ『科学と方法』　五四夜：高木貞治『近世数学史談』　九四七夜：岡潔『春宵十話』　七四八夜：オスカー・ベッカー『数学的思考』　一三三夜：ヒルベルト&コーン＝フォッセン『直観幾何学』　一〇五八夜：ハオ・ワン『ゲーデル再考』　七三八夜：チョムスキー『アメリカの「人道的」軍事主義』　一八三七夜：G・ウォルド・ダニングトン『科学の王者　ガウスの生涯』　四夜：ペンローズ『皇帝の新しい心』　四三五夜：サイモン・シン『フェルマーの最終定理』　一五五五夜：クリストファー・アレグザンダー『パタン・ランゲージ』　一八三四夜：ブルーノ・チェントローネ『ピュタゴラス派』　二九一夜：アリストテレス『形而上学』　八三夜：マーティン・ガードナー『自然界における左と右』　一二八六夜：ブルーノ・ムナーリ『モノからモノが生まれる』　八三三夜：ヴィトゲンシュタイン『論理哲学論考』　六七〇夜：ヘルマン・ワイル『数学と自然科学の哲学』

## 構造的な数学の中の非構造的な魅力

### グレゴリー・J・チャイティン
# セクシーな数学

黒川利明訳 岩波書店 二〇〇三
Gregory J. Chaitin: Conversations with a Mathematician 2001

最近のラグビーではアンストラクチュラルなプレーが注目されている。積み重ねられてきたゲームセオリー（セットプレー）にもとづいた攻守ではなく、あえて非構造的なプレーを展開して、次のトライシーンの可能性に結びつけていこうというものだ。オールブラックスのスモールキック展開やフィジー・ラグビーのアンスト・ワインディングなどが有名だが、そういうプレーが決まっていく場面にはハッとさせられる。スコットランドのフィン・ラッセル（スタンドオフ）のアンストラクチャーなパスワークなど、とてもおもしろい。

ラグビーの話から急に数学の話にとぶが、一般に数学では「構造をもつ」が重視されてきたのだけれど、実は「構造のなさ」に注目する数学も登場している。その先陣を切ったのはゲーデルの不完全性原理で、数学は不完全性を内部で飼っているという発見だった。やがて二十世紀半ばに向かって生命体のしくみを解読する試みが次々に成果を見せるようになると、生物こそがアンストラクチュラルな進行を随所で見せていて、それがさまざまな創発的分化になっていることがわかってきた。

生物は情報をコピーしたり解釈したり、ときに引っ越しや誤読をしながら進化と分化をくりかえしてきたので、その情報の組み立てにあたっては、目的をもった構造をめざしているというよりも、ランダムで非構造的なきっかけを活かして、それが次の段階でエピジェネティック（後成的）な生体の構造になっていることが多かったのである。加うるに、そこに創発的なるものこそが芽生えるということが見えてきた。

これで、コンピュータをつかって生命の秘密を探求しようとしていた研究者たちが色めきたった。ランダムネスを計算するモデルやカオスを発生させるモデルをとりこんだ試みも出て、アンストラクチャーに関心がもたれた。アンストラクチャーな局面こそ、何かが創発していく可能性が高いからだ。しかし、そのプロセスを理論にするには、かなり難しい数学的なテクニックが必要だった。

本書の著者のグレゴリー・チャイティンは二三歳のときだったようだが、あることにピンときた。ゲーデルの不完全性原理とチューリングの計算不能性理論を組み合わせたアルゴリズムをうまく動かせば、ひょっとして生命体が情報を変換させながらアンストラクチャーな創発をおこしている現象を説明できるのではないかというひらめきだ。

ひらめきに発したチャイティンの成果はあれこれの試行錯誤をへて、いまでは斯界《しかい》で「アルゴリズム的情報理論」とか「熱力学的認識論」とかと呼ばれている。チャイティンはゲーデルとチューリングから新しい情報理論をつくろうというストリームである。チャイティンはそれを「セクシーな数学」の凱歌《がいか》だと誇った。そもそも「情報」のふるまいがセクシーきわまりないのだから、それに立ち向かう数学もセクシーになるというお見立てだ。まあ、そうだろう。情報の数学的編集はセクシーなのである。

チャイティンはニューヨークとブエノスアイレスで育った数学者だ。両親は東欧からの移民の血を引いていて、父君は舞台演劇にかかわったり映画監督をしたりしていたらしい。息子にクリエイティヴであるとはどういうものかということを教えた。

ただし本人は芸術に惹《ひ》かれながらも、どちらかというと物理学（とくに熱力学や量子力学）に関心のある少年だったらしく、長じてはコンピュータにとりくみ、アルゼンチンIBM社でプログラマーとしての技を磨いた。プログラマーをしているうちに、コンピュータの本質と数学の未来を考えるようになった。何を考えたのか。おおむね次のような問題意識だ。

コンピュータが、ヒルベルトの超数学（ヒルベルトの23の問題提起）をきっかけに、それがチューリングとノイマンの才能によって計算マシンに仕立てられていったものを母型としているのなら、コンピュータは自分の中で動いているプログラムを成立させているアルゴリズムの限界に気がついて、いつしか自身の停止をもたらすはずなのだが、そのようにコンピュータがなるということ（＝コンピュータ・プログラムが停止せざるをえなくなるということ）を、さて、どのような条件で説明すればいいのか、そこを突き詰めて考えたいという、そういう問題意識だ。

かくしてチャイティンは、ゲーデルの数学的不完全性に、情報のふるまいがもつランダムネスに、自律的システムの特徴である「構造のなさ」に、さらには情報がもともと内包していたであろうアルゴリズムの秘密に向かって、数学セクシーな闘いを開始していった。

本書は一言でいえば、ふむふむ、なるほどという一冊だ。広い知見や深い洞察を書いてはいない。そこは期待しないほうがいいのだが、そのかわり、自分がゲーデルとチューリングに溺れた経緯《いきさつ》や、数学のもつエレガンスやセクシャリティや、超数学や量子力学やAIについての話題や、生命がもたらした「構造のなさかげん」の大事さを、気楽に書いたり喋ったりしている。

たとえば、数学が美しいのではなく、ある種の証明のプロセスが美しいのだとか、数学は音楽同様に愉快なものだが、ただそれは多くの人々にとっては「聞こえない音楽」なのだとか、数学にはさすがに狂気はいらないけれど、ときにそれに似た気概をつかう勇気が必要だろうとか、エッシャーよりもルネ・マグリットの絵のほうがずっと数学的ですとか、数学者には物理学者ほどのユーモアがないかもしれないとか、すぐれた数学は啓発的であるとか……云々。

こんなふうな気楽な話が多いのだが、一貫しているのは「数学が灰色になるところがおもしろい」と言っているところだ。これは、そのまま受け取ると「数学の曖昧性」を称揚しているように感じるかもしれないが、そうではなくて、数学の純粋性を求めれば求めるほど灰色になるということを言っている。

灰色になるのは、ゲーデルが示唆したように数学にはランダムネスを管理しきれないところがあるからなのだが、ところがそのことを証明するにはアンストラクチャーな展開をもつ数学を扱う方法を発見するしかなく、そのようにならざるをえないところ、つまり不確定なことや不確実なことを証明しようとする数学は、そのことを言明しようとする数学的プロセスそのものに逆理（パラドックス）を孕《はら》まざるをえないところがあるのだということになって、そこがチャイティンにとっては灰色で、セクシーなところだったたらしい。

とはいえ、この灰色が曲者《くせもの》なのである。なんだか「中途半端」のようでもあるし、「やつし」のようにも見えかねない。

第九章「数学の基盤についての一世紀にわたる論争」（これが本書の最終章）に、灰色の魅力について述べられている。チャイティンがIBMのワトソン研究所にいたときの講演記録だ。灰色の数学に関心をもちたいなら、ここだけでも読まれるといい。

カントールが無限集合という発想に到達したとき、それに対して哲学者のバートランド・ラッセルが「自分を含まないすべての集合を想定したばあいは、この集合が自分自身の要素であることを説明できるのか」という問題を投げかけた。このラッセルのいじわるな質問が数学にひそむエピメニデスの逆理（いわゆる「うそつきのパラドックス」）の一般化をもたらして、そのため数学界が時ならぬ苦境に立たされた。

そこでヒルベルトが「超数学」を持ち出して助け舟を出そうとしたのだが、それが公理的手法に回帰しようとする形式主義を重視するものだったので、数学界は「完全性の呪縛」に突入していった。数学の完全性を説明するにはどうしたらいいのかを考えこんだのである。

そんなとき若きゲーデルが登場して、いや、数学は完全なのではない、不完全なのだ、それは、ほら、これこれこのように証明できるのだという論文を発表して、呪縛を解いた。チャイティンは、このときから、灰色の数学の乳酸菌のような醍醐味《だいごみ》が世に伝わるようになったと説明する。そこが灰色でセクシーだというのだ。

すでによく知られているように、ゲーデルは数学が完全でありうることは証明できないということを、つまり数学は残念ながら不完全にできているということを、算術の基本だけをつかって証明してみせた。

チャイティンはこの巧妙な不完全性の証明には、今日にいうプログラミング言語にあたるようなものが操作されていること（LISPっぽいものと書いている）、および多くの関数の再帰定義が巧妙に駆使されていることを指摘して、とはいえ当時はコンピュータもプログラミング言語もなかったので、そこがやっぱり灰色の魔法のようなことだったと述べる。

ゲーデルの証明は「構造」と「非構造」を一緒に扱ってみせた魔法であったが、灰色の魅力はそこではおわらない。ゲーデルの証明操作に触発されたであろう若きアラン・チューリングが登場して、この魔法じみた手続きは、ほれほれ、こんなふうに単純な機械的な手続きによって成立しますよと言って、のちの汎用デジタル・コンピュータの母型になるチューリング・マシン（万能計算機）をさっと提案した。チャイティンは、このことこそカントールの無限集合以来の一世紀にわたる数学的衝撃の本質が灰色の魅力に惹きつけられていったことの証左だった、それこそが数学界にとってもっともセクシーなことだったと述べるのである。

この経緯のどこがセクシーかというと、チューリングはチューリング・マシンの原理を発表した直後、このような万能計算機にできないことがあるとすれば、それは何かと問うて、それはこの計算機が「自分を停止できるかどうかを決めることができない」ということだと答えてみせたからだ。チャイティンはこの「停止問題」に感染して、このセクシーな数学的事態の進展の顚末《てんまつ》をさらに説明するには、アンストラクチャーな数学を構想していくしかないだろうと結論づける気になっていったのだった。

大胆な冒険を決断したものである。もともと数学者には変人が多いけれど、チャイティンもやはり変わった数学者であった。ちなみに日本でチャイティンのセクシーな冒険にいちはやく着目した一人に苫米地《とまべち》英人《ひでと》がいる。カーネギーメロン大学計算機科でスコット・ファールマンのもとでLISPプログラミングを学び、チャイティンの試みに傾倒したようだ。

ふりかえって、「構造に加担する」か「非構造をおもしろがる」かは何が異なっているかというと、これはリクツではなくて、数学のセンスにかかわっている。どちらがいいかということはないけれど（構造がわからなければ非構造もないので）、構造重視を続ける考え方でいくか、非構造的な考え方を入れていくかによって、当然ながらセンスの違いが出る。とくに生命のふるまいや複雑系の現象を相手にするには、非構造を感知する数学センスが絶必である。それなら、そのセンスっていったいどういうものかと言われると、チャイティンも説明できてはいない。他の数学者もあらためて問われると、ちょっと説明に困るにちがいない。ここではぼくも隠し玉による別の例示をして、お茶を濁しておくことにする。こんな感じだ。

いわば記録が構造的で、記憶は非構造的なのである。その記憶もインプットは構造的になる可能性を用意できるけれど、アウトプット（想起）するときは非構造的になる。生物史でいえば、光合成をする植物が構造的で、自分でタンパク質をつくれない動物が非構造的なのだ。

もう少し意外な例をあげておく。レヴィ＝ストロースが構造的なら、サルトルやロラン・バルトがアンストラクチュラルなのである。あえて物理学者の例でいえば、ボーアが構造的で、ボームが非構造的、坂田昌一《しょういち》が構造的で、南部陽一郎が非構造的だ。アーティストの例でいえば、ピカソやキリコや岡本太郎が構造的で、菱田春草《ひしだしゅんそう》やボッチョーニやイサム・ノグチが非構造的なのである。もっと端的なことをいえば、柳生宗矩《やぎゅうむねのり》が構造的で、宮本武蔵の『五輪書』が非構造である。「さかゆる拍子」と「おとろえる拍子」

の両方があるのが、アンストラクチュラルなのである。
如何でしたか。何がセクシーで何が非構造的なのか、伝わりましたかな。

第一八三〇夜　二〇二三年九月二九日

**参照千夜**

一〇五八夜：ハオ・ワン『ゲーデル再考』一三三夜：ヒルベルト&コーン＝フォッセン『直観幾何学』三一七夜：レヴィ＝ストロース『悲しき熱帯』八六〇夜：サルトル『方法の問題』七一四夜：ロラン・バルト『テクストの快楽』一〇七四夜：デヴィッド・ボーム『全体性と内蔵秩序』一六五〇夜：ベルナダック&ブーシェ『ピカソ』八八〇夜：キリコ『エブドメロス』二一五夜：岡本太郎『日本の伝統』七八六夜：田中一光構成『素顔のイサム・ノグチ』八二九夜：柳生宗矩『兵法家伝書』四四三夜：宮本武蔵『五輪書』

「懺悔をしない数学」と「知ったかぶりの哲学」
「存在」と「構成」は近づけられるのか

スチュワート・シャピロ
# 数学を哲学する

金子洋之訳　筑摩書房　二〇一二
Stewart Shapiro: Thinking about Mathematics— The Philosophy of Mathematics 2000

花が好きな子と虫が好きな子は仲が悪かった。どちらが花でどちらが虫とは言わないが、数学好きと哲学好きにもそんなところがある。数学派は問題を次々に解けるのが嬉しくて、その領分をうろつき、哲学派は問題を次々に作るのが好きになって、その界隈で蹲《うずくま》る。

哲学にとって数学の何が魅力的に見えるのかという問題は、あまり本気で考えられてこなかった。哲学研究に数学が介入し、数学者たちが哲学からヒントを得ることは多々あったけれど、この二つががっぷり四ツに組んで、大向こうを唸《うな》らせる大相撲や格闘技を見せたということは、ゲーデルの登場前後の土俵やリングを除いて、あまりない。

そのため数学的哲学と哲学的数学によるとっくみあいの「組み手」を説明する手立ても、ほとんど準備されてこなかった。アントニオ猪木や前田日明《あきら》もいなければ、レフェリーもいない。耳目を集める異種格闘技がおこっていないからだ。だから、プロレスと空手とムエタイを混ぜるルールが思いつかない。本書はその想像に値するだろう「組み手」を、数学者の立場からあえて提案しようとしたものだ。

これまでは、もっぱら哲学者たちのほうが組み手に言及してきた。デカルト、ライプニッツ、パスカルを筆頭に、ボルツァーノ、ラッセル、ホワイトヘッド、ヒルベルト、フレーゲ、チャーチ、ゲーデル、タルスキらがその任を見せた。けれども、数学側がこの手の議論に夢中になり、大向こうの観客が固唾《かたず》をのんできたという事例は、あまりなかったのである。これは数学者の怠慢と矜持《きょうじ》の度が過ぎていたせいだ。あるいは哲学者や科学者が数学の恩恵にどのように浴してきたか、そのことを正直に白状してこなかったからだ。

著者はオハイオ州立大学の哲学教授で、主に構造主義による数学についての研究を重ねてきた。構造主義数学はポール・ベナセラフ、ジェフリー・ヘルマン、マイケル・レズニックらとシャピロが中心になって形成されてきた。数学は「構造の科学」であって、どんな自然数にも特別な役割がないという立場から、数学的対象と数学的存在との相対性を重視する。構造主義数学ではチェスのどの駒も黒いクイーンの役割をはたしているとみなし、バスケットボールではどんなメンバーもポイントゲッターになっているとみなすのである。もっとも本書は構造主義を優位において議論をしていない。比較的公平に数学各派の議論を扱った。

数学が型にはまった学問であるという誹《そし》りは、ずっと以前からのものなので、その見方からすれば哲学と数学は同衾《どうきん》にはなりにくい。しかし哲学のほうだって同衾を拒んだ歴史を累々と積み重ねてきたはずで、プラトンまでさかのぼる合理主義はデカルト、ライプニッツ、スピノザのところで、アリストテレスまでさかのぼるであろう議論はロック、バークリー、ヒューム、ミルといった経験主義者から同衾を嫌われたのである。

当然の顚末だ。古代ギリシアこのかた、数学は経験や観察にもとづいて発達してきたのではない。経験に先立つアプリオリな知識を公理化しておいて、ひたすら「証明」の錬磨に向かってきた。ユークリッドの『原論』はそのように仕上がっていた。そんなことばかりしていれば、経験主義の哲学からケチをつけられるのは当然である。けれどもどちらにも言い分があるとしたら、どうするか。

この葛藤をブレークスルーしようとしたのはやっと十九世紀末からのことで、ひとつにはシュリック、カルナップ、エアー、ヴィトゲンシュタインらの論理実証主義者やウィーン学団の面々だった。この試みはフラーセンやクワインに受け継がれた。

もうひとつには、論理学がブール代数からチューリング・マシンをへてコンピュータに向かっていった潮流がめざましく、あれよあれよというちに認知科学の様相をとって、知覚と認識と計算とを同じ理論モデルで語りはじめたことだった。この流れはいまやたいそう利発で雄弁ではあるが(すべての経緯をコンピュータが憶えてくれているので相互参照もしやすかった)、とはいうものの本書のシャピロが言うように、これは数学の側からのブレークスルーではない。

哲学と数学の捩《ねじ》れた取っ組みあいを数学の側から語るには、かなり抜本的な対策を練らなければならない。どんな対策が想定されるのか。

思うに、第一には数学は世界をどうしたいのかを問いなおすことである。第二に哲学がながらく得意としてきた存在論と意味論の橋渡しを、しかし哲学はこの問題にケリをつけられていないのだから、数学として書き直せるかどうかに挑むことである。そして第三には数学が相手にしてきたのはどんな知識であったのかを組み立てなおして説明するか、ないしは新たに提示してみること、これらに着手することだろう。

けれども、これがけっこうな難問だ。その理由は、ユークリッドが「任意の二点間には一本の直線を引くことができる」と書いたことにある。

肝心なことだけ書いておくが、こういうことである。

プラトンやヒルベルトからすれば、二点間には一本の直線が「ある」のであって、「引ける」かどうかは前提にならないはずだった。それにもかかわらず、数学は「引ける」を前提にして、「この直線に新たなABという直線が交わったとき、この二本の直線は……」というように、どんどん進み始めてしまった。証明のための問題を次々につくりあげ、これの解決に向かった。そしてその後の数学は「存在する」を「構成される」にしてしまったのである。

「存在する」が「構成される」になるのは、必ずしも詰《なじ》られることではない。どんな世界もかつてから宇宙ないしは地球上に存在し、その後にさまざまな変容を受けてきたのだから、これらの出来事をその後の「構成する」という作業に組み入れるのは、べつだんおかしなことではない。すべての思想は世界制作の方法として、存在と構成をつなげてきたものだ。しかしとはいえ、これは「構成できる存在のありかた」が公理として無答になってよいということとは、結びつかない。ところが数学はそこを大括弧に入れた。つまり不問にした。そのうえで数学を発展させてきた。

では大括弧を取っぱらったら、どう考えればいいのか。ユークリッドに従わないようにするというのではなく、ユークリッドの大括弧がない数学はどういうものになりうるのかを考えるということが、こうして新たに浮上する。岡潔もそこを考えたかったのだろうと思う。悩みぬいて「情緒」を持ち出した。

こういうことを考え抜いたのは、残念ながら岡潔ではなかった。おそらくポアンカレが長らくただ一人の思索者だったように思う。

ポアンカレは、数学的対象は数学者とは独立に存在しないということを、かなり早くから知っていたし、しかもそう考えると数学がへそまがりになることの避け方も考えていた。へそまがりになるとは、たとえばカルナップがそうだったのだが、哲学的な問いを数学的な言語圏の「外」におき、そういう問いは数学的論理からすると擬似的なニセ論理だと謗《そし》るのである。

せっかくのポアンカレの卓見がその後どう活かされていったかということについては、やや心許《もと》ないところがある。その心許なさについては、かつてオットー・ノイラートがこんなふうに書いていた。「われわれは、自分たちの船をいったんドックに入れて解体し、最上の部品を用いて新たに建造することができずに、大海上でそれを改造しなければならない船乗りのようなものである」。

いかにも、その通り。立派な船で航海しているのだが、その途中で船の構造に疑問をもっても如何《いかん》ともしがたいのである。「存在する」と「構成される」を一緒に考えようとすると、こういう感想になる。もっともこれはノイラートにあっての正直な感想であって、数学者からの懺悔《ざんげ》ではない。

なぜ「存在する」と「構成される」のちがいを携えたまま思考することができにくいのだろうか。話はここから少しこみいってくる。そのことを語るには、数学史を覆ってきた科学や哲学とのかかわりと、数学者たちの多くがかまけている誇り高い悪癖について、少しスケッチしておくのがいい。

数学者が懺悔しないというのは、数学の将来からするといささか困ったことである。少なくとも科学者たちの多くは、科学的命題が観測や実験によって確認できない場合や、数学的に論証できなかった場合は、慎み深くなる。

数学者は自分たちがやっている技法に酔いつづけるクセがあるので、その数学が世界に対してどんな提言をしたのか（あるいはしていないのか）、また新たな解法がそれまでの数学史の積み重ねに対して反旗をひるがえしたのか、あるいはその流れから逸脱して自立をめざしたのか、正直には陳述しないのだ。横柄なのではない。数学者には多少の変人じみたところがあるけれど、たいていは害がない、数学というセカイの内側の住人であるからだ。ただ、そこに出入りするむずむずするような官能をなかなか洩《も》らさない。

これでは数学の進展や現状を誰もウォッチングできないということになる。医療や薬学なら、そのイノベーションや技法が患者の症状を改善したのか悪化させたのかはおっつけ白日のもとに晒《さら》されるのだが、数学はそういう筵《むしろ》に坐っていない。また思想戦線の前面にも出たがらない。

哲学にも似たようなところがある。どんなに勝手な世界観を述べようとも、人間存在の意味はかくかくしかじかであると主張しようとも、幸福の実態はどこそこにあると言明しようとも、その見解が及ぼすところの是非はめったに点検されないままなのである。哲学者は知ったかぶりをするのが得意なので、どんなフリをしたのかをめったに報告しないし、そのためどんなシラを切ってもシラの正体を明かさない。

これでは「懺悔をしない数学」と「知ったかぶりの哲学」が道で出会っても、挨拶などしないということになる。仮に酒を酌み交わすことになったとしても、二人は居酒屋でムニャムニャと相手を煙にまくだけだ。まして同衾などするはずがない。この二人を突き合わせようとすると地団駄を踏んだようなことがたいていおこるのは、カントが知識をアプリオリな知識とアポステリオリな知識に分けて以来のことだと、シャピロはみなした。

アプリオリ（a priori）とは「より先立って」とか「経験による認知にもとづくわけではなく」という意味の、アポステリオリ（a posteriori）は「より後のもので」とか「あとからわかったのだが」といった意味のラテン語であるが、カントはこれを知識には先天的に措定できるアプリオリなものと、あとから経験的にわかるアポステリオリなものがあると区別した。

律儀なカントは若いころから、数学（算術と幾何学）のように哲学を組み立てたいと思っていたので、こんな区別に踏み込んで、哲学者が命題を立てて理性や感性を議論するにはアプリオリなものを総合的に扱う覚悟が必要であると説いたのである。

説いたのだけれど、これはのちのち「カント的直観」と言われたように、多分にカント特有の直観的な判定であって、まして数学がアプリオリなものの上に成立していいという免罪符を毫《ごう》も保証したわけではなかったのである。けれども、その後の多くの数学者たちはまるでカントのおかげであるかのように、この免罪符を暗につかいまわすようになったのだった。しかしはたして、このような進捗は数学にとって僥倖《ぎょうこう》であったのかどうか。「カントのおかげ」で数学的アプリオリを大括弧に入れたまま進捗するようになったのだけれど、それでよかったのか。

たとえばスチュアート・ミルはカントを批判して、アポステリオリなことこそ哲学の底辺になるべきだとみなし、経験主義の哲学を標榜《ひょうぼう》した。そのためミルは数詞も「犬」や「赤」のように一般名詞のように扱うべきだと主張した。またフレーゲはそのようなミルの見方は近似的なものを数学にとりこむことになって、数学の論理性を保てなくなると『算術の基礎』に書いた。「カントのおかげ」の是非をめぐるのはそこそこきわどい問題なのである。

だったら、そこが検討されなければならない。シャピロはこの要訣《ようけつ》を基点に本書を縷々《るる》展開していった。こうして、論理主義（ラッセル）、論理実証主義（カルナップ）、形式主義（フレーゲ）、演繹《えんえき》主義（ヒルベルト）、直観主義（ブラウワー、ハイティンク、ダメット）、ゲーデルの証明、有限主義、構造主義がひとつずつ俎上《そじょう》に呼ばれて議論の対象になっていく。このあたり、全体を読み切るには少し数学の知識がいるが、感じるべきこともある。そちらのほうが大事だろうが、ただ今夜はこれらをカバーして案内するのは話が長くなりすぎるので、省かせてもらう。

花と虫とは白亜紀以前から共存してきたものたちである。顕花植物が地上に出現しなかったなら、昆虫も登場してこなかった。両者は同時に地上にあらわれたはずだった。数学と哲学にもそういうところがあったはずで、いつまでも仲間割れをしているのは如何《いかが》なものか。

おそらくわれわれの思索や行為が数学化する前、あるいは哲学化する前に、意識や心がそれぞれ（花と虫）に向かわざるをえなかった事情があったにちがいない。その事情をわれわれの営みに突きとめるのは、脳科学や認知科学を総動員させる必要があるほど微妙な事情なので、容易には「数学と哲学が分化する前」を言い当てるのは難しいだろうけれど、それでも、そろそろそこへ向かうべきだろう。今夜は二つの先駆例を紹介しておく。

ひとつはイアン・ハッキングの『表現と介入』(産業図書→ちくま学芸文庫)が参考になる。この本はわれわれが科学的な実在をどのように確認しようとしてきたのかをフランシス・ベーコンの時代と論理実証主義の時代を例に辿《たど》ったもので、そのときにおこしている表現(representing)と介入(intervening)のかかわりあいを浮上させている本だ。「存在する」と「構成される」がどんなふうに折り合いをつけていったのか、そこをハッキング独得のセンスで書いていた。数学にはほとんど触れていないものの、科学が表現と介入の操作にあったことを、巧みに解読していた。

もうひとつは津田一郎の『心はすべて数学である』(文藝春秋)だ。こちらはまさに数学の考え方の根底に触れながら、意識や心が数学的になっていくプロセスを鮮やかに語ったもので、目からウロコが落ちるのではないかと思う。ついでながら、津田さんとは最近になって『科学と生命と言語の秘密』(文春新書)という対談本を上梓《じょうし》したばかりなので、できれば目を通してもらうといい。こちらはデーモン津田が科学的なデーモンとの闘い方を証《あか》し、ゴースト松岡が文化的なゴーストとの闘い方を見せるというもの、けっこうな異種格闘技になっているのではないかと思う。

以上、本書を「数学を哲学しようとすると困ること」として、案内してみた。何度も言うようで気が引けるけれど、数学と哲学はいまだ四ツに組み合ってはいない。とはいえ、そのことをもって二つのセンスが割れたままにあるということには、ならない。むしろセンスのほうなら、二つはとっくに同衾しつづけてきた。それならそろそろ、その睦《むつ》み事を公表してもいいだろうに、ね。

第一八三六夜　二〇二三年十一月三十日

**参照千夜**

一〇五八夜：ハオ・ワン『ゲーデル再考』　九九四夜：『ライプニッツ著作集』　七六二夜：パスカル『パンセ』　九九五夜：ホワイトヘッド『過程と実在』　一三三三夜：ヒルベルト＆コーン＝フォッセン『直観幾何学』　七九九夜：プラトン『国家』　八四二夜：スピノザ『エチカ』　二九一夜：アリストテレス『形而上学』　八三三夜：ヴィトゲンシュタイン『論理哲学論考』　九四七夜：岡潔『春宵十話』　一八夜：ポアンカレ『科学と方法』　一三三四夜：イアン・ハッキング『偶然を飼いならす』　一〇七夜：津田一郎『カオス的脳観』

三六〇年にわたった難問中の難問を解いた
三人の日本人と一人の英国人

## サイモン・シン
# フェルマーの最終定理
## ピュタゴラスに始まり、ワイルズが証明するまで

青木薫訳　新潮社　二〇〇〇
Simon Singh: Fermat's Last Theorem 1997

昨日は有楽町のソフマップでパソコンソフトを選び、食事をしたあと銀座の近藤書店を物色して数冊を入手、帰ってきて、なかでいちばんおもしろそうだった『フェルマーの最終定理』を読みはじめた。

さっき読みおえたばかりだが、最初の三分の一はこの難問をアンドリュー・ワイルズが解くに至ったプロセスを、きっとインタビューなどを中心に構成するのかと思っていたら、解決におよぶ三世紀にわたる波瀾万丈《はらんばんじょう》の数学ドラマにして詳細に追っていて、どちらかといえばワイルズは刺し身のツマにされていた。ワイルズという数学者は天才肌

で、以前から自分のことを語りたがらないから話題にしにくかったのであろう。

途中から現代の数学者に光が当てられ、とくにクローズアップされていたのは「谷山＝志村予想」として有名な、そのうちの谷山豊が自殺をしたということではさらに衝撃的な、二人の日本人のことだった。後半の三分の一あたりから本書がおもしろくなったのは、この二人の日本人のせいだった。本書の中の白眉である。中間の三分の一の、オイラーからゲーデルまでの話は近代数学史のエッセンスというべきもので、ややこしい流れをたくみに整流してくれてはいるものの、本題そのものに深入りして特筆するほどのものではなかった。

が、本書は総じて最近の数学関係の本の中ではとびぬけて出来がいい。著者は素粒子物理学者で、ジャーナリスト。BBCがフェルマーの最終定理を番組にしたときのプロデューサーに依頼されて書いたらしい。

ピュタゴラスの定理は $x^2+y^2=z^2$ であらわされている。これを $x^n+y^n=z^n$ というふうにしたとき、「nが2より大きいばあいは整数解をもたない」としたのがフェルマーの最終定理である。ピエール・ド・フェルマーが一六三七年ごろに発見した。特異な発見であることはすぐさま数学屋にはわかったが、この定理の証明ができない。計算をしてみると定理は正しそうなのに、どうしても証明がつくれない。なぜなのか。それもわからない。フェルマーの最終定理が世界最大の難問として三世紀にもわたって数学者を魅了し、また震えあがらせてきたのは、この難問が生じた経緯に関係がある。「数の神秘」という経緯、数学的にいえば「数論の魅力の深み」との関係である。

神秘的な思考の持ち主だったピュタゴラスは数の完全性に関心をもっていた。数の完全性はその数の約数によって決まると考えた。とくにその数自身を含まない約数の和がその数自身と同じになる数こそが「完全数」だとみなした。たとえば12の約数は1・2・3・4・6・12である。この12以外を足すと16になる。こういう数を過剰数といった。10は1・2・5・10が約数だが10以外を足しても8にしかならないので不足数とよばれた。

完全数でいちばん身近な例は6である。6以外の約数1・2・3を足すとちょうど6になる。次の完全数は28で、1+2+4+7+14=28というふうになる。ピュタゴラスの教団にとって、こうした完全数は信仰の対象とすらなった。しかし、この完全数は容易には見つからない。実際にも、28の次の完全数は496、四番目は8128で、五番目は33550336、六番目になると、なんと8589869056というふうに大きくなる。

ピュタゴラスは「友愛数」というものも提案していた。友愛数はペアになった二つの数で、一方の数が他方の数の約数（その数自身を除く）の和になるようなものをいう。ピュタゴラス教団は220と284が友愛数だという発見をした（220の約数の1・2・4……55・110から220

を除いた合計は284で、284の約数から284を除いた合計が220になる)。

フェルマーも完全数や友愛数に興味をもっていた。ピュタゴラス教団以降、友愛数は220と284のペアしか見つかっていない。フェルマーは17296と18416のペアを発見した。この発見は友人たちを刺激して、デカルトは三番目のペア(9363584と9437056)を発見し、オイラーにいたっては六二通りものペアをあげてみせた。調子にのったフェルマーは、さまざまな奇妙な発見をする。たとえば25・26・27という整数の連続には、26が25(5×5)と27(3×3×3)に挟まれるという特徴がある。いろいろ調べてみると、このような26にあたるような数がほかにないらしい。フェルマーは得意になった。

こうしてフェルマーはピュタゴラスの式をいじって、驚くべき発見に至った。それがフェルマーの最終定理とよばれたものになる。フェルマーはこう書いた、「ある三乗数を二つの三乗数の和であらわすこと、あるいはある四乗数を二つの四乗数の和であらわすこと、および一般に二乗よりも大きいベキの数をおなじベキの二つの数の和であらわすことは不可能である」。

数学者たちは蝶と花の蜜のごとくに数の神秘に酔うのが好きだ。のみならず多くの数学的発見はその発見をすることが目的で、それ以上の目的をもっていないことさえ多い。ハーディは「最高の数学のほとんどは何の役にもたたない」とまで言った。

芸術だってそういうものである。新種の昆虫の発見や大半の名前のついていない星の発見だってそういうものだ。しかし、その純粋な探検心が天文学を変え、生物学を転回させ、数学を新たな地平へ運ぶことがある。はたしてフェルマーの最終定理も、それが解けたところで何の役にたつかという野次馬議論がずうっと続いていた。すぐれた数学史家であったE・T・ベル（ぼくはこの人の数学史で育った）は、「おそらく文明はフェルマーの最終定理が解かれる前に滅びるだろう」と言い、数学者の仲間のあいだでは、次のようなジョークが流行した。「あるとき悪魔が人間に難問を出したので、困りはてた人間が思いあまってフェルマーの最終定理のことをちらつかせたとたん、さっと悪魔が姿を消したとさ」。たしかに、オイラー、ソフィー・ジェルマン、コーシー、ランダウ、リーマン、ラッセル、フレーゲ、フォン・ノイマン、チューリング、ゲーデルらがはたした功績の数々は、どこかで必ずフェルマーの最終定理の謎とむすびついていた。

最初に書いたように、本書の後半の白眉は谷山豊と志村五郎による「谷山＝志村予想」をめぐる箇所で、この二人が果たした数学上の画期的な役割を著者がそうとうに力をいれて叙述してみせたことにある。もう一人、岩澤理論で有名な岩澤健吉も登場して、日本の数論が気を吐いている。

ふつうフェルマー競争をめぐってのレポートや記事で、谷山・志村の功績が称《たた》えられることは、まず少ない。ときにはまったく無視される。とくに欧米の一般解説書や一般記事ではフェルマーの最終定理が解かれたとか懸賞金が出たというニュースは大新聞の一面を飾ったほどのニュースなのに、わざとというくらいに無視される。それを本書は覆した。

フェルマーは、最終定理の提起とはべつに楕円《だえん》方程式(楕円曲線ともいう)の整数解についての研究もしていた。説明は省くが、この楕円方程式の問題を解くことが二十世紀後半に入ってからのフェルマーの最終定理を解く近道だというアプローチが浮上していた。本書の表むきの主人公であるワイルズが世界最大の難問にとりくみはじめたときも、この楕円方程式からのアプローチを突破口にしようとしていた。

一方、一部の数学者には、数学の基礎演算は加法・減法・乗法・除法の四つではなく、これにモジュラー形式を加えた五つでできていると断ずる者がいる。モジュラー形式はおそろしく対称性が高い性質をもった操作性のことで、ロジャー・ペンローズやM・C・エッシャーの図形移動で有名になったように、すぐれて数図形的な性質ももっている。このモジュラー形式を関数として解くことと楕円方程式を解くこととのあいだに密接な関係がありそうなこと、それはフェルマーの最終定理の謎を解くことにつながるのではないかということを予想したのが、「谷山＝志村予想」なのである。

ところが、このニュースが世界を駆けまわって数学者たちを驚かせていたまさにその渦中、谷山豊が自殺をしてしまう。女性問題の悩みだったらしいが、真相はわからない。相手の女性も後追いをしているので〝天才数学者の心中事件〟とさえ言われた。

けれども谷山＝志村予想は強大な威力を発揮する。とりわけゲルハルト・フライはフェルマー方程式を楕円方程式に変換することで谷山＝志村予想の正当性を証明し、さらにはフェルマーの最終定理の真偽は谷山＝志村予想が証明できるかどうかにかかっていることを告げた。

このことをやってのけたのがイギリスの数学者アンドリュー・ワイルズだった。十歳でフェルマーの最終定理を知り、ケンブリッジ大の大学院で本格的に数論にとりくむと岩澤理論を研究し、一九八二年にプリンストン大の教授になってからは、ひたすら隠すかのようにフェルマー証明に向かっていた。

静かな男だ。狙いはひとつ、谷山＝志村予想を反証できるかどうかである。狙いは当たっていた。一九九三年六月に突如として最終定理を証明したと発表して、世界を驚かせた。それまでの七年間、ワイルズはどんな気配も殺していたのである。

実際には証明の手続きに一ヵ所の致命的なミスがあり、これを今度は周知が見守るなかで突破しなければならなくなって、ワイルズは極度に緊張するようになった。敗北宣言を出そうと覚悟して、諦めをつけるために最後に来し方をふりかえっていたとき、インスピレーションがやってきた。いったんは証明の邪魔になっていた岩澤理論こそがブレークスルー・ポイントをもっていたことに気が付いたのである。九回裏の逆転ホームランだった。いや、ヴァレリーの雷鳴の一夜が降りてきたのだったろう。

証明というもの、数論というもの、なんとも酷であって神がかったところがあるものだ。フェルマー予想の解釈には三六〇年がかかったけれど、いったん解決してみると、どんな数学的挑戦もフェルマー予想に向かっていたのかと思わせたのである。

第四三五夜　二〇〇一年十二月六日

**参照千夜**

一〇五八夜：ハオ・ワン『ゲーデル再考』　一八三四夜：ブルーノ・チェントローネ『ピュタゴラス派』　四夜：ロジャー・ペンローズ『皇帝の新しい心』　一二夜：ヴァレリー『テスト氏』

なぜ「計算できること」が
「世界」の解読になっていったのか

デイヴィッド・バーリンスキ

# 史上最大の発明アルゴリズム

林大訳　早川書房　二〇〇一
David Berlinski: The Advent of The Algorithm 2000

おおげさな邦題になっているが、意欲作である。アルゴリズム（algorithm）の本質を解剖しようという野心に充ちている。ただそのことをべつにしても風変わりな本なのだ。ライプニッツからゲーデルやチューリングにおよぶ数学の冒険を解説しているところもあれば、人間の解明の努力をからかっているところもある。数式や論理記号が入っているかと思えば、短い物語のようなフィクションが自在に挿入されていて、厳密な議論のあいだにあえて曖昧な議論や言葉やイメージを差し挟んでいる。得体のしれない記号も出てくる。さらにチャプタータイトルのすべてを「宝石商のビロード」「スキームの市場」「理性の孔雀」「ラプソディ・イン・ナンバーズ」「多くの神々の世界」といった文学的な装飾で括《くく》っている。ふつうアルゴリズムについての本だというなら、コンピュータ・プログラマーのためのアルゴリズムとデータ構造の関係を解説するのが相場だろうに、これではみんな面食らう。

訳者も戸惑ったらしく、あとがきでは「これは奇書だ」「どうしてこんな構成を思いついたのか不思議だ」と告白した。翻訳ではわからないが、独立分詞構文がヤマほど出てくる。それにしてはよくぞ翻訳できたものと思う。

たしかにおかしな本だ。どこか風狂じみたところもある。数理的風狂だ。文意がとれないところもある。ときに $f(x)$ 的な文章になる。それなのに、全体としてはアルゴリズムの真意や背景についての肝心な要訣をみごとに突いている。途中に挟まれる〝数学ビリヤード〟ではとびぬけた名人芸を見せる。しかし奇書なのだ。

著者の経歴からして変わっている。最初はコロンビア大学で中世史を学んでいた。つまり歴史の専門だったのだ。そのあとプリンストン大学で哲学の博士号を取得し、スタンフォード大学とラトガース大学では哲学や論理学を教え、パリ大学では数学教授になっていながら、なんとすっぱりと大学を捨てて、アメリカに戻って著述に専念してしまった。すでに微積分についての大著を書いたらしいが、ぼくはまだ見ていない。

本書によってアルゴリズムとは実は何かということを見抜いてもらう前に、デジタル・コンピュータとアルゴリズムの関係は恋人のような蜜月関係だと信じこんでいる諸君に、あらかじめ釘を刺しておきたいことがある。

デジタル・コンピュータはあくまで機械であって、その他のあらゆる物的システムと同様に、熱力学の冷たい法則がもたらす結果に縛られている。時間が尽きれば、活力も尽きるのだ。ところがアルゴリズムはそういうものではない。アルゴリズムはサインとシンボルによって形成される抽象的な調整と編集のシステムなのだから、思考そのものと同じく、「時間をこえた世界」に属している。また「意味を内包した世界」に属している。まずもって、このことに釘を刺しておきたい。だからこそ、アルゴリズムはコンピュータが出現するずっと以前から、世の中に波及してきたわけなのである。

ということは、コンピュータがいまやっていることの大半は人間が有史以来やってきたことであって、その何分の一かを、人間はなぜかごそごそ取り出して、アルゴリズミックに組み立ててきたわけで、それこそがピュタゴラスからフワーリズミーまでの数術、算術、数学というものだ。いや、アルゴリズムは数学ばかりとはかぎらない。サインとシンボルを巧みに組み合わせているなら、それはすべてアルゴリズムなのである。たとえば意外に思うかもしれないが、そのひとつが官僚機構というものだ。古代中国がそのチャンピオンであったけれど、今日におよぶ官僚機構ほど複雑なアルゴリズムを社会化できた例はめずらしい。

もっと複雑に、そして格段に高級にアルゴリズムを遂行しているのは、なんといっても生きた細胞たちであり、生命そのものである。なぜならアルゴリズムは一組の規則であり、規定であり、行動規範であり、指針であり、結びつけられた制御なのだ。そして、この生体をくまなく組み立てているアルゴリズムは、生体カオスが繰り出す言葉の群にすらなっている。

こういうアルゴリズムにくらべると、デジタル・コンピュータは一般に期待されているほど輝かしいものではないし、複雑でもない。むしろ片寄った限界に見舞われたデクノボーのようなものだと思ったほうがいい。せいぜいテクノ坊である。もしもアルゴリズムをすばらしい庭園に譬《たと》えるなら、コンピュータはその下水システムを担当しているというほどのものだ。

けれども、そのデジタル・コンピュータが既存のさまざまなアルゴリズムを呑み込みだした。そして、あれよあれよというまに呑み込み尽くしてしまったのである。そう、思われている。それは、コンピュータのもつ大容量の消化力と計算遂行の高速性によるものだった。

このこともよくよく知っておかなければならないのだが、なぜコンピュータがアルゴリズムとの相性をこんなによくしたのかといえば、アルゴリズムがその属性として人工的な記号力をもっていて、もともと「記憶と意味」との、「願望と意図」との関係をつなぐ世界に属していたからなのである。このことに、さらに第二の釘を刺しておいたうえで、やっぱり言っておきたいのは、アルゴリズムはうんとおもしろく理解したほうがいいということだ。

さて、本書に主旨があるとしたら、それは「世界を変えたのは微積分とアルゴリズムであろう」というものだ。運動という運動のすべての様相を確認できるようにした微積分の功績はともかくとして、ではアルゴリズムとはそもそも何なのか。

いまではすっかりジョーシキになっただろうが、アルゴリズムの一番かんたんな定義は、「有限のステップによって有効な目的を完了させるまでのすべての手続き」ということである。少しいいかえれば、「与えられた問題を型にあてはまるような一連の演算に組み立てて、それを実行順に進行させる手続き」と言ってもいい。だからこそ、生命組織や官僚組織はそのようなステップをふんだんに組み合わせて、活動できるようにしたわけだ。

このステップは、それをどんな記号や言語やコードによって書き綴《つづ》るのかということによって、その性能が大きく変わってくる。生体組織ではそれがDNAやRNAや生体酵素などになっていて、官僚組織ではそれが命令と応接と実行になっている。

ところがコンピュータが出現してこのプロセスを機械言語というものにすべて移行さ

せられるようにした。そのための手立てがいわゆるプログラミング言語というものだ。本書が書かれたころはC言語という機械言語をつかっていることが多かった。

というわけで現在ではアルゴリズムというと、プログラミング言語を駆使することだとすっかり思われている。

いまこの瞬間も世界中のパソコンの前で、この有限のステップの書きこみばかりをやっているプログラマーが三〇〇〇万人とか一億人のオーダーでいるのだろう。かれらは毎日毎時毎分毎秒を、機械言語のステップと睨めっこばかりする。そこではおおむね「アルゴリズム=プログラム」というふうになっている。つまり、アルゴリズムというのはプログラムのことだということになってしまったのだ。

もう少し詳しく言っても、「プログラム=アルゴリズム+データ構造」である。データ構造というのは、効率よく操作を進めるためにデータ(要素)をどのような表現形式にしておくかということをさす。データをシークエンス(列)ごとにリスト化し、ツリー構造などをつくりつつ、これをポインタで自在に動かしていけるようにする。それがデータ構造だ。

それなら、そういうことをしていて、自分が何をやっているのかということを原理的に説明できるプログラマーやSEがどのくらいいるかというと、おそらくはめったにいない。少なくともぼくが知り合ってきたプログラマーやSEは、アルゴリズムの思想的背景には無頓着だった。アルゴリズムの哲学なんてめんどうくさいのだ。

むろん、自転車を組み立てられなくとも山を疾駆することはできるし、薬剤を配合できなくたって難病は治せるのだから、まして飛行機を組み立てられない名パイロットはいくらでもいるのだから、それでもいっこうにいいのだけれど、しかしそのアルゴリズムが確立されるまでざっと三〇〇年がかかったということは、なんとなく感じたい。

アルゴリズムの歴史の最初の最初は、アリストテレスまでさかのぼる。「すべて」と「ある」のあいだに「論理というアルゴリズム」を入れたのがアリストテレスだった。

本格的な準備は十七世紀のライプニッツから始まった。これでアルゴリズムが定言的な三段論法を下敷きにした代数によって活性化された。やや正確にいうのなら、「推論」と「判断」のあいだを「代数というアルゴリズム」で埋め立てたのがライプニッツだったのである。詳しいことは、ローギッシェ・マシーネの発想を解説しておいた九九四夜を読んでもらいたい。

時代をはしょっていえば、次にアルゴリズムの歴史に飛び出してきたのは、十九世紀末のジョゼッペ・ペアノだ。ペアノは無限個の数を有限個の記号におきかえる発明をした。ペアノがライプニッツ以来の「普遍言語」についてもいろいろのアイディアをもっていたようであることは、ペアノのアルゴリズムへの貢献以上に興味深いけれど、それは省くとして、次に登場するのはゴットロープ・フレーゲである。

フレーゲは学究生活のほとんどすべてをイエーナ大学ですごした数学者だが、何をしたかというと、一言でいえば「形の計算」をした。これはアルゴリズム近現代史のマザーになった。アーキタイプになった。

公理系では、数学者が仮定すること（すなわち公理）と、数学者が導き出せること（すなわち定理）とのあいだに、一種の共鳴関係を確立させている。そのため、計算をする者はどんな計算のステップもなんら踏み外さないようになっているだろうとタカをくって、計算をしつづける。ところが、ここにはとんでもない悪魔がひそんでいた。「トートロジー」（同義反復）というデーモンだ。これは命題計算といって、命題ばかりを計算しようとすると、いつのまにか出てくるデーモンだ。

トートロジーというのは、概念の反復や再生が思考の途中に絡まってくるために、本来の思考や計算がおかしくなってくることをいう。計算とは、その最初から終結までに矛盾がないとされているからこそ計算なのであるが、そしてその計算によって真理が証明されるということになっているのだが、トートロジーというデーモンはそれをおかしくさせる。計算の土台がおかしくなってくる。おかしいと言わないなら、何も意味を導き出せなくなることをいう。

そこでフレーゲは、この命題を成立させている概念そのものを計算できるようにしたらどうかということを思いついた。概念が計算できるなら、そこには意味がくっついてくる。その表記法を考えだした。これを「概念記法」という。

われわれは日々、「そんなことカンケーない」「金髪に染めたね」「君が大好きだ」「人生は暗い運命をともなっている」といった思考を、臆面もなく言明しつづけている。にもかかわらず、この言明はまことに短命で、かつほとんど実証されたことがない。

実はこれらは、「そんなこと」「金髪」「君」「人生」のほうの主語的命題では、何も説明していないのだ。説明（言述）をうけもっているのは、「カンケーない」「染めた」「大好きだ」「運命をともなう」の述語のほうなのである。フレーゲはそこに注目して、概念を計算するには主語にあたる概念を、述語のほうが引き取って計算してしまえばいいと思いつく。そのため述語に述語記号を与えて、そこから「述語計算」という方法を編みだした。

たとえば「金髪に染めた」という言明では、主語的命題は「誰かが金髪に染めた」の「誰かが」にあって、そこから「それをやったのは君なのだ」という述語が、この主語を包摂しているというふうにした。実はアルゴリズムにとっては、彼女が金髪になったのか、ビビンバを食べたのか、彼を好きになったのか、本当は好きでもないのかなんてことは、どうでもいいのだ。アルゴリズムはそれを述語部分が引き取って、金髪やビビンバにあてはめておけばいい。君や彼女は任意の主語なのだ。

こうしてフレーゲは「述語論理」というまことに不埒《ふらち》で創造的な行為を、アルゴリズムの中に封入するようにした。かくてアリストテレスの「すべて」と「ある」は、いまではそれぞれ「全称量化子」(∀)と「存在量化子」(∃)というふうに呼ばれているのだが、すっかり記号化されることになったのである。主語の論理に依存したトートロジーのデーモンは、これでひとまず回避された。

ここから先の話は、ゲーデルの「不完全性定理」について説明した一〇五八夜を参照してもらいたい。現代アルゴリズムの歴史はヒルベルトとゲーデルをへて、新たな第二のデーモンに出会うことになる。

これは「不完全性」というデーモンだったけれど、数学者と論理学者たちは、いったんこの第二のデーモンを回避して超数学を駆使する方法に邁進《まいしん》することにした。その後、ラッセルとホワイトヘッドをへて、アルフレッド・タルスキ、アロンゾ・チャーチなどの思索と実験をジグザクと動きながら、現代アルゴリズムの模索はついに「チューリング・マシン」に行き着いた(本書はテューリングと表記しているが、ここでは伝統に従ってチューリングとする)。これはアルゴリズムがコンピュータに化けていく瞬間をとらえたものだった。デーモンではなく、ゴーストだった。

アラン・チューリングが考えた「仮想上の機械＝M」というアイディアは、まことにもって傑作だった。こういう発想を天才的といっていいだろうが、抜群にめざましい。世界発想史上の1、2位だか5、6位だかを争うものだ。

枡目《ますめ》によって区切られた無限に長いテープがあって、その枡目には記号が一個書きこめるようになっている。このテープは原則的にはいくら長くてもかまわない。したがって枡目もいくつでも用意できる。ということは、チューリング・マシンは無限大の記憶量があるということになる。この枡目に記号を書きこむのだが（また消去するのだが）、記号は0と1の二種類しかない。枡目は一枡ずつ右に動くか、左に動くかしかしない（または動かない）。これを読み取りヘッドがチェックする。

ヘッドには三つの機能がある。移動能力、安定した走査能力、そして編集能力だ。三つ目の編集能力というのは、ぼくが勝手に名付けたものではない。本書の著者は「編集者の欲求」という言葉をつかって、「ヘッドが目に入るものを書きなおしてよくしたいとする機能」というふうに説明している。なかなかうまい説明だ。

以上が、チューリング・マシンというゴーストのすべてである。無限のテープ、一組の記号、三つの機能をもつ読み取りヘッド、そして次々にあらわれる一組の状態。これだけだ。あとはこれを無限にくりかえす。チューリング・マシンのしていく一つひとつの仕事を、ルーチン（ルーティーン）と言った。

これは、今日のデジタル・コンピュータの完全なる母型となった。水増しなく正確にいえば、ここにコンピュータの概念モデルが誕生した。ゴーストはコンピュータに変貌して世の中の実在者となったのである。チューリング・マシンは、つまりデジタル・コンピュータの母型は、概念計算を自動的に進行させる最初のリアル・アルゴリズミック・システムだったのである。

誰でも知っている余談をちょっとだけ付け加えておくが、チューリングほどの天才を軍部がほっとくはずはなく、イギリス軍はナチス・ドイツが考案した「エニグマ」(Enigma) というローター式暗号情報システムの解読のために、チューリングを情報部（諜《ちょう》報《ほう》部）に雇い、日夜その作業にあたらせた。

チューリングはたちまち「エニグマ」を解読した。チャーチルはチューリングが暗号を解読したことをドイツにさとらせないために、コヴェントリーが襲撃されることを知りながら、わざわざ爆撃をさせておいたほどだった。

その後のことについてはいずれゆっくり書きたいと思っているのだが、チューリングは「形態形成」についての驚くべき先取りをみせた論文に熱中し、さらに人工知能についての史上最初の視点を提案した。

後者が有名な「チューリング・テスト」というもので、コンピュータに知能があるとされるには、コンピュータが人間と自由に会話をして、それを人間が自分以外の人間と会話していると感じられるかどうかにかかるというものだ。むろん、このチューリング・テストをクリアできたコンピュータもソフトウェアも、いまのところ皆無である。そういう意味では、チューリングこそが今日におよぶすべてのコンピュータの将来を見通していたということになる。

こうしてチューリングはただ一人で前人未踏を歩きつづけたのだが、実は人生を歩む一人としては、当時の世間を驚かすようなことをして、一人でシアン化合物をリンゴに入れて、あたかも二十世紀のソクラテスのように死んでいった。その世間を驚かせたことというのは、チューリングは自分がゲイであるということを、社会に対して敢然と告白したことだ。ところが世間はひどく冷淡で、チューリングはバカバカしくなって二十世紀のソクラテスになってみせたのである。

［追記］チューリングについてはいろいろの本が揃いつつあるので、大いに読書三昧をすることを勧めたい。大要ならアンドルー・ホッジス『エニグマ　アラン・チューリング伝』（勁草書房）やジョージ・ダイソン『チューリングの大聖堂』（早川書房）やB・ジャック・

コープランド『チューリング情報時代のパイオニア』（NTT出版）を、そのアルゴリズムをわかりやすく知りたいならチャールズ・ペゾルド『チューリングを読む』（日経BP）や高岡詠子『チューリングの計算理論入門』（講談社ブルーバックス）を、少し思想史を絡めたいなら高橋昌一郎『ノイマン・ゲーデル・チューリング』（筑摩選書）や水本正晴『ウィトゲンシュタインvs.チューリング』（勁草書房）を読むといい。映画ならチューリングおたくのグレアム・ムーアが脚本を書いた《イミテーション・ゲーム》だ。ちなみに直木賞作家の小川哲《さとし》は東大大学院時代はチューリングを研究していた。

チューリング・マシンののち、エミール・ポストが読み取りヘッドの代わりに、そこに人間をおくことを思いついた。枡目に印をつけるのは人間、右の枡目に移るのを決めるのも人間、自分がどこにいるかを判断するのも人間、そういうシステムだ。

これは、いまではポスト・マシンといわれているもので、アルゴリズムの進行を機械と人間との分有にしたことにおいて、その後のコンピュータとプログラマーの分離を思わせる。

本書はこのあと、フォン・ノイマンがいわゆるノイマン型コンピュータをどのように設計したかという話をしたのち、システムとエントロピーの関係という難問に入っていき、読者をおおいに煙《けむ》にまく。ここはかなり難しいので、いずれボルツマンを千夜千冊したときか何かのとき、言及したい。

ついで第一三章「精神の産物」に進んで、以下、一四章「多くの神々の世界」、最終章「クロス・オブ・ワーズ」で、ああやっぱりこういう話にしたかったのかというような神秘的な結末を迎えるというふうになる。ここは著者の独壇場とも、また今日のプログラマーやコンピュータ屋の諸君もたいてい敬遠しているか怖気《おじけ》づいているところだろうから、少し紹介しておきたい。

世界がどのように見えるかなどということは、考え方しだいである。というよりも、「そういう見方を入れた世界」がいくらでもあるということだ。世界は最初から「世界たち」や「世界のヴァージョン」と一緒に育ってきたと見たほうがいい。

ところが、狭い定義での科学や物理や数学では、また数理科学やコンピュータのギョーカイでは、いつも「もの」だけで構成したいとか、それは全部「データ」になるんですねとか、「工学」化できるものとできないものがあるんですよとか、その程度の迷いでとても大事なものを逃してしまうことがしばしばなのである。

けれどもクロード・シャノンに戻って考えてみればわかるように、アルゴリズムの世界を通信ネットワーク上に自立させたということは、科学的な世界像とはいささか別の世界像をアルゴリズムによって組み立て、これを交わしあう可能性に向かっていったということだった。それは「情報社会」をもって社会とみなしますという大だんびらを切ったということだ。

それならあらためて覚悟しなければならない。この「情報」という概念こそは「記号」に代わりうる概念であるはずだったのである。ということは、コンピュータとアルゴリズムの結婚は、「意味の交信」を可能にしたネットワークの上に出来上がったもので、そのように出来てしまったコンピュータ・ネットワーク世界は、かつて人類が「言葉」をつくって「意味」を管理して編集してきたこととほぼ同じしくみによって、ひたすら「情報」の組み合わせが見せる「意味」を相手にしつづけているということを覚悟して、それによってもたらされる情報社会の意図のすべてを解明しなくてはならなくなったということなのである。

ふりかえって、われわれは「意味」をどうやって理解できていると思ってきたのだろうか。おそらくは自分の脳でおこっているニューラルネットワーク（神経網）がなんらかの手立てで理解の準備をしてくれて、それを信用して意味のあれこれに反応しているのだろうと思ってきた。

そうだとすると、これは「生きたアルゴリズム」に反応してきたということになる。それをアルファベットや漢字や、声や絵や会話で何かを理解することにまぜまぜしているうちに、脳と意味とがくっついて離れなくなったにちがいない。そのうちコンピュータができて、デジタル・コンピュータの中でアルゴリズムが〝生きている〟と想定するようになったのだ。

ニューラルネットは、一連のノード(節)と単純なプロセッサーで構成されている。各プロセッサーの状態は、他のノードあるいはプロセッサーから受けとる刺激だけで決定される。ノードどうしを結ぶパス(道筋)には、ウェイトが割りふってあって、それによって刺激信号は強まったり弱まったりする。これでノードのネットワークができて、システムに貯えられていただであろうメモリーが複合的に対応する。ここにさまざまなエラーがおこると、その「情報」がシステムにフィードバックされて調整する。

ふつう、これらをコンピュータの学習性というけれど、そのことによって今日のパターン認識・筆跡認識・音声合成・文法分析を成立させているしくみが確立してきたということは、こんなしくみによって「われわれ」のIDやコミュニケーション能力や個別履歴があらかたカバーされるということを許容したということなのである。

では、このようなプロセッシングのなかでは「意味」はどうなっているのか。「われわれ」は意味の編集をしていることになるのか、それともそうではないのか。「われわれ」の脳や心はどうなったのか。

問題はここからだ。ニューラルネットが「われわれ」と「社会」をつなぐ意図のようなものを進捗させていることまでは、おおかたが理解する。たとえば犯人の写真と一般の写真をランダムにニューラルネットに学習させていくと、そこから犯人の特徴らしさというものが出てくる。そういう意図によって情報を組み合わせたのだから、そうなっていく。それなら、これはシステムがアルゴリズミックにつくりだした「意味」なのかというと、ここからみんな自信がもてなくなっていく。ここでフレーゲやチューリングに舞い戻る勇気のある者は、ぐんと少なくなる。

本書の著者がこのような問題に明快な説明を与えているとは期待しないほうがいい。最初に言っておいたように、この著者はたいそう変わっていて、暗示的な書きっぷりによってしか、本書を書いてはいない。だからこの先の話は、ぼくとしては別の本を千夜千冊して続行しなければならないのだが、それでも今夜のところでも多少のヒントを書いておくことはできる。三つ、ある。

第一に、いま、人工知能（AI）を搭載した最高の機能と最大の容量と最速の演算能力をもったコンピュータの可能性がどうなっているのかというと、そいつは有限のパソコンとビッグデータをうまくつないだシステムとして組み立っているのだろうから、生命体が進化して出来上がった脳のしくみを真似たところはあったにしても、「われわれ」の不埒な欲望を含めた意図のかたまりとは、かなり異なる様相を呈しているということになる。つまり、記号とアルゴリズムと情報でできたシステムは、巨大コンピュータであってもよくカスタマイズされたパソコンでも、コンピュータ・ネットワーク（インターネット）の総体でも、「われわれ」と少しは似ているものの、その総体は別のデーモンやゴーストになりつつあるものだということである。

第二に、ただしかしながら、それらに見えてくるのは、あるいは浮き上がりつつあるのは、人間と文明が辿ってきた記号とアルゴリズムと情報という三つの別々の歴史をもった意図をかなり吸収してきたものだということだ。猛烈な計算装置を駆使しているうちに、それをアルゴリズムというのか情報計算というのか、それとも記号の離合集散にすぎないというのか、もはや区別がつかないような意図の表象を見せているということである。

第三に、これを「意味」とよぶわけにはいかないものの、これらをもって「意味」に向かっている「何か」であると言わざるをえなくなっていくだろうということだ。アルゴリズムの歴史は、そうとうに高度になったＩＴコンピュータ・ネットワークの中で、しだいに「意味のアルゴリズム」への変身をとげているかもしれないということだ。ただし、まだ誰もそこには踏みこんではいない。それゆえこれをさらに明快な展望にしたいというのなら、ここから先はアルゴリズムという概念にも、いっさいこだわらないほうがいいだろう。そして、アルゴリズムを生んだ背景に、コンピュータ屋もコネクショニストも心を致し、かつてアリストテレスが「すべて」と「ある」のあいだに論理をおいてみたように、「ある」のコンピュータと、「すべて」の人間性との〝あいだ〟に、もう一度、意味の編集世界を投じてみることである。

これ以上のヒントは、別の夜に書こう。が、きっとその前に「量子コンピュータ」とは何かとか「非ノイマン型コンピュータ」とは何かといったことについて、ちょっと寄り道することになる。それにしても、まったくもっておかしな本だった。著者はフランソワ・ラブレーかホルヘ・ルイス・ボルヘスに数学センスを攫《さら》われたにちがいない。けれどもそういう数学センスが、最近の数学界にはなさすぎるのだ。これがあえて本書を紹介する気になった理由だった。ではバイナリー！　バイバイ、バイバイナリー！

第一二六九夜　二〇〇八年十一月十二日

**参照千夜**

九九四夜：『ライプニッツ著作集』　一〇五八夜：ハオ・ワン『ゲーデル再考』　二九一夜：アリストテレス『形而上学』　一三三夜：ヒルベルト&コーン＝フォッセン『直観幾何学』　九九五夜：ホワイトヘッド『過程と実在』　一五三三夜：ラブレー『ガルガンチュアとパンタグリュエル』　五五二夜：ボルヘス『伝奇集』

# 第二章 数学をつくる

ゴットフリート・ヴィルヘルム・ライプニッツ『ライプニッツ著作集』
ピエール＝シモン・ラプラス『確率の哲学的試論』
G・ウォルド・ダニングトン『科学の王者 ガウスの生涯』
マイケル・J・ブラッドリー『数学を拡げた先駆者たち』
近藤洋逸『新幾何学思想史』
ダフィット・ヒルベルト＆ステファン・コーン＝フォッセン『直観幾何学』
ヘルマン・ワイル『数学と自然科学の哲学』
ハオ・ワン『ゲーデル再考』
デービッド・トール『数学的思考』

デカルトの代数学↓普遍記号学↓
アルス・コンビナトリア↓知のモナドロジー

ゴットフリート・ヴィルヘルム・ライプニッツ

# ライプニッツ著作集

第I期全一〇巻　下村寅太郎・山本信他監修　工作舎　一九八八〜一九九九　／
第II期全三巻　酒井潔・佐々木能章監修　二〇一五〜二〇一八
Gottfried Wilhelm Leibniz: Opera Omnia 1666–1715

数学には記号がつきものだと思われている。そんなことはない。数学記号がないころから数学はさかんだったし、数式が言明しているメッセージ内容には必ずしも記号は躍っていない。

数学的能力と記号的能力も、まったくべつものだ。記号の力を借りない数学的思考はいくらでも可能だし、既存の数学に対応していない記号的思考はいくらでもある。しかしいったん記号が定着し、しだいに体系性をもっていくと、数学的思考と記号的思考のあいだの峻別《しゅんべつ》はあいまいになっていって、記号や言語というものがどれくらい実体を指示しているかという議論や、思考はどれくらい記号の助けを借りているかという議論をしているうちに、記号的数学こそが数学だという観念をどこかに押しやることができなくなっていく。とくに代数学が記号で表現されてからは、この問題は大きな謎とも人間思考の本質を解く鍵とも、逆に、思考を阻む壁とも見えてきた。こうした問題を考えようとするとき、つねにその中央にあらわれてくるのがライプニッツである。

もともと代数学と記号化とは関係がなかった。九世紀アッバース朝のアル＝フワーリズミーの代数学、いわゆるアルジェブラ（アラビア数学）には記号がまったく使われていなかった。代数学の呼称となったアルジェブラ（algebra）が、プラス・マイナス記号もアラビア数字も使っていないということは、そのころはまだ文章上のレトリックの記号メモとして代数を綴《つづ》っていたということになる。

代数は思考の文法に所属していた。それがラテン世界に入ってきて、これを翻訳写本するプロセスで省略記号を考案しているうちに代数記号に発展していった。たとえばアラビア語で一次元の未知数はシャイといい、それをラテン語ではレースというのだが、その頭文字のRを独特の筆記文字で書くうちに代数記号になっていった。

考えてみれば、文法や文体に所属する代数ならば、地域や国や民族や風習によって変わっていくはずだった。しかしそれを記号化していくとなると、共通性や共有性が問われる。距離と温度と質量をつなげる数学が必要になり、ポンドとドルと円には交換の計算が必要になり、それらを交ぜても計算できる説明が必要になる。

話を戻してルネサンス以降、こうして未知数がだんだん記号になっていくと、代数学にとりくんでいたフランソワ・ヴィエトが既知数も記号化して、幾何学的な解析をすべて記号代数学で展開できるようにした。ヴィエトは十六世紀後半にアンリ四世に仕えていた法律家だが、三角法や代数方程式に独自にとりくんだ数学者でもあった。「代数学の父」と呼ばれる。これを継承したのがデカルトで、そこでは代数によって思考も方法も精神規則も説明できるというふうに主張されるようになった。

以上のような代数思考をライプニッツが批判するところから、数理哲学思想史上の「思考と数学と記号」をめぐる巨大な幕があく。「知のバロック」の開幕である。

ライプニッツが数学と記号のあいだに立っていたとき、デカルトは『方法序説』で幾何学を重視した。文章は読みにくく、ニュートンが指摘したように誤りも多いものだったが、その訴えるところにはまことに大きなものがあった。そのため、この幾何学論には当時からいくつものコメンタリーがつき、ラテン語版が広がっていった。そのあいだに、デカルトが考えていることは「普遍数学」(mathesis universalis)というものだという定説ができあがる。

ライプニッツが目を注いだのはこのデカルト的普遍数学の、定まりきらない雄叫《おたけ》びのようなものである。

ライプニッツはデカルト的普遍数学に挑み、そこに量概念しか機能していないという欠陥を見いだした。たとえば、代数的な離散量と幾何学的な連続量をそのままごっちゃにして扱っているという欠陥だ。ライプニッツは、もし「普遍数学」というものがあるのだとしたら、そこには量だけではなくて、もっと広くて多様なカテゴリーが扱われるべきだと考えた。「質」や「関係」も扱うという見方だ。

プラトンやアリストテレス以来、マテマティカ（mathematica）とは「学ばれるべきもの」という意味をもっていた。その中心にはマテーシス（mathesis）がある。「規則をもって考えを積む」ということだ。想起されるべきすべてのものを学習記憶するための方法だった。そのマテーシスをマテマティカにするにあたって、デカルトは「数」と「量」を対象にして、ディメンシオ（次元）とウニタス（単位）とフィグーラ（象徴像）を思考の道具にすることを選んだ。

そうだとすれば（まさに、そうなのだが）、そのようにして構成されるマテーシスやマテマティカはいったん記号の森を通過して、そのうちから最も適切な記号群を連れ帰ってもよかったのである。そういうことをしても平気なはずなのだ。ライプニッツは当時の普遍数学の欠陥を前にしつつそこに記号をもちこみ、これを普遍記号学として確立する構想をもった。

一六六六年、ライプニッツはまだ二十歳だが、この年『結合法論』(デ・アルテ・コンビナトリア)を執筆し、その後の構想をいろいろ書きつけた。

青年はライプツィヒ大学とイエーナ大学でアリストテレス哲学とユークリッド幾何学を学ぶと、いくつもの問題が対比的に自分の前に聳《そび》え立っていることを感じた。「神の語り方」と「人間の語り方」の対比、「普遍の論理」と「個別の論理」の対比、「名前をもつ力」(唯名論)と「そこに物事がある力」(実在論)という対比などである。対比を超えたかった。そこで哲学のヤーコプ・トマジウスから幾何学と精神の関係と「モナド」の意味を、数学のエアハルト・ヴァイゲルから哲学と科学の和解の方法とその和解のための論証の方法を学び、これを採り込んだ。

青年の胸中には、新たな「普遍学」を確立するという思いがいっぱいに膨らんだ。キーワードは「コンビナトリア」。すなわち「結合」である。こうして哲学の修士・法学の学士を得たライプニッツがつづいて哲学の教授資格のために書いたのが、「結合に関する算術的論議」という論文と、それを一冊の書物にまとめた『結合法論』(工作舎・著作集第一巻)である。ここに、「人間思想のためのアルファベット」という卓抜なアイディアが開花する。

この新構想に一番大きな示唆を与えたのは、ライムンドゥス・ルルスの「アルス・コンビナトリア」(結合術)である。ルルスはこれを「大いなる術」とよんでいた。ライプニッツはそれを新しく作り変えたかった。

ルルスは十三世紀のカタルーニャで神秘体験をした学僧である。ムスリムなどの異教徒をキリスト教に転信させるため、「アルス・コンビナトリア」(ars combinatoria)という思索連合術のような方法の開発にとりくんだ。

六系列からなる一種の範疇《はんちゅう》表を作成して、そこにBからKまでの九個の文字を用いて、絶対的述語・相対的述語・問い・主語・徳・悪徳などのプラトン的な九個の範疇を図形的に動かそうというものだ。そのうちの絶対的述語と相対的述語は字母Aと字母Tの円に配当されて、概念が主語から述語へ、述語から主語へ置換できるようにした。驚くべきは、第四図と称されたクアルタ・フィグーラが三つの同心円で構成されていて、そのうちの内側の二つの円が回転することによって、三個ずつの文字のすべての組み合わせが得られるようになっていることだ。

ルルスが開発したのは、限定されたいくつかの用語をつかっての、あらゆる問いに応じ、そこから各種の学を構成することが可能な「ローギッシェ・マシーネ」(論理機械)である。思考改進のための演算とでもいえばいいだろうか。論理術にも普遍術にも記憶術にも使えそうなものだった。

ルルスの「アルス・コンビナトリア」の噂は拡まっていた。多くの学術と神秘思想と記憶術に採用された。とりわけニコラウス・クザーヌス、ピコ・デラ・ミランドラ、アグリッパ、ジョルダーノ・ブルーノ、カンパネッラ、パラケルスス、ヨハン・ハインリヒ・アルシュテート、アタナシウス・キルヒャーに特有された。この顔ぶれでわかるように、「アルス・コンビナトリア」はしだいにスペインからイタリア・ルネサンスへ、フランス・イギリスへ、そしてそれらが濾過《ろか》され尾鰭《おひれ》をつけて、ついに最も濃いものがドイツへと波及していったことが見てとれる。

ドイツの思想史にルルスが色濃く波及したのは、ひとつにはクザーヌスの『知ある無知』とアグリッパの『学の不確実さと空言』のあいだで「アルス・コンビナトリア」をめぐる熾烈《しれつ》な論争があって、それが新たな「ローギッシェ・マシーネ」として議論できる素地をつくっていたからだろう。

もうひとつ大きかったのは、おそらくルルス主義がカバラ思想と結び付いたことである。カバラでは、もともとセフィロートというフォーマットによって神の知の流出の組み合わせの可能性を追究していたし、そこではヘブライ文字のローテーションによる「文字と瞑想《めいそう》との対応関係」も重視されていた。それがもともと文字を重視するドイツの風土で新たな可能性への転換がはかられる契機ともなっていった。

一方、ルルスに対する容赦ない批判もあった。ブルーノのばあいは九個の文字が不足きわまりないとして三〇個の文字を持ち出し、それをギリシア文字とヘブライ文字の混合セットにしたくらいだから、批判というより批判的継承をしたほうであったけれど、ベーコンとデカルトの批判はもっと痛烈だった。とくにデカルトは自身で普遍数学を標《ひょう》榜《ぼう》する気になっていたところだったから、ルルスのような〝魔法〟には断固として与《くみ》しようとしない。そんなとき、若きライプニッツが『結合法論』をひっさげて登場してくるのである。

すでに述べておいたように、ライプニッツはデカルトの普遍数学に限界を感じていた。「普遍」の名にふさわしくないと見ていた。「申し上げておきますが、私はデカルト主義者ではありません」と書いている。ライプニッツは何をめざしたのか。アルス・コンビナトリアを論理学まで高め、そこに普遍的な記号代数を関与させ、「発見の論理学」ともいうべきを確立することをめざした。それが「人間思想のためのアルファベット」というアイディアだ。

さてさきほどから、ぼくはこうしたライプニッツが提示した知のバロックの周辺についての何かの感想を書こうとおもって、書棚から取り出した工作舎の『ライプニッツ著作集』全一三巻を机上に置いて、あれこれ考えをめぐらしていたのだった。そのうち、この著作集にちりばめられたライプニッツの思索の痕跡や草稿に残響する手の痕跡などが、造本やページネーションの隅々から潮騒《しおさい》のような音を立ててせりあがってきて、はからずもこの著作集に遠い日にかかわった記憶が蘇《よみがえ》ってきて、いささか感傷的な気分にもなっていた。

そこでここに、この著作集の誕生をめぐるエピソードをごく少しだけだが、挟んでおくことにする。それはずっとずっと以前、逗子《ずし》の下村寅太郎さんの居宅にお邪魔していたころのことである。

そのころのぼくは〝日本の偉大な祖父たち〟に出会うことを自分の仕事の課題のひとつにしていて、すでに龍膽寺雄《りゅうたんじゆう》や野尻抱影《ほうえい》や稲垣足穂のところ、あるいは湯川秀樹、林忠四郎、早川幸雄《さちお》のところ、白川静《しずか》や福田恆存《つねあり》のところを訪れては、その話を聞いていた。それとともにロジェ・カイヨワ、ディラック、ファインマンのところにも出掛けていた（もし、ライプニッツが新宿か仙台にでもいたら、会いに行っていたにちがいない）。

何が世界や思想や人間を見渡し見通す視野になるかということについての、それぞれの独得の言葉による示唆や叱正を受けたかったのだ。そういう話を祖父たちから受信したかったのだ。下村さんもその一人だった。一九〇二年の生まれだから、七三歳をこえていた。

ぼくに下村さんのところへ行くといいよと背中を押したのは、そのころはまだ京大の教授をしていた田村松平《まつへい》さんだった。量子力学者で、中世のスコラ哲学にも明るい先生だ。その松平さんがこう言っていた、「もう下村さんだけかな、ギリシア語もラテン語もできて、西田（幾多郎）と田辺（元）の両方の精神を受け継いでいるのはね」。

下村さんは最初は数理哲学と科学史を専攻していたのだが、その後は宗教にも美術にも日本文化にも研究領域を広げた。冒険もした。河上徹太郎の司会で、亀井勝一郎《かついちろう》・小林秀雄・三好達治・林房雄らが呼ばれての大座談会になった昭和十七年の「文學界」掲載の『近代の超克』では、ただ一人、「機械をめぐる精神」についての発言をしていたのが下村さんだった。そのほか、アッシジのフランチェスコやレオナルド・ダ・ヴィンチの研究にもとりくんだ。日本哲学会の会長も引き受けている。

そういう下村さんに会うのだから、何かのきっかけがいる。「遊」にルネサンスについての原稿をお願いすることにした。こうして逗子に伺うと、家中が書棚と本なのである。ほとんどが戦前の書籍と洋書であった。痩身で小柄だったから、下村さんはまるで書棚の隙間から話しかけてくるソフィアの森の老人のようだった。

ついつい読書や書籍の話題になった。話はたちまちギリシア科学やラテン哲学の話に、西田哲学や科学の歴史の話題などに飛び火して、ある夜に、夫人手作りの食事をいただきながらのライプニッツの話になったのである。その食卓で、いつかライプニッツ全集が日本でも出るといいですねと言ったところ、「君ねえ、本場のドイツでもまだ百年くらいかかるんだよ、そんなこと無理だよ」と笑いながら言われてしまった。

ぼくはこうした祖父たちとの出会いを、帰ってくるとスタッフにもあれこれ話すようにしていた。スタッフもその話をたのしみにしてくれていた。その夜かその翌日だかも、下村さんの話を工作舎の十川治江にした。十川の目が輝いていた。

そのころの彼女はラッセルの階梯《かいてい》理論を読み終わっていて、ラッセルとホワイトヘッドの『プリンキピア・マテマティカ』を読んでいた。もともと早稲田の吉阪隆正《よしざかたかまさ》さんのところで建築を学んだのだが、数学がめっぽう好きで、そのころよく巷《ちまた》に出回っていた「これが三時間で解けたら、あなたも天才」といった矢野健太郎出題の数学パズルを三〇分ほどで解いてしまう女性だった。その後、工作舎を訪ねてきた広中平祐が彼女の数理能力に感嘆したこともあった。

それなのに彼女は建築よりも数学よりも、ずっと編集が好きだったのである。建築や数学を編集してみたかったのであろう。あるいは論理や記号による編集コンビナトリアをやろうとしていたのかもしれない。ぼくが工作舎時代をたっぷり科学や数学で遊べたのは、一に彼女のこの才能を目の前にしていた僥倖《ぎょうこう》によっている。

そのうち、その十川治江が「松岡さん、やっぱりライプニッツは著作集にしてでも出しましょうよ」と言い出したのである。ぼくは相槌《あいづち》を打ち、下村さんに相談しようねと言った。それからの十川は何度もそういう会話をぼくにぶつけながら、ついに『ライプニッツ著作集』の設計図にとりかかったのだ。

こうしてわれわれが数年にわたって秘めてきた計画は、彼女がほぼ自力で実現した。工作舎はぼくが出遊させた編集集団だったけれど、『ライプニッツ著作集』は十川が編集出産したものだ。かくて第一回配本から十年がかかり、そのあいだに下村さんは亡くなられ、ぼくも工作舎を退くことになってしまった。それだけに、この著作集を眼前にしていると、説明できない感慨がこみあげる。

では、話を戻すことにする。

二十歳のライプニッツが『結合法論』で提案した「人間思想のためのアルファベット」は、せいぜい二五、六個くらいの単純概念の記号化によって、ありとあらゆる「発見の論理学」を湧出させるシステムがつくれるのではないかという構想である。工夫があった。ルルスのように円盤の上に概念や記号を置こうとはしなかった。円盤を動かすのではなく、概念や記号そのものを動かすこと、すなわち「計算」によって複雑な複合概念をつくりだすことを考案した。円盤の構造は、その動きの集積によって与えられると考えたのだ。

いま、『結合法論』やその後に書かれた『普遍的記号法の原理』などを見てみると（いずれも著作集第一巻)、数をあらわす数字と概念(名辞)をあらわす数字を区別したこと、定義のメンバーにクラスをつくり可付番集合にしたこと、いろいろの情報概念を分母の上に乗せてその総和が一定になるようにしたこと、冠詞のないラテン語にギリシア語からの借用をおこしていることなど、独得の工夫をしていたことがよくわかる。

いかに先行する成果を点検したうえでのこととはいえ、よくぞそんなことまで考えたものだ。とくに思考や論理を「計算」の対象にしたことは、ライプニッツにおいてこそマテーシスが、ここに初めて自立したと言いたくなる洞察だ。概念の結合のために円盤を動かすのではなく、概念を動かすことが結合を生むのだという着想がギイッと音をたてて、全ヨーロッパの思索の歴史の転換をおこしていったのである。

ところが、「思想のアルファベット」は実行に移されなかった。ニュートンと競った微積分やパスカルのものより性能が高い四則演算器を作成したライプニッツが、肝心の「アルス・コンビナトリア」のための実装システム設計に着手しなかったのはまことに残念である。若すぎて気移りしたのかもしれないし、ルルスの延長では限界があると感じたのかもしれない。また批判的であれ、これ以上はデカルトにかかわりたくないと思ったのかもしれないが、ひょっとするとライプニッツにはニュートンやパスカルのような対抗者や好敵手がどうしても必要だったのかもしれない。

そう感じたくなるのは、その後のライプニッツはまるで新たな好敵手を探すかのようにして、ジョン・ロックに正面から対抗して『人間知性新論』(著作集第四・五巻)を書き、またバルーフ・スピノザに自ら近づき、その接近の度合に応じて大胆な神学的形而上学《けいじじょう》を次々に仮説していたからである。ではこれでライプニッツが発見論理学や普遍記号学を捨てたのかというと、その逆だ。多様な領域でこの実現に向かっていく。

ライプニッツの全思索のなかでつねに一貫していたのは、人間の本性や知性に合致した認識というものがあるとすれば、それは直観的認識だけでできあがっているのではなくて、必ずや記号的認識を随所に交えているものであるはずだということだった。

青年期のライプニッツは「人間の知は神の知に近づこうとしている」という確信をもっていた。人間は神のような直観的世界像をもったままでいられるはずだとも想定したはずだ。この神は全知全能だ。だったら人間はそういう神に近寄るためにアルス・コンビナトリアとしての道具を使ってでも、その可能性に向かうべきだと考えた。だから、当初のライプニッツにとっては「思想のアルファベット」は道具にすぎなかった。記号は援用されるべきものなのである。

ところが一六七二年から四年にわたったパリ滞在期において、ライプニッツは大きな転換をとげ、さらに長駆躍動する。かの「微積分の発見」をしたのがこの時期だ。パリ滞在期のあいだのどこかで、記号法が普遍数学や普遍論理学になりうることを一挙に悟ったようだった。

同時期にもうひとつ、ライプニッツに躍如したことがある。百科全書についての構想が芽生えたのだ。ライプニッツには当初から、「人間が世界のなかでふれうる全知」を通過する方法を確立したいという普遍計画のようなものがあった。それを百科全書の実現への計画というなら、ライプニッツはずっとその計画の手を休めたことはない。

実際に百科全書の構想がどのようなものかを提示したのは、パリ滞在以降のことで、『プルス・ウルトラ』という計画書も書いている。それは、われわれが知るチェンバーズやディドロが編集構成したような百科全書ではない。百科全書のアーキテクチャーそのものが、「思想のアルファベット」に対応できるエンジン機能をもつような、そういうエンジン付きのデータベース構造の提案だった。

計画は、第一部門が「普遍学の基礎」として、第二部門が「普遍学の範例」として機能するようになっていて、のちの『普遍学の基礎と範例』や『普遍的記号法』（ともに著作集第十巻）を読むとわかるのだが、「知の目録」と、それを使う「方法」と、その構造全体が見せる「枠組の意味」とが、相互に対応できるようになっていた。それぞれの要素はつねに記号対応をはたしているというようなものだった。

ここにおいてライプニッツは、今夜の冒頭に書いておいた数学的思考と記号的思考の

「あいだ」を、半ば埋めきったのである。少なくともどうすれば埋めきれるかを読みきった。ライプニッツが構想した百科全書とは「方法の知」のためのエンサイクロメディアの構造だったのだ。この「方法の知」は、一九三八年に著された下村寅太郎の『ライプニッツ』では、「それは一つの領域ではなく世界の、ある存在ではなくすべての、存在の原理の探求なのである」と書かれている。

ライプニッツは一六四六年のザクセン地方のライプツィヒに生まれた。ルター派の父親はライプツィヒ大学の倫理学の先生だったが、六歳のときに亡くなった。時代はようやく三十年戦争が終わって、バロックの謳歌《おうか》に入っていた。

学業には驚くほど貪欲でどんな機会も逃さない青年だったようだ。ニコライ学院、ライプツィヒ大学、イエーナ大学、アルトドルフ大学を渉《わた》って、数学・哲学・史学・法学の博士や修士になった。だから本を読めば新しいことを書くという日々をおくっていたはずだが、その知が連続的に起爆したのは前述したように二六歳のときにパリやロンドンに行き、四年ほどの滞在をしたころである。一方では流率法（微積分）の着想から数学思考を高速化し、他方ではホイヘンスに会ってニュートン力学の周辺を探索し、そのうえでデカルト、パスカル、スピノザ、マルブランシュの解釈に一気にとりくんだ。

ライプニッツには政治的才能もあった。マインツ侯やハノーファーのカレンベルク侯に気に入られ、外交官や顧問官や図書館長などを務めた。ルイ十四世にエジプト遠征を進言したり、ハルツの鉱山開発に当たったりもした。そうしたプロジェクトでどこかに出向くときも、気になる人物とは寸暇を惜しんで話しこんだ。

ハーグに立ち寄ってスピノザと議論したことは、とくに前半生のハイライトになっている。神の弁証をめぐったのだが、納得はできなかったようだ。神の存在論的証明には限界があるとみなしたのである。

ヨーロッパの知は、これまで何度となく「存在」(esse)と「本質」(essentia)をどう扱うのか、どう区別するのか、そこを執拗《しつよう》に問うてきた。けれども神においては両者は同一だが、これを事物や人間が引き受けようとするとき、混乱がおこる。この混乱はアリストテレスが可能態(dynamis)と現実態(energeia)を分けたときから始まっていて、神学ではトマス・アクィナスこのかた大きな議論になっていた。

そこでスピノザのように新たな論証法による試みが唱えられたのだが、ライプニッツはいったん立ち止まり、別なアプローチで存在と本質の関係を「実在」(existentia)のほうから問いなおす方向に踏み出した。

実在を前面に持ち出したのは、時代(「バロックの知」の時代)がここから科学のほうへ、すなわち真実の実証のほうへ大きく移りつつあることを示している。おそらくはこのとき、ライプニッツは「関係」とは何かという問題に踏み込んで、関係そのものも実在しているのではないかという展望をもったにちがいない。スピノザとライプニッツを分けるのは、ここである。三十代以降、ライプニッツは「関係の実在性」を次々に広げて考えるようになっていく。

さまざまな時期のライプニッツを読んでいると、それ以前の哲学者たちとちがって「本質」や「本性」(nature)を標的にするよりも、いくつもの概念や観念を動かし、それらをマッピングすることを好んでいたと感じることが多い。そのため本質や本性もその下位概念もたいてい「項」(terminus)にしたがっている。概念も個体的概念(notion individuelle)が好きなのだ。これらは思想そのものというより、思想の癖のようなものだろうが、そこがライプニッツにつねにアルス・コンビナトリアという結合術が動いていたということだと思う。「可能性」(possibilitas)や「適合性」(convenientia)についての記述がしばしば顔を出しているのも、そのせいだろう。

ここで、ぼく自身のことをふりかえっておきたい。

ライプニッツについては語りたいことがヤマほどあるにもかかわらず、実はどんな優先順位で語るべきなのか、いつも迷ってしまうのだ。長きにわたって好きに摘まみ食いをしつづけた報いなのだろう。また著作集の編集を十川治江に任せてしまった無責任の報いでもあろう。いまはとりあえず、それでもどんなふうにライプニッツを感想してきたかということを、やや忌憚《きたん》なく以下にメモっておくことにする。

第一に、単子（monad）について。モナドはギリシア語の「個」や「単一」を意味するモナス（monas）を、ライプニッツが独自に究極の空間単位にしようとした試行概念なのだが、おそろしく難解だ。モナドは構成されず、部分をもたず、分割もできないもので、したがって「窓がない」にもかかわらず、属性や状態をもつ。

こういうモナドを想定することによって、ライプニッツは何を表象しようとしたのか。まことに興味尽きないのですぐにとりくんだのではあったけれど、ぼくは長いあいだにわたって『単子論』（著作集第九巻）を読みまちがってきたようだ。河野与一訳で読んだのだが、あまりにも注解が本文に押し寄せるように介入していて、そうとうに読みにくかった。それで自分なりのノートを作った。のちにそれにもとづいて『モナドロジー・ダイジェスト』を書いたのだが、いまだに納得できないでいる。いつか再挑戦したい。

第二に、神について。ライプニッツが神をどのように考えていたのか、その要訣《ようけつ》が定まらない。うっかり神に酔う哲人スピノザに惹《ひ》かれるときがある。それでいまもなお『人間知性新論』（著作集第四・五巻）よりも『弁神論』（著作集第六・七巻）のほうに圧倒的に惹かれてしまうのだが、その理由を詰めて考えられないのだ。前者がロックに対する反論で、後者がゾフィー・シャルロッテの思い出を前提にしていることもあるだろうが、

『弁神論』こそが、その後のゲーテから手塚治虫におよんだ「悪」の扱いの原型に見えるからでもある。ちなみに『弁神論』を読んだときの思い出のような話になるが、ぼくはその扉に「共可能」という、なんだか〝京狩野〟や〝鏡花能〟に通じる三文字をいたずら書きしたものだ。

第三に、述語について。これはけっこう重要なことだろうが、ライプニッツは生涯にわたって「主語はすべての述語を包摂し、すべての述語は主語に内属する」という主張を譲らなかった。この主張には半分は賛成するとしても、ぼくとしては残り半分をのちのゴットロープ・フレーゲの「述語が主語を包摂する可能性」のほうにも賭けておきたいのである。ライプニッツが主語派だったこと、そこは気にくわない。しかし、なぜ主語派であろうとしたのだろうか。

第四に、代数性について。何をもって何の代わりをさせるのかということが思考の基本の基本である。主語も数学も科学も「代」の選択によって進捗してきた。数学においてはヴィエト、デカルト、ライプニッツ、ニュートンの時代に、この決断が深まった。なかでデカルトがつねに混乱に対して明晰《めいせき》を、不明瞭に対して判明をもって臨んだとすれば、ライプニッツは不十分に対しては「十全」(adaequatus) をもって立ち向かい、直観と経験に対しては、「原初性」と「記号性」をもって、その行く手の世界像の摑《つか》まえ方を大きく変えたのである。

このデカルトとライプニッツの分かれ目がヨーロッパ近代の思潮を分けていく。ぼくはヴィーコとの出会いをきっかけに早々にデカルトに別れを告げてしまったけれど、数学的思考を続けていくには、それでは少々まずかったかもしれないとしばしば悔いるときがある。

第五に、情報について。ライプニッツの時代に「情報」や「複雑性」や「人工知能」という考え方はなかった。しかしながらそういう見方を先取りしたようなところがあった。ライプニッツは前半期にあっては人間の本性や知性を全知全能の神に近づけるという構想と発想をもっていたけれど、結局は人間の知性に限界を感じたはずなのである。そうでなければ、このバロックの天才があんなにも多彩大量の情報発信をしなかったろう。ライプニッツには「情報」をプロトコル化することは、すべての思考を動かす方法だったにちがいない。

第六に、二進法について。二進法という発想はどこから眺めても数学史上の傑作中の傑作である。工作舎の著作集にも収録された『0と1の数字だけを使用する二進法算術の解説、ならびにこの算術の効用と中国古代から伝わる伏羲《ふくぎ》の図の解読に対するこの算術の貢献について』（第一〇巻）は、今日のコンピュータ技術者の全員が読むべきだ。もうひとつ付け加えると、このライプニッツの発想と「易」の発想と三浦梅園の発想をそろそろ誰かが徹底的に比較してみるべきだろう。

第七に、編集について。ライプニッツにおいては「調停もしくは折衷」こそが、最も勇気のある科学であって哲学なのである。大胆に縮めていえば、ぼくがライプニッツから教わったことはこのことに尽きるのかもしれない。なぜなら、「調停と折衷」とは、つまり「編集」のことなのだ。

第八に、学問の統合について。ライプニッツの思想はあまりに広範で巨大だったので、その後の学問がこれを取り込むというまでに至っていない。悟性と感性の両方を統合して語りたかったカントにはそのつもりがあっただろうが、失敗した。ゲーテ、シェリング、フィヒテにもその可能性があったが、数学が欠けていた。ひょっとしたらフンボルトの観相学が懐ろの広さをもっていただろうけれど、本人にその気がなかった。ディドロは、ライプニッツが一人でプラトンとアリストテレスとアルキメデスを演じられることにたじろいだ。

第九に、いっときライプニッツはカトリックとプロテスタントの統合を構想していたことがあるのだが、このような高邁《こうまい》ではあるが無謀なライプニッツにさかんに拍手を贈ったのは、意外にも量子力学者のマックス・プランクだった。プランクはライプニッツから自然神学を読みとった。もう少し深い意味を知りたかった。

以上の不束《ふつつか》なメモでもおわかりのように、ライプニッツを語ろうとすると、その当人が自分が知らないライプニッツのほうへついつい横超してしまうようになるのだが、そうなると、ライプニッツの予定調和論のような構想がそれを包んでくるため、気が付けばライプニッツ城の住人であったことを思い知らされるのだ。

これはライプニッツに幾何学や社会論があって、それを眺めてきた専門の数学者や社会学者たちが、数学以外でも存分に輝くライプニッツや社会哲学を逸脱してなお大胆に遊ぶライプニッツに、我知らずにそれぞれの本分をさぐろうとしてしまうということだ。あらためて憶えば、数学者の彌永昌吉《いやながしょうきち》がライプニッツの幸福感を綴り、宗教社会学者のフォイエルバッハがライプニッツにひそむ結晶構造を語ろうとしたのは、きっとそういうせいだったろう。

こういう魅力がライプニッツだけにあるとは言わないが、専門家たちからお門ちがいの数々の矢に射られながら、その矢を三〇〇年にわたって受けつづけ、なおいっこうにライプニッツ像が確定しないというところに、やはり途方もないライプニッツがあったのだと思う。こんな例はライプニッツ以外にはなかなか思いつけない。レオナルド・ダ・ヴィンチやフリードリッヒ・ガウスの天才とはちがっている。三人とも万能は万能だが、奥に分け入ってみると、その細部の脈絡から突如として天才的な発想が躍り出てくるというような、そういう才能をもっているのがライプニッツなのである。レオナルドやガウスの才能はすべて外側にあらわれている。

最後に、次の一文にぼくはずっと参っているということをあげておく。「一八九四年九月二十二日　土　雨。ライプニッツの如くなるべし。禁茶禁烟、大勉学す」。

これはこの年月日に、南方熊楠《みなかたくまぐす》が記したメモである。「ライプニッツの如くなるべし」は、さすがに熊楠をもってしか言いえないことだろう。ただし、ちょっと変なのは「禁茶禁烟《きんえん》」である。まるで飲茶喫煙などしているとライプニッツが彗星《すいせい》のようにどこかへ行ってしまうとばかりに、二つのあいだの因果関係を暗示している。これは、困る。ライプニッツを追うには茶も煙草も禁断しなければならないというのは、困るのだ。ぼくは飲茶と喫煙だけで生きているような男だ。この件については、熊楠先生といえども、抗議をしておきたい。

どうしてアルス・コンビナトリアにぞっこんになったかということだけを綴ったような千夜千冊になったが、今夜は以上だ。明日の千夜千冊ではこのライプニッツをほぼ生涯にわたって静かに受けとめた一人の男について（追記：ホワイトヘッドのこと）、書くことにする。

第九九四夜　二〇〇四年六月二三日

## 参照千夜

七九九夜：プラトン『国家』　二九一夜：アリストテレス『形而上学』　一七八夜：龍膽寺雄『シャボテン幻想』　三四八夜：野尻抱影『日本の星』　八七九夜：稲垣足穂『一千一秒物語』　八二八夜：湯川秀樹『創造的人間』　九八七夜：白川静『漢字の世界』　五一四夜：福田恆存『私の國語教室』　八九九夜：カイヨワ『斜線』　一八四夜：ファインマン『ご冗談でしょう、ファインマンさん』　一〇八六夜：西田幾多郎『西田幾多郎哲学論集』　二五夜：『レオナルド・ダ・ヴィンチの手記』　九九五夜：ホワイトヘッド『過程と実在』　七六二夜：パスカル『パンセ』　八四二夜：スピノザ『エチカ』　一八〇夜：ディドロ＆ダランベール『百科全書』　九九三夜：三浦梅園『玄語』　八七四夜：ヴィーコ『新しい学』　七〇夜：ゲーテ『ヴィルヘルム・マイスター』　九七一夜：手塚治虫『火の鳥』　三九〇夜：フィヒテ『ドイツ国民に告ぐ』　一八三七夜：G・ウォルド・ダニングトン『科学の王者　ガウスの生涯』　一六二四夜：南方熊楠『南方熊楠全集』

いまのうちに、「ラプラスの魔《デーモン》」に
お目見えしておきなさい

ピエール＝シモン・ラプラス

# 確率の哲学的試論

Pierre-Simon Laplace: Essai Philosophique sur les Probabilités 1814

内井惣七訳　岩波文庫　一九九七

今夜はラプラスに遊んでみようと思う。ラプラスといっても、その成果はカント＝ラプラスの星雲説の変更から確率論の提案にいたるまでいろいろ広いけれど、今夜はいくぶん身辺感想記ふうにする。

ラプラスを最初に読んだのは、中央公論社の「世界の名著」第六五巻『現代の科学Ⅰ』に、ドルトンの『化学の新体系』、マックスウェルの『原子・引力・エーテル』、ヘルムホルツの『力の保存についての物理学的論述』、リーマンの『幾何学の基礎をなす仮説について』などとともに、『確率の哲学的試論』が収録されたときからだから、ほぼ三十年前の二十代最後の歳のころだ。この巻の解説を湯川秀樹と井上健が書いていて、その原稿を入稿した直後だろうか、湯川さんが「ちょっとおもしろい解説を書いたから読んでみてや」と言われたので待ちどおしく思いながら入手した。現代物理学を予見していたかのような十八世紀のルジェル・ボスコヴィッチの「加速する点粒子の仮説」のことが詳しく書いてあって、新鮮な衝撃をおぼえた。イエズス会士で天文・物理・数学に長じていた。

ほかの収録論文ではヘルムホルツとボルツマンに共感したが（リーマンはすでに菅原正巳の訳で読んでいた）、ラプラスの確率論についてはそれほど印象がのこらなかった。だいたい確率についてぼくが強い関心をもてたのは、津田一郎に出会ってコルモゴロフの『確率論の基礎概念』を読んでからだから（もっといえばチューリング・マシンに関心をもってからで）、ずいぶんあとのことなのだ。

急に話を変えるけれど、この二週間ほど、新聞やテレビはライブドアとニッポン放送の株式取得合戦と、コクド・西武鉄道の株をめぐる闇取引の話題でもちきりである。いずれ桜が散るころには忘れ去られるだろうことは、世間の喧噪《けんそう》と誤報と驕慢《きょうまん》の相互露呈などいまさらに始まったことではないからそれでいいが、こうした社会経済の異常気象の背後で何かが必ずや喪失し、何かが必ずや倒壊していることを思うと、しばしば「取り戻しようのないこと」とは何だったのかという問題を強迫されている気分になる。

日本はそうとう軋《きし》んでいる。困った現象がこのあと夕闇の岬のほうへ落暉《らっき》していきそうかは見えている。出生率が落ちて高齢化がすすみ、金利は落ちつづけて貯蓄の意味が失われ、国債の発行数と国家の借財の関数は複雑な陥穽《かんせい》にむかって曲線を巻きこんでいる。失業率も社会保険問題も日々深刻で、完全失業率がやや回復しても、流動失業率の底辺は広がるばかりである。これではアリコの保険や年末年始の福袋や競馬競輪競艇への殺到や、あるいはキャッシュカード偽造やニセ札やあまたのカード犯罪に鎬《しのぎ》を削るのも当然で、誰が何を犯そうとも互いに文句をいえる筋合いはない。

それはそれとして、いまあげた株価や出生率や犯罪発生やギャンブルエコノミーなどの問題には、実はのっぴきならない共通点がある。これらは数学的にはウラでつながっていて、もともと近代国家がひとしなみにかかえる「確率と可能性をめぐる臆測の危うさ」という根本問題が露呈していたのだった。

そして、この近代国家がひとしなみにかかえる問題をその原理原則に戻って検討し、そこにひそむであろう根本ルールに最初に挑んだ数学巨人がピエール＝シモン・ラプラスだったのである。株価・出生率・失業率・金利問題にうずくまるルーツには、すべてラプラスがとりくんだソーシャル・サブジェクトが絡んでいた。

確率と可能性をめぐる臆測の危うさ、あるいは賭け率と戻り率の数学は一般にはパスカルが着手したと思われているようだが、そうではない。パスカルは個人を襲う賭け率の計算法を開発したのだが、ラプラスは全体というシステムに生じる確率の計算法を扱った。それは近代国家の本質を衝くもので、かつ、新たな力学的で数学的な世界構造の描像《びょうぞう》を衝いていた。

ラプラスが『天体力学』初版を書いたのは一七九九～一八二五年である。十九世紀の初頭という年代が重要だ。時計の針はナポレオン時代のフランスをさしている。『天体力学』が何を描いたかといえば、ニュートン力学から導かれうる諸原理をほぼ全面的に惑星系にあてはめた。

それ以前、万有引力の法則が正しそうであることは知られていたが、ニュートン自身は太陽系が最終的に秩序を保つには「神の覗《のぞ》き穴」が必要だと信じていたのだし（『プリンキピア』第三篇にはそのことが書いてある）、オイラーは月の運動の微妙な変化を説明できる方法がないことに困って、はたしてニュートンの理論だけで惑星と衛星の関係が数学になるのかを疑っていた。

この疑問をラプラスが晴らした。惑星や衛星の摂動計算をめぐるラグランジュの数学上の協力を得て、大半の誤差の修正もやってのけた。当時の惑星系の全体といえば世間からみれば宇宙そのものだったといってよい。ラプラスは『天体力学』を書きあげて、初めて宇宙というもの（つまりはすべての世界というシステム）を力学的にかつ数学的に制覇したと実感したにちがいない。

宇宙をひとつながりの力学的世界像として描くことを最初に準備したのは、ガリレオの『新科学対話』やニュートンの『プリンキピア』やボスコヴィッチの『自然哲学の理論』だった。それがドイツではライプニッツを媒介にして、カントの『天界の一般自然史と理論』のほうに向かってかたちをなし、フランスではアンペール、コーシー、ポアソンをへて、ラプラスに結実した。『天体力学』という書名は、かのプトレマイオスの『アルマゲスト』にとって代わる、新たな「数字で書かれた聖書」の名となったのである。

数学によって宇宙や世界のしくみを証明してみせることは、当時のイギリスやドイツやフランスにとっては、国家（王室）の威信をかけての計算合戦だった。いまなら原油を押さえて石油製品技術を競うとか、より強力な軍事兵器を開発するとか、ゲノム解読によってバイオ産業の独占を謀るとか、コンピュータのOSも回線も基本ソフトも牛耳るとかの、ようするに国家が他の国家に勝つための根本シナリオにあたるものなのだ。わかりやすくは、いまも引きも切らない核開発競争だ。かつてはそれらにあたるのが天体論や物理論や数学論だった。

ラプラスは『天体力学』の三年ほど前に『世界体系解説』を書いていた。世界体系という標題の言葉に暗示されているように、そのときは「世界」を制し、今度はさらに大きな「宇宙」を制した気分であったろう。時まさにナポレオンの世であった。ナポレオンは宇宙こそ制しはしなかったけれど、当時のヨーロッパ世界の大半を征服しつつあった。それはカエサルでもフランク王でもエリザベス女王でもルイ王朝でもできなかったことだった。それをあっというまに果たした。ラプラスとナポレオンは似たような凱歌《がいか》に耽《ふけ》ったはずだ。

ナポレオンは「科学は事実しか認めないから最も尊敬できる」とふだんから言っていた。急激に権力を入手した為政者や権力者たちというものは、たいてい「事実の成果」を誇っている。理屈ではなく、たえず事実の集積に酔ってきた。権力奪取者が愛したのは自分がやってのけた堂々たる事実なのである。近代においてはその「事実の成果」はもっぱら科学と技術が独占する。ナポレオンにとってはラプラスの世界体系の提示は待ち望んでいたものだったはずである。

こうしてナポレオンとラプラスは（そしてベートーヴェンは）、「全体というシステム」を記述したいという理念と野望をほぼ同時期に現実化したわけである。案の定ラプラスは『天体力学』の序文でナポレオンを口をきわめて賛美する。しかしナポレオンはまもなく失脚してしまった。ラプラスは驚いて（ベートーヴェンも驚いたが）、新たなエディションの『天体力学』から序文をすっかり削除した。ついで書きあげたのが本書『確率の哲学的試論』なのだが、そこでは献辞はナポレオンではなく、ちゃっかりルイ十八世の名になっていた。ラプラスにとって、「事実の体系」を知るべき相手はつねに現実の世界制覇者でなければならなかったのだ。ラプラスを読んでいると、こうした科学と国家の接近にしばしばゾクッとさせられる。

時代の符牒《ふちょう》の話はこれくらいにして、ぼくが気になっているもう二つのラプラス問題についてふれておきたい。

ひとつは本書にみられる「確率」(probability)の問題だ。パスカルとフェルマーの往復書簡に始まりラプラスに及んだすこぶる数学的な問題だが、先にこの話をする。もうひとつは、いわゆる「ラプラスの魔《デーモン》」(Laplace's demon)とは何かということだ。こちらは科学や数学の根本に宿る世界観をめぐる話題だ。いずれも、われわれが陥りやすい推論の限界をたどる問題だが、今夜はその話は控え目にしておきたい。

コインを投げて表が出るか裏が出るかをあてようとしているとき、だれもが確率の問題に直面する。ふつうは、コインの表裏が出る確率(P)はバラバラなように見える。だからこそサッカーの試合開始前のコイントスがあり、カジノではいまなおサイコロ賭博が流行する。このとき、われわれは予想できなかったことがおこっているのか、それとも何かの理由があって予想しうることがおこっているのか、このどちらの立場にいるかを問われる。このことを考えきったのがラプラスだ。ラプラスはサイコロの目を予測するようなときの数を「場合の数」とよんだ。

コインの勝負やサイコロ賭博は数回に限られているが、ラプラスが考えた「場合の数」はn通りある。それならば、コインを投げる回数nをものすごくふやしたらどうなるか。コインの両面がほぼ等しい造作でできていて、投げっぷりもほぼ一定ならば、出た目はしだいに二分の一に近くなってくるはずだ。サイコロも同様で、すべての統計をとれば出た目はほぼ六分の一ずつになる。これを「大数の法則」という。

確率の問題はこれで初めて数学に近づいた。のちの統計数学はここから出てくる。ただし、大数の法則が教えることはたいしたことではない。たとえば十回つづけて表が出たから、次は裏が出る確率が高いだろうというような予想を否定しているということだけだ。裏が出る確率はあいかわらず二分の一なのだ。サイコロ賭博なら百回振ってゾロ目が一度も出なかったから、そろそろゾロ目が出るだろうというイチかバチかの予想をしたくなるだろうが、これは残念ながら成り立たない。確率はやっぱり六分の一なのである。

こうなるのは、コインやサイコロには表と裏とか1から6までとかの限定があるからだ。合格率や天気予報もだいたいの幅がある。この幅があれば、統計をとれば予想はなんとかなる。ところが、コンビニ・ケーキの中に金属片が混入されている危険性はどのくらいあるかとか、明日、銀座四丁目の角で知り合いに出会う確率はどのくらいかというような問題になると、お手上げだ。因果関係の幅が限定されるときの確率と、因果関係がはっきりしない確率とでは様子がちがう。このちがいは「不確実性」のちがいである。ラプラスは数学史上、初めてこの不確実性をめぐる数学に挑んだ。

ラプラスが試みたことは、すべての予測できそうもない事象を予測することではない。「不確実性を扱う方法」があるということなのだ。そこがわからないと確率や統計はつかえない。だいたい数学的確率と統計的確率はちがうのだし、検定(test)と推定(estimation)はちがう方法だ。

確率は、ある試行をするときにそこに特定の事象がおこる割合を示す。その事象の最小単位を根元事象という。さまざまな根元事象がおこる確率が等しいとき(コインやサイコロにインチキがないとき)、特定の事象Eがおこる確率Pは全事象Ω《オメガ》に含まれる根元事象の数nとの関係によって決まる。これが数学的確率である。もしnが数えられないばあいは(非加算)、大きさや濃度で計算する。事象のなかに含まれる根元事象が確定できなかったり、根元事象を表示しにくいときは、n回の試行をしたうえでそこに含まれる確率を浮き出させる。これが統計的確率である。

こうした確率の値には、連続的な確率変数もあれば離散的な確率変数もある。なんでも確率でわかるというのではなく、どのように確率をめぐる態度を数学的に決めればいいのかということを読んだのがラプラスの成果だった。ようするに世の中の一部の現象をしかるべき「確率モデル」として眺める方法を提案したわけだ。これはのちに行動科学や経営学において「意思決定モデル」にまで発展する。

検定と推定のちがいは、こうなっている。さまざまな情報《データ》が生じる母集団のすべてをチェック対象にできないとき、そこからサンプルを取り出して母集団の特定の傾向を調査判断するのだが、このばあい、あらかじめインディケータを設定してから確率モデルにあたって統計的な操作をするのが「検定」で、これは計算者の仮説を実証したいときにつかう。一方、「推定」というのは、なんらかの計算によって母集団そのものがどういう特徴をもった母数であったのかを見いだすのが目的になる。ぼくは世の中の大半の検定試験に関心はないのだが、新たな母集団を創出しうる推定試験というものには関心がある。

では、「ラプラスの魔」の話だ。この「魔」はデーモン(魔物)という意味と完全な知性という意味をもっている。

ラプラスの自然哲学は決定論的である。決定論的というのは、ある力学系の初期条件についての正確な知識を手にすることができれば、その系のその後の状態を正確かつ確定的に演繹《えんえき》することができると考える立場をいう。この考えを妨げるものがあるとすれば、それは初期条件にひそむ不確実性だけである。

本書のなかでラプラスは、こう書いた。「われわれは、宇宙の現在の状態はそれに先立つ状態の結果であり、それ以後の状態の原因であると考えなければならない。ある知性が、与えられた時点において、自然を動かしているすべての力と自然を構成しているすべての存在物の各々の状況を知っているとし、さらにこれらを分析する能力をもっているとしたならば、この知性は同一の方程式のもとにすべての不確かなことを取り除くであろう」。

この知性が「ラプラスの魔」というものだ。そんじょそこいらの知性ではない。神をも欺く超越的知性だ。「ラプラスの魔」がいてくれさえすれば、未来もまた過去と同様にすべからく決定されることになる。

しかし、われわれはむしろ初期条件の無知から誕生していたともいうべきだ。そもそもわれわれは自分が誕生してきたときのことをおぼえていないし、地球の誕生期もわからないし、ビッグバンの詳細も知ってはいない。それどころか細胞が発生したときのことも、直立二足歩行をした経緯もわかっていない。そこで、これらの初期条件の無知を補充するための方法が必要になる。ラプラスはそれが確率論的な方法だと考えたのである。

ラプラスの魔と確率論の親密な関係は、その後の多くの科学の方向を決定づけた。さらに統計数学をつくりあげ、量子力学には確率振幅という考え方を導入させた。いまやそれはカオス理論の全般にまでおよんでいる。いや、疲れを知らない精密・大容量・超高速のコンピュータの登場は誰もが世界の初期条件にかかわれる可能性を示唆した。エドワード・ローレンツの「バタフライ」理論もジェームズ・ラヴロックの「ガイア」仮説も、初期条件の計算とその誤差の発見から生まれたものだ。

ラプラスが完全なる知性としてのデーモンを想定したことは、科学技術革命の根本を動かす画期的な拍車を発明したということになる。それはニュートンの時代においてはなお仮想されていた「神」に代わる知的魔物となり、科学と技術の代行神となり、その後はたとえば人工知能という代名詞にすりかわっていったものでもあった。

このような「ラプラスの魔《デーモン》」の想定から多くの科学や技術が発展してきたということは、現代のシステムを成立させている根本基盤はちょっとした計算ミスで全体が狂ってしまうということでもある。また、地震や津波の初期条件が確定できない以上、むしろ庶民の恐れや警戒心のほうが現状の科学技術より重要だということにもなる。もっと重要なことは、そもそも科学ははたして初期条件の決定から構築されていいものかどうかということなのだ。それならできるだけ「ラプラスの魔《デーモン》」に親しくなっておいてもいいだろう。

第一〇〇九夜　二〇〇五年三月二日

**参照千夜**

八二八夜：湯川秀樹『創造的人間』　一〇七夜：津田一郎『カオス的脳観』　七六二夜：パスカル『パンセ』　一七三四夜：ガリレオ『星界の報告』　九九四夜：『ライプニッツ著作集』　三六五夜：カエサル『ガリア戦記』　五八四夜：ジェームズ・ラヴロック『ガイアの時代』

ナポレオン治政下の
「少数なれど、熟したり」

G・ウォルド・ダニングトン

# 科学の王者 ガウスの生涯

銀林浩・小島穀男・田中勇訳　東京図書　一九七六・一九九二

G. Waldo Dunnington: Carl Friedrich Gauss— Titan of Science 1955

Pauca sed Matura……。

赤堤通りの三階建ての一棟に編集工学研究所が引っ越しする直前のことだ。一階の天《てん》高《だか》四メートルのスペース「本楼《ほんろう》」の内装があらかた仕上がったあと、本棚劇場の向かって右側のネステナーの黒い鉄板にライトグリーンのエナメルで、こういうラテン語の箴《しん》言《げん》を書いて掲げた。「少数なれど、熟したり」と訳している。

ガウスが印章に彫った座右銘だ。向かって左側には、同じくエナメルで老子の言葉の英訳を書いた。「上善、水の如し」にまつわる一節だ。右にガウス、左に老子。どうしてもそうしてみたかったのである。書体は美《み》柑《かん》和俊君に選んでもらった。

Pauca sed Matura……。

ガウスがこのラテン語を座右銘に選んだ経緯は伝わっていないが、まことにガウスらしいとも、ガウスにしてこのモットーだったのかとも思わせる。数学史家たちは、ガウスはつねに完全主義をめざしていたので、どんな科学的発見や数学的到達も多くの者が理解するところとは異なるものになっているかもしれないが、ガウス本人はそれが少数にしか理解できないものでも完璧に熟していると確信していたという意図を表明したのだろうと、あるいはまた、自分は少ししか論文を発表していないけれど、それでもそのすべては十全に熟しきったものであるはずだと自負していたと、解釈している。

もっともらしい解釈だが、ぼくはこれらの説を採らない。ガウスは、科学や数学の提示というものはぶっちぎりにならざるをえないと思っていたはずだ。仮にガウスが慎重な詰めに徹していた数学者だったとしても、「少数者になることを怖れない」という意志を表明したかったのだろうと思う。編集工学研究所には、この意図を掲げておきたかったのだ。

ガウスによって科学界と数学界にもたらされた成果が広域にわたっていたこと、そのいずれもが先駆的であったこと、その先見の明が卓抜きわまりないものであったことは、いまでは押しも押されもせぬものになっている。

ガウス関数、磁束密度単位ガウス、ガウス分布、ガウス・クリューゲル図法、ガウス曲率、ガウスの発散定理、ガウス平面、ガウス和、小惑星ガウシアなど、ガウスの名を冠した数学用語や測定用語も数十に及ぶ。しかし、ガウスの実像はあまり詳しく語られてこなかった。

ダニングトンはこの本を仕上げるのに、なんと三十年をかけたらしい。一人の伝記に費やした年月としてはそうとうに長い。ガウスが偉大すぎていたからとか評価が定まらないからだとかのせいではなく、また評伝の構成に凝ったからというのではなく、史料の総点検に著者が単身で向かったからだろう。おかげで申し分ないガウス像が手に入るようになった。いまも本書に勝る評伝はない。

そうではあるのだが、あいかわらずというか、少数者であることを怖れなかったガウスの自業自得というべきか、ガウスを痛快に語るという空気が数学史的にはいまもって伝わってこないのである。ガウスはゲーテやバルザックのようには語られず、プルーストやモネやボブ・ディランのようには好まれなかったのだ。ガウスを勢いよく語ったのは、日本人ではひょっとして高木貞治だけだったのではないかという気がする。これでは困るのだ。

なぜガウスは語りにくいのだろうか。おそらく円熟しきった数学者のように感じられるからだろうが、そんなことはない。本書ほど詳しい評伝からは、ガウスが時期ごとに、事態ごとにいかに危ういコースを歩んできたのか、よくよく伝わってくる。

ぼくがガウスに託しているものは二十代後半からほぼ変わらない。十七世紀前半のピエール・ガッサンディから十九世紀半ばのガウスに及んだ科学哲学的自然観をよりすぐって凝縮して、松岡正剛ふうの編集思想のレシピにしたまま大切な編集料理につかってきたからだ。

ガッサンディは、プロヴァンスの大学で神学と哲学を教えながら言語学と数学に秀でた発想をした碩学《せきがく》で、ラテン世界にギリシア自然学がもちこまれて以来、エピクロスが過小評価されていることを断ち切り、返す刀でデカルトに文句をつけ、時間と場所は天地創造以前からの物質の運動によって開始していたことを宣言した男である。

その、反デカルト・親エピクロス・ガリレイ派であるガッサンディの「物質の自然学」に端を発して、望遠鏡や顕微鏡の製作に携わった面々の勇気と、それらを覗いて自然の秘密に挑もうとした何人かのレンズ・フェティッシュたちの観測と思索を通した自然学のセンスが、球面収差と色収差の問題に解決の緒を与えたスイスのレオンハルト・オイラーの数学に及び、これらのいっさいを引き連れたガウスの数々の挑戦に「全自然学に向かった構想」を感じてからというもの、ぼくはガウスをもとにいっさいの編集思想の基礎工事にとりくみたいと考えるようになったのである。

基礎工事はけっこう大変だった。このような考え方を採る科学史家や思想史家が驚くほど少なかったからだ。

たとえばフランツ・ボルケナウに大著『封建的世界像から市民的世界像へ』（みすず書房）があって、そこにはデカルトやパスカルと並んでガッサンディについての一章があてられているのだが、その解釈はデカルトに寄りすぎていて、つまらないものだった。そのため、いちいち読み替えをしながら進むわけで、そんなことをしているとそのうち巨《おお》きなクロニクルを独創せざるをえなくなり、そういう作業にも精力を投下しなければならなくなるのである。それでやっとガッサンディの位置を修正したとなると、今度はその修正ガッサンディを誰が受け止められたのかを点検しなければならなくなる。修正ガッサンディは「エピクロス＝ガッサンディ」ということだから、ここからは唯物論や原子論の思想の変転まで視野に入れた大点検が必要になる。

そうなると、ぼくの勘だけでは危ない。若い時期に湯川秀樹さんのところにしばしばお邪魔していたのは、この勘を最強の言葉で補強してもらうためで、大いにコーチングをしてもらってなんとか乗り切れた。

とはいえ湯川さんのヒントにはぶっとんだものも含まれていて、「あんた、ガッサンディをやるんやったら、ボスコヴィッチも大事やで。知ってるか」というものだから、その夜からは一ヶ月以上をかけて原書の入手さえおぼつかないボスコヴィッチに没頭するわけなのだ。ボスコヴィッチはラグーサ共和国（クロアチア）のイエズス会士で、ニュートン力学を大陸側で理解した最初の一人であるとともに、物質の力を均一な原子の運動として理解しようとした最初の自然哲学者であって、いわば原子論の先覚者だった。

それで、またまた湯川さんを訪れてこれこれしかじかで凄いことになりますね、これってガウスにまで及びますか、量子力学まで及びますかとお伺いをたてると、そこはあんたの裁量や、思い切っていきなさいなのだ。

こんなふうでは、それまでのクロニクルやマッピングがまたまた大修正を迫られる。おまけにガッサンディとボスコヴィッチをつなげて素粒子を語る科学者など、湯川さん以外にはほとんどいない。そこからオイラーやガウスを引き取るとなると、もはやそんな議論はからっきしの孤立無援なのである。

まあ、こんな調子だった。もっとも、こうしたことはいまだに若気の至りとは思っていないことなので、今夜はそのことを記してガウス案内に代えてみたい。

ぼくの最初の単行本は『自然学曼陀羅』（工作舎　一九七九）である。「遊」創刊号から連載していた同名のエッセイをまとめ、そこに二、三の付録をくっつけたものなのだが、これはいわばガウス型の自然学解明の方法に対するぼくなりの偏愛を訴えたマニフェストだった。タイトルは「自然学」がさまざまな科学の愉快を統合する方面を、「曼陀羅」

が精神や文化の跳ね返りを引き受けている方面をあらわしていた。

読んでもらえばわかるように、冒頭九ページに早々とガッサンディが出てくる。それが数ページ進むとレンズ・フェティッシュたちの話になって、オイラーにつながっていく。そのあとアルハゼン（イブン・アル＝ハイサム）の『光学宝典』と「薄明論」に寄り道をして、イスラム科学による冒険を少しとりあげたのち、いよいよガウスが登場し、以降は何度かガウスを縫いながら全自然学構想をスケッチしていくというふうになる。

さて、ぼくのお気にいりのガウスの最初のクライマックスは、大学時代に定規とコンパスだけで正十七角形を作図したことだ。それまで作図できる正素数角形は正三角形と正五角形だけだと思われていたのに、二千年ぶりに新たな可能性が示されたのだ。数学界が仰天した。晩年のガウスは墓標に正十七角形を刻んでほしいと願ったようだが、後塵たちは墓標ではなく記念碑をつくってそこに正十七角形をあしらった。これはガウス的ではなかったのだが、まあ、そんなことはどうでもいい（実はどうでもいいわけではないのだが、今夜のところはお目こぼしだ）。

次のクライマックスは少しとんで、ガウスが弟子たちとブロッケン山に登って準備怠りなく夜を待ち、三つの山の頂上でカンテラのシェードを開けて「光線の三角形」をつくりだし、その内角の和を測定することで、そこに非ユークリッド幾何学の不安定数を確認しようとしたあの夜の出来事の前後である。

不安定数とは曲率のことをいう。一八二五年前後、ガウスは『曲面に関する一般的考察』を書いて、屈曲はできても伸縮できない面をどのように変形させようとしても、曲面上の各点における主曲率の和は変わらないという定理を説明してみせた。

一方、ガウスはユークリッドの第五公準「平行線は交わらない」を訝《いぶか》っていた。すでに似たような疑問をもつ科学者や数学者たちもいた。なかでもボヤイ父子と親しくなった時期、ガウスは第五公準で自然界を語ろうとしてきたのは根本的な過誤ではなかったかと思うようになり、ひそかに非ユークリッド三角法を工夫していた。こうしたことが重なってきて、その問題の分岐点にある問題を実地に確かめたくて、ブロッケン山で光線三角形の角度測定に挑もうとしたのだった。

むろんそんな程度の高さの山では、いくら精密に測ったところで内角の和は一八〇度を上回りも下回りもしない。実験は失敗したのだが、ガウスはそんなことにこだわってはいない。猛然と非ユークリッド幾何学が成り立つような世界について、さまざまな思索と試算を試みていった。

実際にはどんな思索と試算をしていたのか、本書『ガウスの生涯』もあれこれの断片を集めて想像しているが、はっきりしたことはわからない。ぼくは勝手に、のちのちアインシュタインが「空間は物質の詰まりぐあいの曲率で決まる」とみなしたような、すこぶる相対的な時空間を思い浮かべていたのではないかと臆測したいのだが、まあ、これは言い過ぎだろう。

ガウスについての三つ目のクライマックスは、クライマックスとしてはややわかりにくいかもしれないが、アレクサンダー・フォン・フンボルトとの包摂的な交際の中に認めたい。このことについても本書はほとんど足跡を再現できずにおわっていたが、フンボルトの巨視的な思考力とガウスの全自然学構想とはかなり共振していたはずだ。

アレクサンダーの兄が言語学者のヴィルヘルム・フォン・フンボルトである。ベルリン大学の創設者の一人で、ゲーテと親交があった。弟のフンボルトは博物学者で、南北アメリカ大陸を踏査した探検家でもあった。鉱山学の専門でもあった。鉱山学はしばしば結晶学に熱中していたガウスにも親しいもので、おそらく二人はその手の話題を何度も交わしたはずである（フンボルトがガウス家の賓客として何度か滞在したことはわかっている）。

ぼくが想像するのは、晩年のフンボルトがやがて著作することになる大著『コスモス』の内容を必ずやガウスと交わしたであろうということだ。『コスモス』はフランスではボードレールが絶賛し、アメリカではエドカー・アラン・ポーが換骨奪胎して『ユーレカ』（ユリイカ）にまとめなおしたものだ。ガウスがこの内容を知らなかったはずはなく、知っていたならガウスの自然学と溶け合っていったはずなのである。

ガウスは一八五五年に七七歳で亡くなった。晩年の十年間は「少数なれど熟したり」の仕上げのコーダだ。このことをガウスは大いに満喫した。その全容には『コスモス』のファンファーレが鳴り続けていたはずである。

ところで、『自然学曼陀羅』には一八四五年から一八五五年までの瞠目《どうもく》すべき略年表が載っている。その一部をここに再掲するが、この出来事のうねりこそ、実はガウスの全自然学のうねりそのものなのではないかと思われる。こういうものだ。

一八四五　ファラデー効果の発見
　フンボルト『コスモス』
　マルクス『ドイツ・イデオロギー』
　デュマ『モンテ＝クリスト伯』
　ワーグナー『ローエングリン』
一八四六　海王星の発見
　ベルナールの実験医学開始
　光学機器会社カールツァイス設立
　リーマン、ガウスのもとで学ぶ

一八四七　ホーによる輪転印刷の開始
ヘルムホルツのエネルギー恒存則
ブール「論理の数学的分析」
エミリー・ブロンテ『嵐が丘』
一八四八　パスツールによる光学異性体の発見
フランス二月革命
マルクス＝エンゲルス『共産党宣言』
ポー『ユーレカ』
ワーグナー『ニーベルンゲンの指環』
ラファエル前派結成
ディケンズ『デイヴィッド・コパフィールド』
一八四九　キルヒホフの法則
フィゾーによる光速度測定
ガウスを祝う黄金祝賀祭
ラスキン『建築の七燈』
佐久間象山《しょうざん》の電信実験
キルケゴール『死に至る病気』

一八五〇　クラウジウスの熱力学第二法則
プリチャードによる天体観測写真法の提案
デデキントがガウスのもとで学ぶ
ホーソーン『緋文字』
一八五一　ロンドン万国博覧会
リーマン「複素関数論」
フーコーの振子による地球自転速度の測定
英仏間に海底電線
メルヴィル『白鯨』
一八五二　グリム兄弟『ドイツ語辞典』第一巻
アンリ・ジファールによる最初の飛行船
一八五三　ハミルトン「四元法講義」
ケルヴィンによる放電の周期性の発見
日本に黒船来航
一八五四　リーマン「幾何学仮説」
クリミア戦争でナイチンゲール勤務
一八五五　リサージュの振動図形論

二月二三日、ガウス死去
パリ万国博覧会
ボードレール『悪の華』執筆中

ざっとこういうものだ。とくに恣意《しい》的に略年表化したわけではないが、それなのに、ここにはナポレオン帝国解体後の近代に仁王立ちしようとした科学者と数学者と工学者たちの、それぞれの矜持《きょうじ》が響鳴しあっているような沸騰を感じる。フンボルトの『コスモス』は、ヘルムホルツのエネルギー恒存則やワーグナーの楽劇や、『共産党宣言』やラスキンの『建築の七燈』と無縁ではなく、そのこととグリムのドイツ語研究とメルヴィルの『白鯨』とロンドン万国博とハミルトンの四元法は交わっていたのである。ガウスが生きた時代は格別だったのだ。多くの識者や表現者が「全容」というものに向かえたのだ。フンボルトはそのシンボルの一人だった。ガウスもその全容に向かった一人だった。

ふりかえって、わが青春の学業はこの一八五〇年前後の「全容」をひたすら独学することに終始していたように憶う。その自習自得を支えていたのが、ガウスの「少数なれど、熟したり」だったのである。

よきかな、よきかな、ナポレオンの野望と大失敗。よきかな、よきかな、ゲッティンゲンの、少数なれど、熟したり。

第一八三七夜：二〇二三年十二月七日

**参照千夜**

九七〇夜：ゲーテ『ヴィルヘルム・マイスター』　一五六八夜：バルザック『セラフィタ』　九三五夜：プルースト『失われた時を求めて』　五四夜：高木貞治『近世数学史談』　七六二夜：パスカル『パンセ』　八二八夜：湯川秀樹『創造的人間』　五七〇夜：アインシュタイン『わが相対性理論』　七七三夜：ボードレール『悪の華』　九七二夜：『ポオ全集』　一二二〇夜：デュマ『モンテ・クリスト伯』　一六〇〇夜：ワーグナー『ニーベルングの指環』　一二五夜：エミリー・ブロンテ『嵐が丘』　四〇七夜：ディケンズ『デイヴィッド・コパフィールド』　一〇四五夜：ラスキン『近代画家論』　一四七四夜：ホーソーン『緋文字』　三〇〇夜：メルヴィル『白鯨』　一一七四夜：グリム兄弟『ヘンゼルとグレーテル』　八五九夜：ファラデー『ロウソクの科学』

ガウス、アーベル、ガロア、ナイチンゲール、
集合論のカントール、三体問題のポアンカレ

マイケル・J・ブラッドリー

# 数学を拡げた先駆者たち

無限、集合、カオス理論の誕生

松浦俊輔訳　青土社　二〇〇九年

Michael J. Bradley: The Foundations of Mathematics 2006

カブトムシ、香水、靴……。科学実験具、ジャズ、観音像……。チーズ、温泉、スパイ小説……。個別史というものは名状しがたいフェティッシュを誘う。

個別的なものたちの変遷には、どんな事情をもってその分野の母型や類型が生まれてきたのか、それらはどんな発端と変化をもってきたのかという、ちょっとどきどきする歴史がひそんでいる。そこには興味のつきない「例外」が含まれていて、そこから立ちのぼる異様な気配の連鎖に接するのは、そんじょそこいらで遊び騒ぐよりずっとおもしろいときがあるものだ。

細部に詳しい個別の学問の歴史も同様で、たとえば教父神学史や犯罪心理学史やファッション史がよびさましてくれるものは、分厚い歴史書よりずっとスリリングだ。二十代のおわりころ、思いたって聴診器の歴史や昭和の映画看板やハイヒール・デザインの変遷を追ったことがあるけれど、どの追尾の作業にも夢中になった。何かが励起《れいき》されるのだ。

二十年以上前のことになるが、イシス編集学校の「破」コースで、学衆たちに任意の分野のクロニクルな動向に浸ってもらうというお題を設定したのは、こうしたスリリングな編集的励起のプロセスに交わって、歴史から何を感知するとおもしろいかを体験してほしかったからだった。このお題はいまも続いている。

モノにも夢中にさせられるが、ヒトに対しては妙に艶《つや》っぽい関心が向く。アメリカで三〇年代から刊行された「LOOK」という雑誌は表紙に「顔」のクローズアップを載せつづけて一世を風靡《ふうび》した。マディソン・アヴェニュー四八八番地の風変わりなルックビルに行くと、どのフロアやどの壁にも気味悪いほどにバックナンバーに踊った「顔」たちがひしめいている。「LOOK」のライバル誌「タイム」や「ライフ」で編集者としてならしたフランク・ギブニーに会ったことがあるが、こう言っていた。「人というものはね、他人の属性を連続的に知りたがるものなんだよ」。

特定のクロニクルに連座する群像たちに出会うのは、たしかに奇妙な興奮である。そうでなくとも誰だって、一度は戦国武将の顔ぶれや名だたる指揮者たちの競いあいやサッカーの名ストライカーの列伝に、ひとかどの関心を寄せてきたはずだ。

どんな群像に出会いたいかはみんな異なっている。艶の好みが異なるからだ。中学校の松田トシコちゃんは岩波文庫の著者のプロフィールばかり集めていたし、高校時代の石井レンジくんは、カーボーイハットをかぶった西部劇のヒーローのブロマイドや切り抜きばかり集めていた。

艶のある「顔」には、顔の持ち主が「挑んだこと」がくっついている。その挑戦をどの顔が企《たくら》んでいたかということを知ると、痺《しび》れがやってくる。思い出してみると、少年向けのリヴィングストンのアフリカ探検記とアムンゼンの北極探検物語を読んで、そこから海洋航海者のヘイエルダール、中央アジア探検家のヘディン、登山家のヒラリーなどの冒険者や探検家たちを次々に追いかけたのが、群像列伝にはまった最初だった。いずれの冒険者も探検者も曰《いわ》く付きの面構えで、その服装は極地のファーブル先生のようで、みんなかっこよかった。

ついでにいうと、その後は理科系の群像に惹かれ、とくに十九世紀末のウィーンやゲッティンゲンに出入りした科学者たちの動向を追いかけた。その次が量子力学者たちの群像、その次は土佐派などの大和絵師から近代の日本画家に及ぶ群像だ。かれらこそわが青春のアイドルなのである。

ぼくが数学史にめざめたのは高校生のときに読んだエリック・テンプル・ベルの『数学をつくった人びと』（四冊・東京図書）あたりからだ。この本は貧乏学生でも手にできる数学新書スタイルになっていたので、さっそく『新しい幾何学の発見』『微積分入門』『記号論理学入門』『現代数学とブルバキ』などを手にとった。なかで『数学をつくった人びと』シリーズは、数学者であってSF作家でもあったベルの機知が躍動していて、フェチを啄《つつ》かれた。一九六二年の初版だ。その後、このシリーズはハヤカワ文庫で衣装替えされている。

数学史についてはそれからは雑食だ。ストルイクの『数学の歴史』（みすず書房）、ホグベンの『数学の世界』（河出書房新社）、ワイルダーの『数学の文化人類学』（海鳴社）、ボホナーの『科学史における数学』（みすず書房）などなど、噂のラーメン屋の暖簾《のれん》をくぐるように覗いていった。今夜紹介する『数学を拡げた先駆者たち』もこの手のラーメン屋で麺とスープと具の妙味を愉しむたぐいのもので、「数学を切りひらいた人びと」という五冊シリーズの一冊である。五〇人の数学者が次のような配列で出てくる。

1「数学を生んだ父母たち」（タレス、ピュタゴラス、エウクレイデス、アルキメデス、ヒュパティア、アールヤバタ、ブラーマグプタ、アル・フワーリズミー、ウマル・ハイヤーム、フィボナッチ）、2「数学を育てた天才たち」(アルカーシー、ヴィエト、ネイピア、フェルマー、パスカル、ニュートン、ライプニッツ、オイラー、アニェージ、バネカー)、3本書、4「数学を現代化した予言者たち」(ヒルベルト、ヤング、シェルピンスキー、ネーター、ラマヌジャン、ウィーナー、ノイマン、ホッパー、チューリング、エルデシュ)、5「数学最前線をになう挑戦者たち」(ロビンソン、ウィルキンス、ナッシュ、コンウェイ、ホーキング、ヤウ・シントゥン、ファン・チュン、ワイルズ、ドブシー、フラナリー)。

他の数学者列伝からすると、少々変わったフィルタリングになっている。たとえば四冊目にゲーデルが入っていないぶんウィーナーやノイマンがフィーチャーされ、五冊目ではゲーム理論との関係が濃い。ホーキングやフラナリーが入っているのも変わっている。これは、著者が数学者であろうとすることよりカレッジの数学の先生であることに何がしかの誇りをもっていて、青少年に数学そのものより「数学的たらんとすること」を伝えたいと思っているからであるようだ。数学の先生というもの、数学者であるより数学師範代でありつづけたいらしい。

それでは三冊目の本書を手短かに案内することにする。ガウス、アーベル、ガロア、ナイチンゲール、カントール、コワレフスキー、ポアンカレなどが並ぶ。ナイチンゲールが入っているのがめずらしいだろうが、すべて十九世紀の数学群像だ。

最初に**マリ＝ソフィ・ジェルマン**(一七七六〜一八三一)が紹介される。彼女は女性が数学を語るのは男勝りだと誤解された時代社会の生まれ育ちだったので、長らく男性名で数学論文を書いていた。少女期にアルキメデスに惚《ほ》れて、長じてはルジャンドルの『数の理論に関する試論』（一七九八）とガウスの『数論研究』（一八〇一）の影響で数論に惹かれた。素数を研究したのはフェルマーの最終定理に挑んでいるときのことだった。

当時のガウスはとんでもない天才として早くから知られていた。十五歳でコレギウム・カロリヌムに入学して数の平方根の精度にとりくんだり、ユークリッドの平行線定理に疑問を抱いたりしていた。最小二乗の法則に気がついたのも尚早の才がなせるものだった。ゲッティンゲン大学の三年間だけで算術の基本定理、幾何平均の意味、二項定理の帰結などをとりあげ、早くも数論研究の前人未到のレベルに近づいていた。

そのガウスも、噂に聞くジェルマンのことについてはしばらく男だと思っていたようで、女性であるとわかってからも、いろいろ数論をめぐる助言を与えたらしい。

**フリードリッヒ・ガウス**（一七七七〜一八五五）はべらぼうな数学者だ。計算力に抜群の才能があったのだろうと思うのだが、それだけならオペレーティブな研究や仕事にとどまるだろうにそうではなくて、たえず未知の「数学の未来」を開拓するほうに意図的に向かっていった。ポテンシャル理論、統計学、微積分学、行列理論、複素関数論の研究にはそういう選択肢がサチレートする。ガウス曲率（曲面研究）がトポロジーの先駆けとなり、ガウス分布が統計学や電磁気理論の新局面を拓き、ガウスの測地学への関心が非ユークリッド幾何学の展望につながったこと、あらためて言うまでもない。

**メアリー・フェアファクス・サマヴィル**（一七八〇〜一八七二）が九一歳で亡くなったとき、ロンドンのモーニングポスト紙は「十九世紀科学の女王」という名を贈った。独学で数学と科学の高度な理論を身につけ、その素養を存分に駆使した。太陽光線の調査、彗星《すいせい》についての思索、女性の科学習得の奨励に熱心だった。数学は知識ではない。フランス語やバスク語や大阪弁があるように〝数学語〟というものがあり、それによって知を動かしてみるのが数学の風味なのである。

名家のイギリス家庭に育ち、若くしてユークリッドの『原論』、ニュートンの『プリンキピア』、ラプラスの『天体力学』を取り寄せて、独自に読み込んでいた。彼女の周囲は天文学のハーシェル夫妻、詩人のバイロン夫妻、バイロンの娘のエーダ・ラブレース、エーダが応援した階差機関設計のチャールズ・バベッジらがいつも集った。

執筆にもセンスを発揮した。『天のしくみ』、『物理諸科学のつながり』、『物理地理学』、『分子と顕微鏡下の科学』は啓蒙書《けいもう》であって、かつプロの科学者や数学者たちを叱咤《しった》激励するものだった。このあたりが女王なのである。

二六年の短い生涯ではあったが、ノルウェーの**ニールス・ヘンリク・アーベル**（一八〇二〜一八二九）の数学的可能性に寄せた情熱は、楕円《だえん》関数にまつわる航跡とともに芳香を放っている。

関数（function）という名を思いついたのはライプニッツだが、その組み立ては十八世紀のオイラーや十九世紀のコーシーがとりくんだ。二つの変数 $x$ と $y$ があり、入力 $x$ に対して出力 $y$ が決定するとしたら、変数 $y$ を独立変数とする関数 $y=f(x)$ が成立するというのが関数の見方なのだが、$x=a$ とすれば、いくらでも $f(a)$ という関数の値が得られた。そこからさまざまなヴァージョンを編み出すことができるのが、関数をいじる醍《だい》醐《ご》味《み》だ。

とはいえその性質がどういうものかは、編み出したからといって明確になるわけではない。たとえば円関数（三角関数）を一般化すれば楕円関数が得られるのだが、これを納得のいく方法で解析しやすくするにはどうするか。ルジャンドルが先行して楕円の孤の長さにまつわる楕円積分をいじっていたのだが、アーベルはここに介入して楕円関数を楕円積分の逆関数として導入してみた。たちまち二重の周期があることがわかった。アーベルは関数に種数（ジーナス）があることを発見したのである。これらの発見はいまでは「アーベルの定理」と称されるほど知られているものの、当時はその審査を故意にネグレクトするフランスの委員たちもいて、アーベルを失望させた。ドイツのヤコービがこれを救った。各国の学問いじめがヨーロッパに徘《はい》徊《かい》していた時代である。

二六歳のアーベルよりさらに短命で消えていったエヴァリスト・ガロア（一八一一～一八三二）は、ピストルによる決闘に挑んであっけなく二十歳で命を落とした。怒りっぽかったのだろうし、許せないものは許せなかったのだろう。一八三〇年の共和派による七月革命の折の王政反対の動乱では国民防衛軍の砲兵隊に入って、ルーヴル王宮の占拠に加わったりもした。

そんな渦中で、この過激な青年は群論の基礎を一気につくりあげていた。数学には抽象性というものが上澄みのように生じて、たいてい気泡のごとき層理が次々にできるのだけれど、ガロアはそういう高度な抽象性にナイフを入れるのによほどの切れ味を発揮した。そうでなくては群論など扱えない。

かつてぼくはこの後ろを振り向かない突撃青年に関心をもって、レオポルト・インフェルトの『ガロアの生涯―神々の愛でし人』（日本評論社）を期待して読んだものだったが、残念ながらおもしろい本ではなかった。アルチュール・ランボーの数学版かと予想していたのだが、過剰な上澄みについてほとんど言及できていない伝記だった。

群論（group theory）というのは、環、体、ベクトル空間、対称性のような、〝集合している対象〟に対して演算によってそこに付与された性質を新たに「群」として扱おうという代数学の手法のことである。考え方はとくに難しくないが、これを応用しようとするとたんに爆発的な魔力を発揮する。結晶や水素原子などの構造も「対称性の群」なのである。物理や化学にとって、群論はけっこうマジカルにふるまうのだ。

そんなこともあって、群論には多くの者が加わった。ラグランジュ、ルフィニ、ソフス・リー、アーベル、ガロアが先行し、ケイリーとコーシーとジョルダンが道具立てを置換群として扱えるようにすると、フェリックス・クラインが「エルランゲン・プログラム」をもってその後の可能性を大きく開いてみせた。射影幾何学が非ユークリッド時空を相手にするとき、群論はキモになる。

ガロアの才能は、もともとの群論に関する論文がたった六七ページのものであったにもかかわらず、いまのべたような数学者たちが精査するにつれ、その論文が十九世紀末には一〇〇〇ページを超えるものになっていたというところにあらわれている。十代のガロアは数学思考を弾丸の中に詰めた火薬のようにコンデンスできたのだろう。

次の**オーガスタ・エーダ・ラブレース**（一八一五～一八五二）については、すでに「世界最初のプログラマー」として何度も千夜千冊でとりあげてきた。バイロンの娘にして、チャールズ・バベッジの階差機関や差分機関を動かすためにプログラムにとりくんだ稀代《きたい》のアルゴリズミック・レディだ。母親のアン・イザベラ・ミルバンクも数学者で、「平行四辺形の女王」と称された。千夜千冊八夜の『バベッジのコンピュータ』、ギブスン＆スターリングのサイバーパンク小説『ディファレンス・エンジン』、および千夜千冊エディション『電子の社会』、山田正紀のＳＦ『エイダ』などを読まれたい。

次も女性で、ナイチンゲールだ。一八五四年以降、クリミア戦争の野戦病院で看護活動を劇的に捌《さば》き、チフスに感染したことを知ったヴィクトリア女王から見舞いを受け、その後は戦闘地域のすべての英国治療施設に看護の改革と管理の権限を委譲されたという、あのナイチンゲールが、いったいどんな数学的成果に関与したというのか。

**フローレンス・ナイチンゲール**（一八二〇〜一九一〇）が本書に登場するのは、統計学に寄与したからだ。鶏頭図というグラフ明示法もつくりあげた。情報をデータ化し、そこにカプタ（解釈可能なデータ）を選んで読みこみ、すべての看護対策にいかしたのである。

ナイチンゲールは英国の富裕な家に育った。幼児期から歴史、聖書、算数、ラテン語、ギリシア語を教えられるのだが、本人は足の折れた犬を治すことや友人たちの病気に付き添うこと、聾《ろう》学校や修道女が営む病院に学びにいくことなどが好きだった。その一方で、十代のおわりごろから数学に関心が募り、針仕事やダンスや音楽ではなく、両親を説得して高度な数学の先生につくことを望んだ。シルヴェスター先生という、のちにロンドン数学会の会長になる先生が個人教授をしてくれた。

そのうちベルギーのアドルフ・ケトレの『人間とその能力の発達について』を読んで、大きな影響を受けた。「社会物理学の試み」というサブタイトルがついていた。人間の活動や才能を統計的に、正規曲線との関連において考察するというものだ。ナイチンゲールは感動して、この方向に数学と看護を向けていこうと決意する。この本は岩波文庫に『人間に就いて』上下として翻訳されている。

いったん決意すると、この人の意志は燃える鉄のごとく強く赫《あか》く、またきわめて状況対応的で分度器のようである。さっそく自ら出向いてライン河畔の看護施設で見聞したことを自身の決意に貫入させていく。ついで三巻にわたって『イギリスの専門職の中で宗教的真理を求める人々に対する思考のための提案』を書き、自分こそがこの思考に殉じることを覚悟する。結婚は利己的なもので、女性は職業にこそ目覚めるべきだというようなことを書いた。実際にも、ナイチンゲールはこのあと九年におよんでロマンスを育んできた詩人にして社会改革家であるホートン卿《きょう》との日々にきっぱり別れを告げて、看護に邁進《まいしん》していった。

一八五四年十月、英・仏・トルコがロシア軍とクリミアで激突する戦火の中、ナイチンゲールがトルコのスクタリ基地の軍病院に三八名の女性看護師を引き連れて着任した。肩書は看護施設部長であったが、ありとあらゆる仕事を改善していった。新たに厨房《ちゅうぼう》と洗濯施設を建て、病院の壁を防音にし、食事と清掃の手順を劇的に変え、預かった予算を真っ先に包帯・薬剤・果物・野菜・肉に当てた。改善に二ヶ月、その一部始終を記録し、そこからは新たな任務計画をつくると、人材の配置、治癒のプロセスの点検、相互の確認などを次々に試みて、着任時の死亡率六〇パーセントを三ヶ月後に四三パーセントに、半年後に二パーセントにしてみせた。

状況の「変化」を統計とグラフにし、その「読み」を新しい看護学にしていったのだ。患者の様子をメモっておく、医師がどんな処置をしたかを記録する、投薬の効き目を患者ごとに比較する……。こういうことが看護の発現になったのだ。入院、幼児、手術、ケア、回復、健康という概念を編集していったのである。窓をあけて換気を重視したのも初めてだった。戦地から戻ってからは、一八六〇年、ロンドンの聖トマス病院にナイチンゲール学校を開設し、看護師の動作や言葉の充実に傾注した。

こうしたナイチンゲールを、最近は見直す研究が浮上しつつある。日本でも全九冊の「ナイチンゲールの越境」シリーズ（日本看護協会出版会）が刊行され、その組織観、建築観、フェミニズム、戦争観、その感染対策論、宗教観、技術に対する配慮などがフィーチャーされた。数学的業績については丸山健夫の『ナイチンゲールは統計学者だった！』（日科技連出版社）、多尾清子の『統計学者としてのナイチンゲール』（医学書院）がある。

カントールというと、かの有名な対角線論法とともに、ゲッティンゲン大学で博士号の論文を仕上げたとき、「問題を解く能力」よりも「問いを立てる数学」のほうがずっと重要だと気付いたというエピソードが思い浮かぶ。どちらもすこぶる編集工学的だ。

集合と無限を相手に闘った**ゲオルク・カントール**（一八四五～一九一八）については、いまさら案内するまでもないだろうが、自然数と有理数と代数的な数とのあいだに、正方形の中にある点と線分上にある点とのあいだに、それぞれ1対1の対応がありうることをもって集合論の出発点にしたこと、それを対角線論法で説明したところがすべての始まりだったことを、あらためて納得したい。

カントールはこのことを「数の無限集合って何だろうね」という視野で友人のデデキントと大いに語りあい、自然数(正の整数)の集合と有理数(二つの整数で分数として表現できる数)の集合の大きさは同じという展望に到達した。このとき「1対1の対応」をもってすれば、次々に集合を旅して無限集合までチェックできるのだから(この方法がカントール得意の対角線論法だ)、無限もまた数えられるという自信をもった。

ところがカントールとデデキントの無限集合議論は、「面と線では、点の数は同じになる」というイメージに至ったところで直観とは食い違うものが出てきたという本人たちにとってもギョッとするような感想になった。クロネッカーなどはそんな集合論からデーモンが出てくることに警戒したが、二人はそれでもかまわず前進していった。

一八七九年から八四年にかけて、カントールは「点の無限線形多様体について」という論文を書くと、いわゆる連続体仮説にとりくみ、実数のすべての無限部分集合は加算無限か連続体の濃度かのいずれかだという見通しを得た。二つの無限大のあいだには他の無限大はないという見通しだ。カントールはこの奇怪な見通しをなんとか反証したかった。そこで、ヘブライ語アルファベットの先頭文字「ℵ」(アレフ)をつかって無限大に記号を付け、なんとか反証作業に向かってみたのだが、なかなか埒《らち》があかない。

そんなとき、ヒルベルトがこの問題(連続体仮説の証明)を今後の数学が挑むべき二三の問題のうちの第一問題に示して脚光を浴びさせた。カントールはそんなことを自慢したくもなかったけれど、しばらくするとゲーデルが「連続体仮説は集合論の他の公理からは反証できない」ことをバラし(無矛盾であることを証明し)、コーエンがこの仮説が独立していることを確かめた。アレフは無限の空へ放たれたままになったのである。

実はカントールの集合論は拡張しようとすると二律背反を生じる。しかしこういうことがおこるのが数学の醍醐味で、突然に「可能性」と「不可能性」が手をつないで姿をあらわすのである。集合論においては、自分が見ている集合と自分を含む集合の両方を語るには、新たな世界観をもたざるをえないことを突きつけられたのだ。カントールの集合論とボルツマンの熱力学は、ぼくがこの世で垣間《かいま》見たもので最も怖ろしいゴーストだった。

本書に**ソーニャ・コワレフスキー**(一八五〇〜一八九一)が選ばれているのは、多分にジェンダーの偏りを見せたくなかったからだろう。女性が数学で博士号をとるという先鞭《せんべん》をつけたことがフェミニズム科学の先駆者として特筆されたのである。業績としては偏微分方程式の原理のひとつを発見したこと、アーベル積分を楕円積分に変換して問題を解きやすくしたこと、ラプラスが解析した土星の環の性質を新たに説明したこと、回転するコマの運動の規則と不規則の共存を分析したくらいが目立っている程度だが、本シリーズの著者には欠かせぬ「顔」なのだ。ワロンツォーワに『コワレフスカヤの生涯』(東京図書)がある。

ということで、本書の最後には**アンリ・ポアンカレ**(一八五四～一九一二)が登場する。ポアンカレについては一八夜に『科学と方法』をささやかに千夜千冊したけれど、この人は解析、位相幾何(トポロジー)、代数幾何(保型関数)、数論、確率論、鉱山学、天体力学、カオス理論(三体問題)、流体力学、相対性理論など、めくるめくほど広範な領域に卓見をもたらした科学的で工学的な数学者だったので、ぼくなどでは書きたりないところはいくらもある。今夜は少しだけ補っておく。

その前に一言。ポアンカレの卓見はどのように出てくるのかが気になっていたのだが、パリのエコール・ポリテクニク(理工科大学)の学生だったとき、黒板の字が読めないほど目が悪かったようで、そのため講義ではノートをとらずにすべて耳コピしていたようなのである。本人はそのほうが「概念を思い浮かべる力」を身につけられたと言っている。この耳コピを知って、何かのヒミツを嗅いだ気がしたものだ。

理工科大学のあと、ポアンカレは鉱山学校で工学の学位をとり、仕事も鉱山関係に進んでいる。数学的技法はそのころあらかた身についたらしく、それゆえ軽い気分で数学の学位もとったようだが、指導教官たちがそちらの才能に驚いたらしく、以降はカーン大学、パリ大学で数学を教えるようになった。その合間に生涯ざっと五〇〇本の論文を書いた。生涯といっても五八歳までである(惜しいことに短命だ)。前立腺の癌だった。

最初の数学研究は複素関数論である。単純に周期的な三角関数や二重に周期的な楕円関数をとことん一般化して無限に周期的な関数を想定し、これをポアンカレが思いついたフックス関数(保型関数)をつかって解こうというもので、その後はθ(シータ)フックス関数やζ(ゼータ)フックス関数に拡張してみせ、さらにエミール・ピカールと共同して多変数複素関数の理論に仕上げていった。

世紀末からとりくんだのは、本人が「位置解析」と名付けていた代数的トポロジーである。面の性質にホモトピー群、ホモロジー群、コホモロジー群といった特徴をもつ構造を付与し、それぞれの関係にのちに「ポアンカレ双対性定理」とよばれる対応があることを見出《みいだ》した。二十世紀のトポロジーはほぼここを出発点とする。また数論においては「ディオファントスの問題」に鋭い抉《えぐ》り方を与え、群論においては「包絡環」という概念を導入してのちのリー環《かん》の代数構造を用意した。

こういう成果例を挙げていくと、ポアンカレには新奇嗜《し》好癖《こう》や造語癖があるのかと思いたくなるだろうが、そうなのではない。二つのことが試みられたのだ。

ひとつは、自然界や物質科学現象には「発見されていない変数」があるはずなので、それに当たる「見当」を数学的に引き取ってみた。もうひとつは、数学的な道具やスキルに慣れてくると、エリック・クラプトンやマイケル・ジョーダンや羽生結弦《はにゅうゆづる》のように新しい「技」を思いつく。これを使って数学プレイを試みてみると未知の領域と解法が発現してくる。ガウスやポアンカレはそういう試みを連続的に数学思考に採り入れた先覚者だったのである。

こうした貢献にまして今日の科学界と数学界がポアンカレに特段の敬意を払うべきは、三体問題に発して今日のカオス理論に及ぶスコープを、この時期にこの問題の指南をもって本格的に準備していてくれたということだ。

天体中の二つの質点がニュートン引力圏で運動しているばあい、その運動軌跡は楕円・放物線・双曲線を描くことがわかっているが、これが太陽・地球・月や太陽・木星・土星のような三体になると、とたんにその運動をあらわせる数学が見つからない。これが三体問題である。ポアンカレはこの問題の求積可能性と可積分性を否定したうえで、ここには新たな非線形科学の発想と思想が必要になってくるだろうと予想した。カオス理論の予告であった。今夜はこのことについては触れないが、はっきりいって二一世紀の「複雑系」をめぐるスコープは、ほぼすべてポアンカレの予想の裡《うち》にあると言っていい。駒沢の住み家の片隅でボロボロのままに眠っている『常微分方程式：天体力学の新しい方法』（共立出版）が、いまこそますます眩《まぶ》しくなっている。

第一八三五夜　二〇二三年十一月二七日

**参照千夜**

一八三四夜：ブルーノ・チェントローネ『ピュタゴラス派』　四三五夜：サイモン・シン『フェルマーの最終定理』　七六二夜：パスカル『パンセ』　九九四夜『ライプニッツ著作集』　一三三夜：ヒルベルト＆コーン＝フォッセン『直観幾何学』　八六七夜：ノーバート・ウィーナー『サイバネティックス』　一九二夜：ホーキング『ホーキング、宇宙を語る』　一八三七夜：G・ウォルド・ダニングトン『科学の王者　ガウスの生涯』　一八夜：ポアンカレ『科学と方法』　一〇〇九夜：ラプラス『確率の哲学的試論』　六九〇夜：ランボオ『イリュミナシオン』　八夜：新戸雅章『バベッジのコンピュータ』　六二夜：ウィリアム・ギブスン『ニューロマンサー』　一〇五八夜：ハオ・ワン『ゲーデル再考』　一六六夜：ボブ・グリーン『マイケル・ジョーダン物語』

非ユークリッド幾何学は
どのようにして生まれたのか

近藤洋逸

# 新幾何学思想史

三一書房　一九六六

数学は問題を解くもの、証明してみせるものと思われている。たしかに解いたり証《あか》したりするのだが、そこには決まり事がある。

立ち向かう問題のことは「命題」(proposition)という。命題が示していることが正しいかどうかを確かめるための方法が数学である。ただし、確かめなくていい大前提があらかじめ決まっている。これが「公理」(axiom)だ。公理は説明する必要のないことなので、しばしば定義(definition)だと思われているが、定義とは実際には用語規定のことをいう。定義と似ている「定理」(theorem)は、すでに証明がされている命題のことだ。数式であらわされた定理(あるいは定理に用いられている数式)を「公式」(formula)とみなす。

こうした決まり事の多くがユークリッドの『原論』で定められたのだが、なかに公理にまで至っていない命題があって、これを公準（postulate）と名付けた。

で、今夜の問題はユークリッドの第五公準をどう見るかということである。所はゲッティンゲン大学。二人の青年数学者が議論をしていた。ガウスとヤーノシュ・ボヤイだ。二人は第五公準の転覆を謀っていた。数学には永久問題というものがある。幾何学ではコンパスと定規だけをつかって解決しなければならない作図問題、たとえば「角の三等分」「立方倍積」「円積問題」などだ。なかで最も厄介だとみなされていたのがユークリッドの第五公準をどう証明するかという問題だった。この難問は二〇〇〇年にわたって数学者の前に壁のように立ちはだかっていた。

ユークリッドはこう書いていた。「二直線に他の一直線が交わってつくる同じ側の内角の和が二直角より小ならば、この二直線を限りなく延長すると、内角の和が二直角よりも小さい側で交わる」。この第五公準は「与えられた直線の外にある一点を通ってそれに平行な直線は、ただ一本だけ引くことができる」と言い換えることができる。

いわゆる平行線原理とよばれる公準だ。公準とは、それをもとに展開されるすべての叙述が正しく矛盾がおきないように、最初から受け入れられるべき大前提となるものをいう。たしかに一本の直線の外の一点には、一本だけの平行線が引けるように見える。が、この言い方にはひっかかるものがある。直線の外といったって、うんと離れた一点でもそうなのか。そんなことは調べようがない。そこで五世紀にはすでにギリシアのプロクロスが、この命題は公準からはずしたほうがいいのではないかと述べていた。けれども疑問はそこで凍結してしまっていた。

一五〇〇年にわたってこの難問に挑みかかる者がいなかったのだ。少なくともガウスとボヤイにはそう見えた。そこで二人は別々に、この公準の転覆を画すことになる。これが非ユークリッド幾何学の誕生にあたる。

実際には、この公準に挑んだ者は二人以前にもいた。十八世紀のイエズス会のジョヴァンニ・ジェローラモ・サッケーリである。また、ガウスとボヤイのほかに同じ挑戦をした青年がカザン大学にいた。ニコライ・ロバチェフスキーである。いったいこの四人はどのようにユークリッド幾何学を覆したのか。

ぼくの原稿デビュー作はペンネームで書いた「十七歳のための幾何学」である。東販が一六万部発行していた「ハイスクール・ライフ」というタブロイド新聞に書いた。高校生のための読書新聞といった趣向のメディアで、全国の書店で無料でばらまかれていた。そのころ高校生だった金井美恵子や田中優子や香山リカはこの奇妙な新聞のことをヴィヴィッドにおぼえてくれている。

九段新聞や早稲田大学新聞のころから原稿は書いていたのだが、無署名だった。それがペンネームであれ署名をつけたのは「十七歳のための幾何学」というタイトルが自分で気にいったからだった。中身は非ユークリッド幾何学案内といった程度のもので、何も自慢できるものはないのだが、しばらくして稲垣足穂が「あれは松岡正剛でしょう、あんなシャレたものは他には書けません」という葉書を送ってきてくれた。

非ユークリッド幾何学の冒険は、サッケーリ、ランベルト、ロバチェフスキー、ボヤイ、ガウスというふうに進んで、さらにリーマンのところで大きく展開していく。その構想と仮説と論証のサーカスは、当時のぼくには譬《たと》えようのない斬新な精神幾何学のアクロバットのように感じられていたので、これをこそ十七歳の高校生にプレゼントしようと思ったのだ。とくにロバチェフスキーとガウスに耽溺《たんでき》し、その後はガウスの数学全般にハマっていった。本書はそのときのタネ本のひとつで、初版は昭和二一年だ。

著者は田辺元《はじめ》の弟子にあたる。数学論を専門としたけれど、出所は田辺哲学だ。田辺哲学について話しはじめるとキリがなくなるが、「絶対無即愛」や「死復活」や「実存協同」といったそうとうに独自の論理に達した現象学者として、また恩師の西田幾多郎の哲理からの脱出を「懺悔道《ざんげどう》」において試みた哲人として、さらにはつねに「友愛」を説いたヒューマニストとして、難解かつ慈愛に満ちた巨人のイメージがある。

ただ日本人は、フランス現代思想にはほいほい屈しても、自身の日本哲学の前哨《ぜんしょう》たるべき田辺哲学をほとんど受容しようとはしてこなかった。それでも最近は中沢新一君が

『フィロソフィア・ヤポニカ』（集英社→講談社学術文庫）を書いて、ついに田辺哲学の今日的解釈を柔らかく敢行して、いささかヴェールを剝いだ。ドゥルーズやガタリこそ田辺元を読むべきだったという中沢君の見方は、もっと評判になってもいい。

近藤洋逸はそういう田辺の弟子なのである。だから本書に沈丁花の香りがあるのは当然だった。また、田辺がもともとは数学者をめざしていたこと、途中で微積分のテクニックに窮して数学をあきらめたものの、一貫して哲学には数理が必要であるという姿勢を崩さなかったこと、またフライブルクにおいてフッサールやハイデガーに学んで、そこに科学哲学の限界を感じたことなどを知ってみれば、近藤が田辺哲学の延長に幾何学思想史を書いたことはとくに驚くにあたらない。これは生まれるべくして生まれた一冊だった。

話をまたぼくの青春期に戻すと、「十七歳のための幾何学」を書いたのちぼくはリーマン幾何学から一方ではミンコフスキー時空幾何学のほうに進み、クラインの多様体幾何学のほうに降りていって、「遊」創刊号にクラインの提案を素材にした「エルランゲン・プログラム事件」を書いた。この熱中はいま憶うと尋常ではなかった。さきほどもちょっと書いたが、ガウスのせいだった。

ガウスが天才であったことはいまさら言うまでもない。一七九六年の十八歳のときに永久問題のひとつであった正十七角形の作図法を発見するほどだ。しかしガウスが真に凄かったのは、あらゆる数学領域を次々に連続的に横断していったことにある。正十七角形作図法にしても、これを十六次方程式の二次冪根《べきこん》だけの解明に読み替えて代数的に読み解いた。この「解釈の編集的変換」とでもいいたくなる作業を数学の方法ではなく方法の数学として確立しつづけたところが凄かったのだ。

だいたいガウスはギムナジウムでは数学より古典学が好きな少年だった。ゲッティンゲン大学に入ったときも数学の講義はそっちのけで言語学に夢中になっている。のみならず、ここがぼくの大のお気にいりなのだが、測地学や天文学をはずさなかった。ガウスにとってはそこに軌道と分布の痕跡があるのなら、すべてが数学的対象になったのだ。そのガウスが印章に「少数なれど熟したり」と書いたことは、いまなおぼくのモットーになっている。

地球はいま非ユークリッド時空の一隅にひっかかっている。この一隅とは、われわれの地球が浮かんでいる熱力学的非平衡な環境をもつ世界というものである。この世界では平行線は一点において何本だって引けるし、何度でも交わることができる。世間では「惑星直列」などということをときどき話題にするが、仮にそんなことがあったとしても一瞬のことなのだ。一瞬の平行線が見えるだけなのだ。

いや、平行線がどんどん開いてしまうこともある。のみならずここでは、三角形の内角の和は一八〇度をこえることもあれば（リーマン・モデル）、一八〇度よりずっと小さいときもある（ロバチェフスキー・モデル）。このような歪《ゆが》んだ空間を想像することは一見奇妙に思われるかもしれないが、非ユークリッド空間に〝線〟を引くことを〝光線〟による描線と考えてみれば、そしてその光線が空間のさまざまな湾曲した皮膚をすべっていくと考えてみれば、たやすく想像がつく。

非ユークリッド空間とは、空間のあちこちに曲率というクセやシワがある空間なのである。ここには時間も交じっていて、それをミンコフスキーが「時空連続体の幾何学」というものにしたのだが、ガウスの時代はそこまでは計算しなかった。

その非ユークリッド時空のごくごく特殊な空間がユークリッド空間である。そこではさすがに第五公準が成り立っているけれど、それは画用紙をせいっぱい広げた人工空間だから成り立っているにすぎない。むろん時間は抜けている。地球にむりやりジオイド地球を想定してやっと地球を球体とか楕円球に見立てているように、ユークリッド空間はパソコンの原則平面に描いた設計上の空間なのである。そのように考えないかぎり幾何学は証明できない。サッケーリもボヤイもガウスもロバチェフスキーも、そのことを確信した。

そうだとすればわれわれは、太陽系第三惑星の歪んだ時空のちょっとした片隅で、第四間氷期のたまさかの夢をまどろんでいる平行線ニンゲンの一人だということになる。十七歳の少年少女たちはまずこのことを知ってから大人になりなさい。

第一〇一九夜　二〇〇五年四月一日

**参照千夜**

七二一夜：田中優子『江戸の想像力』　八七九夜：稲垣足穂『一千一秒物語』　一八三七夜：G・ウォルド・ダニングトン『科学の王者 ガウスの生涯』　一〇八六夜：『西田幾多郎哲学論集』　九七九夜：中沢新一『対称性人類学』　一〇八二夜：ドゥルーズ＆ガタリ『アンチ・オイディプス』　九一六夜：ハイデガー『存在と時間』　一七一二夜：フッサール『間主観性の現象学』

ヒルベルトの公理主義は
どこか小津安二郎のカメラを想わせる

ダフィット・ヒルベルト&ステファン・コーン=フォッセン

# 直観幾何学

芹沢正三訳　みすず書房　一九六六
David Hilbert und Stephan Cohn-Vossen: Anschauliche Geometrie 1932

数学には二つの方法がある。ひとつは「抽象化」の方法で、幾重にも重なった数学的事実から論理的な立場をつくりだし、まとまりとして一つの統一システムをつくりあげる。もうひとつは「具体化」の方法で、対象の動向をそのまま生きた姿でつかみとり、その内面的な関係をさぐる。

この二つの方法をつなげる方法というものもなければならない。そこにはしばしば直観が動く。幾何学ではもともと代数幾何学、リーマン幾何学、位相幾何学というような「抽象化」が成功をおさめて、その後の統一システムをつくってきた。それはそれでいいけれども、そのような成功の最初に何があったかといえば、幾何学的直観ともいうべきものがはたらいていた。本書はその幾何学的直観の正体を求めて、それを「直観幾何学」と呼びなおしてみせた一冊だった。

この本を教えてくれたのは詩人の岩成《いわなり》達也である。そのころ岩成さんはエッシャー図形の詩的解明にとりくんでいた。それに先立つ一年ほど前、岩成さんの詩にほれぼれしていたぼくは、この人に原稿を頼みたいとおもって、会った。『鳥の骨組みに関する覚書』『肩の部分の筋肉』（思潮社）などという詩だ。岩成さんは自分の詩に「半開複々環構造」という名を与えていた。ぼくは何をしていたかというと、「ハイスクール・ライフ」というタブロイド新聞を編集していた。

この新聞は出版取次店の東販から、高校生が書店に行かなくなってきたので、かれらの関心を書店にむけさせるメディアをつくってほしいと頼まれたものだ。一九六七年のこと、大学生も高校生も「書を捨てよ、町へ出よう」の感覚が旺盛になっていて、青年の気分を書物に引き寄せるにはかなりの工夫が迫られた。

さいわい「ハイスクール・ライフ」は創刊号を朝日新聞がとりあげたせいか、すぐ話題になって、寺山修司や五木寛之が「これは東京のヴィレッジボイスだ」とも絶賛してくれた。ヴィレッジボイスは当時のニューヨークで出ていた前衛的なメディアのことである。ぼく自身はそういうことを意識したわけではなかったが、宇野亞喜良《あきら》・小島武らのイラストレーションの多用、段罫をとっぱらった自由なレイアウト、高校生を煽《あお》るような大胆な主題の設定とヘッドラインの冒険、野坂昭如《あきゆき》・稲垣足穂・倉橋由美子・寺山修司・谷川俊太郎・唐《から》十郎・吉増剛造《よしますごうぞう》・土方巽・富岡多恵子・別役実といった執筆陣が入れかわり立ちかわりする様相が評判になったのだと想う。

その新聞で岩成さんに執筆を頼んだのである。これは、ぼくが「十七歳のための幾何学」という原稿を書いたこともあって、数学や科学のわかる詩人の文章を掲載したかったからだった。このとき岩成さんが「松岡さん、ヒルベルトの『直観幾何学』って本、知っていますか」と言ったのだ。

本書で唸《うな》ったのは、第三章「コンフィギュラチオン」である。字義は図形配置《コンフイギユレーシヨン》という意味だが、何かを証明するにあたって、線分や長さや角度を測ったり比較したりしないで幾何学的事実を認識する方法を扱っていた。

素材は射影幾何学で、いわばその入門というスタイルで叙述がすすんでいくのだが、その領域を分け入っていく説明手順と概念設定のしくみがすばらしい。とくに自己同型、写像の説明のあたりからしだいにボルテージが上がってきて、パスカルの定理とデザルグの定理の比較をへて「空間のコンフィギュラチオン」の解説に入っていくプロセスがよかった。

ヒルベルトの本の書きっぷりに喝采を送るだなんて、まるでオタマジャクシが他の生態系の全容に感心しているようなもの、なんとも無恥な厚顔を晒《さら》すようなことだからここでやめておくが、ヒルベルトが現代数学にもたらした編集的解読のスコープが、いかに二十世紀の数学の全容に及んでいたかということには、やはり触れておく。これは歴史的事件なのである。

ダフィット・ヒルベルト（一八六二〜一九四三）がゲッティンゲン大学の教授に就いたのは一八九五年だ。そのころすでに不変式論、抽象代数学、整数論、積分論、関数解析学、幾何学の公理系の研究（これが直観幾何学の案内になった）などの領域理解に格別の見識を見せていた。また後進の育成にも長《た》けていて、マックス・デーン、ヘルマン・ワイル、ヴィルヘルム・アッカーマン、パウル・ベルナイスらを育てつつあった。二二歳のフォン・ノイマンを引き上げたのも、微分幾何学の学徒コーン=フォッセンを共著者にしたのもヒルベルトである。

しかしそれ以上にヒルベルトを有名にしたのは、公理論と数学の無矛盾性の証明をめぐる「ヒルベルト・プログラム」と呼ばれていたもので、そのことを通して「数学の形式化」を可能にしようとしていたことだった。一九〇〇年八月八日、ヒルベルトはパリでの第二回国際数学者会議（ICM）で、のちに「ヒルベルト・プログラム」と呼ばれることになる現代数学の未解決問題を公表した。そのときは一〇題を提示したのだが、のちに二三題にまとめられ、俗に「ヒルベルトの二三の問題」として流布された。次のような問題だ。

①連続体の基数に関するカントールの問題（↓連続体仮説）
②算術の公理間の整合性（↓算術の公理系のそれぞれの独自性、公理系の無矛盾性は示せるか）
③等低・等高な二つの四面体の等積性（↓積分を使わずに、四面体の切断で合同な多面体の組を決定できるか）
④二点間の最小距離としての直線に関する問題
⑤群演算に可微分性を仮定しない変換群の概念はありうるか（↓位相群がリー群となるための条件）
⑥物理学の諸公理の数学的扱い
⑦種々の数の無理性と超越性（↓二つの課題を例示）
⑧素数に関する問題（↓リーマン予想）
⑨任意の数体における最も一般的な相互法則の証明（↓一般相互法則）
⑩ディオファントス方程式の可解性の決定問題
⑪任意の代数的数を係数とする二次形式

⑫アーベル体に対するクロネッカーの定理の代数的有理数への拡張（↓類体の構成問題）
⑬任意の七次方程式を二変数の関数だけで解くことの不可能性
⑭不変式系の有限性の証明
⑮シューベルトの数え上げ計算の厳密な基礎づけ
⑯代数曲線および曲面の位相の問題（↓ポアンカレの指摘）
⑰定符号の式を完全平方式を使った分数式で表現すること
⑱合同な多面体による空間の構築（↓結晶群・敷きつめ・最密充塡・接吻数問題）
⑲正則な変分問題の解はつねに解析的か
⑳一般境界値問題
㉑与えられたモノドロミー群をもつ線形微分方程式の存在証明
㉒保型関数による解析関数の一意化
㉓変分法の研究の展開

こういうものだ。現代数学のヴィジョンのためのアジェンダ、もしくは〝数学経営〟のための改善計画の発表めいているように感じるかもしれないが、予言的というよりも、ヒルベルトの当時の〝心配〟がもろに反映しているとおぼしい。数学が真を示そうとする命題は必ずや証明できるということ、公理から形式化されたどんな推論も決して矛盾に陥らないこと、ヒルベルトはそういう数学世界を想定したかったのだ。ただ〝心配〟のあまり、①、⑤、⑫のようにちょっとした迷いも出入りもする。
とはいえ二十世紀の現代数学の幕がこの二三の問題提示によって切って落とされたとすると、これはサッカーやラグビーのワールドカップ、世界陸上のための行動規範のようなもの、現状の数学アスリートが何をめざせばいいかという号砲のようなものだった。

今日では、二三の問題がその後どのような扱いを受けたのか、ほぼすべてわかっているので、数学史では「ヒルベルト・プログラム」にケチをつけることも訳知りな常識になっているのだが（たとえば位相幾何学や群論の可能性に言及していなかったことなど）、ぼくはそういう見方を採らない。また、ヒルベルト自身がこれらの問題にアプローチできなかったことを指摘する者も少なくないのだが、あんたはどうなんだよと言いたい。むしろ一貫してヒルベルトのデモンストレーション的編集力を称《たた》えたいと思ってきた。

一方、ヒルベルトがすべての数学的営為は「公理系と論理的演繹《えんえき》によって形式的に導出できる」と考え続けていたことについては、あまりに公理主義（axiomatics）に依拠しすぎていて、おもしろくない。どんな局面でもネクタイを緩めたくない、ましてノーネクタイではいられないというのは、数学をフォーマリズム（形式主義）に閉じ込めようとしたもので、あまりに謹厳なダンディズムにとらわれている。この点においては、ブルバキが「構造」を持ち出して、公理そのものよりも公理がもつモデル性を重視して「数学のアーキテクチャ」をカバーするべきだと提唱したのが、ずっとオシャレだった。そう、思わざるをえない。

おそらくヒルベルトは小津安二郎の映画に登場する笠智衆《りゅうちしゅう》なのである。そういう役回りに徹したように思う。それなら今後ともヒルベルトの二三の問題を撮るカメラは、つねに一定で、ローアングルに徹していけばいい。ヴィム・ヴェンダースが踏襲したようにだ。変分法の意図を案じた⑲や㉓など、ぜひそうあってほしい。

第一三三夜　二〇〇〇年九月二十日

**参照千夜**

四一三夜：『寺山修司全歌集』　八〇一夜：五木寛之『風の王国』　八七七夜：野坂昭如『この国のなくしもの』　八七九夜：稲垣足穂『一千一秒物語』　一〇四〇夜：倉橋由美子『聖少女』　九七六夜：土方巽『病める舞姫』　七六二夜：パスカル『パンセ』　一〇一九夜：近藤洋逸『新幾何学思想史』

ぼくを包んでくれた「深み」と
「省いて突出させる」という方法

ヘルマン・ワイル

# 数学と自然科学の哲学

菅原正夫・下村寅太郎・森繁雄訳　岩波書店　一九五九
Hermann Weyl: Philosophy of Mathematics and Natural Science 1927, 1950

そんなことが仕事や稼ぎになるのかと思われるだろうけれど、ぼくの仕事の多くは「本を読む」にある。だから昆虫も読む、革命史も読む、詩歌も読む、数学も読む。ただし、誰の何を読むのかが大きい。運よく劇的な一冊に出会えれば、その昂奮《こうふん》は何年にも亘《わた》って響きつづけることになる。

数学読みに持続的な関心をもてるようになったのは、ヘルマン・ワイルのおかげだった。世田谷三宿《みしゅく》のアパート三徳荘に、近所の材木屋でもらった板切れで本棚をつくったとき、手持ちの三〇〇冊ほどの本を五段に配して、その三段目の真ん中にもってきたのが『数学と自然科学の哲学』なのである。それから数ヵ月たって、右に『空間・時間・

物質』（講談社）を、左に『シンメトリー』（紀伊國屋書店）を並べた。

オブジェマガジン「遊」の準備にかかっていた二七歳のとき、準備作業の課題は物理学と民俗学を両手で同じような質感をもってハンドリングすることだった。

民俗学はたとえば柳田國男や折口信夫《おりくちしのぶ》や宮本常一に没頭すればよかったのだが、物理学のほうは何から何まで自分で標的を決め、それをひとつずつ読み干していくしかなかった。それを仕事にしたのだから、当然だ。ポアンカレ、アインシュタイン、マッハ、ドゥ・ブロイ、ハイゼンベルク、ディラック、シュレディンガー、ボームなどを片っ端から読んでいくなか、ゲッティンゲン大学というとんでもない数学的資質の牙城《がじょう》にぶつかった。ゲッティンゲン大学はまるで「全集」のようだった。

最初はフェリックス・クラインである。これについては「遊」創刊号にクラインの多様体論を素材に「エルランゲン・プログラム事件」を書いた。つづいてリーマンにぶつかって、ここで初めてロバチェフスキーやガウスに戻る非ユークリッド思想の洗礼を浴びた。次にはヒルベルトにぶつかった。これはいわゆるヒルベルト問題と一三三夜にも紹介した直観幾何学とゲーデルの不完全性定理との出会いとなった。ゲーデルについては、ちょうど稲垣足穂から「ゲーデルについて書いてます。算術にしちゃえということですね」との葉書が届いていた。

そして、最後に打ち止めのごとくにワイルの『数学と自然科学の哲学』にぶつかって武者ぶるいした。ワイルは画期的な編集的数学者だった。どこが画期的な編集力なのか、うまく説明できないのだが、きっとワイルの推論のプロセスに、剛毅で軍事的な統率的思考が中核で唸っていながら、そこを最後に抜け出すときのエレガントな手法が群を抜いていたのだろうと思う。

ヘルマン・ワイル（一八八五〜一九五五）はゲッティンゲン大学とミュンヘン大学の両方で数学と物理学を学び、チューリッヒ工科大学で数学教授となり（同僚にアインシュタイン）、一九三〇年にゲッティンゲンに戻ったのだが、夫人がユダヤ人だったこともあって、三年後からはプリンストン高等研究所に移り、退職までアメリカでの研究生活を送った。ゲッティンゲン時代ではヒルベルトの数学的な弟子にあたる。哲学的にはフッサールの弟子だ。数学の父をヒルベルトに、哲学の母をフッサールにもったワイルの資質は、その思索力と表現力において他の追随を許さないほど抜群なもので、つねに自分の研究領域を拡張し、物理学や生物学にさえ踏みこんだ。

ぼくが知るかぎり、かつてこういう「深み」を好む数学者はいなかった。ガウスもラプラスもポアンカレも天才的な数学者で、数学問題の領域の多くには挑んだものの、科学と哲学と数学をまたぐ深度にとりくみたいとは考えてはいない。もしホワイトヘッドを数学者に入れるなら、ホワイトヘッドこそがそういう深度と仰角をもっていたけれど、ふつうは数学者列伝からははずされる。

ワイルは数学基礎論を骨格に、連続体論・群論・数論などの領域で料理屋の板長のように革新的な研究を発表し、そのうえで量子力学に、シンメトリー論に、相対性理論に対して味付けのいい数学的検証を加え、そのいちいちに次世代のための展開を盛り付けた。なかでも一九一八年にゲージ概念を導入して、今日のゲージ理論（gauge theory）の基礎を提唱し、電磁場と重力場を時空モデルとして語りうるようにした先駆性は比類のないものだった。『空間・時間・物質』（東海大学出版会→ちくま学芸文庫）に詳しい。

一方、ワイルにはすばらしい哲学的なセンシビリティが満ちていて、フッサールの論理学や現象学をいちはやく捕捉しただけではなく、ついでフィヒテを、さらにはマイスター・エックハルトを掘り下げているのだが、これらの系譜には何か決定的なものが不足していることに気がつくと、最終的にはライプニッツの自然哲学に向かっていくようなところもあった。

ワイルの思索の特徴は数学における「深みの構成」を重視したことにある。深層にひそむ「構成的方法」こそがワイルの数学だった。

ワイルはまた、科学の対象は素朴な「実在」なんぞではなく、すべて「志向的対象」

(intentional object)であると喝破していた。この見方はフッサールの『イデーン』(みすず書房)にすでに提唱されている見方の拡張ではあるが、ワイルが「構成」と「志向」とを二つながら串刺しすることによって、数学が向かうべき編集的方法論に注目していたことをあらわしていた。

それまでの多くの数学はすでに「志向」が終了してからのちの記号による「操作」から始まると考えられていたのだが、ワイルはそうではなくて、数学の発端がすでに志向対象のうちに萌芽《ほうが》しているとみなし、そのような「直前のプロセス」を「直後の数学」のフォーミュレーションが明示化しうることをあきらかにしていたのである。すなわち、考え始めるという、その「直前のプロセス」が「直後の数学」に潜在しているのである。ぼくはこれでやっと数学的思考というものがどこから胚胎《はいたい》しているか、おおよその合点に至ったものだった。

ワイルの著作は本書を最初に読んだ。冒頭の一行目から「哲学について著述する科学者は、全的に無事に脱れ出ることはめったにないような良心の争闘に直面する」とある。これで鳥肌が立った。

構成は第一部「数学」、第二部「自然科学」、「付録」に分かれている。第一部は数学的論理学から公理論へ、数と連続体の問題から直観数学へと移っていく。

調子が高まるのは第三章「幾何学」第一三節で自己同型とは何かを問うたあとに相似性に向かうところで、「すべての知識は直観的記述から出発するが、記号的構成の方へ向かうものである」とあって、しかしながら「次々に呼び出すことができる有限個の点からなる領域を扱っているうちはまだしも、点場が無限なとき、とくにそれが連続体であるときに事態が重大になる」と予告されるあたりだ。ワイルは座標系の選び方を問うたのだ。のちのゲージ理論につながる。

こうして第一四節「合同と相似、左と右」では、得意の「合同から相似へ」の証明にかかっていく。ここは、最後の著書となった『シンメトリー』(紀伊國屋書店→ちくま学芸文庫)に新たな装いをもって披瀝《ひれき》されているところでもあって、すこぶる旬な説得力がある。ぼくはワイルの相似性議論からカイヨワの反対称議論にすすみ、そこで自分なりの「相似律《そうじりつ》」の展観を試みたものだった。

第二部は尊い。第一章「空間と時間、超越的外界」なんて涙が出てきた。しかもその直後が第二章「方法論」なのだ。いま思い出したのだが、ぼくが「主題から方法へ」ということを感じ始めたのは、どうもこの第二部第二章を読んだときからだったのかもしれない。しかしそのころ一番の衝撃をうけたのは、むしろ付録Eの「物理学と生物学」の一行目を読んだときだった。そこには、こう宣言されていた。「自然の最も奥深い謎の一つは死んでいるものと生きているものの対立である」！

なんという指摘であろうか。「死んでいるもの」には物質系がある。「生きているもの」は生命系である。これらはどこかでつながっているにもかかわらず、いつしか対立してしまった。その理由を尋ねていくと、うんと深いところにさしかかる。ぼくはこの指摘をその後、何度もつかわせてもらった。そして、ときどき言い換えたりもした。たとえば「物質が精神を帯びたのか、精神が物質を帯びているのか」と。

さきほど三十年ぶりにこの論文を読んでみて、やはりこれはよほどに図抜けて示唆に富む先駆的論文であったことを再認識させられた。言葉が稠密《ちゅうみつ》で加速力に満ちていることはワイルのもともとの資質だとしても、次の「物理学的世界の主要な特徴：形態と進化」を読むと、ワイルの統知覚的な自然像と生命像の重なりがぎりぎりに省かれて突出していることがよくわかる。

この「省いて突出させる」というところが、ワイルでなければできない科学感性なのだ。さきほども書いておいたが、ワイルはフィヒテの信奉者でもあった。フィヒテについてのエッセイで、自分が追究してきたのは真実らしきものと美らしきものであるが、もしどうしても一つ選ぶとなると美を選ぶと書いていた。「省いて突出させる」とはこのあたりの決断だ。

シュレディンガーの『生命とは何か』(岩波新書)とともに、数学物理的感性がもたらした比類のない二つの生命像であったというべきである。

第六七〇夜　二〇〇二年十一月二九日

**参照千夜**

一一四四夜：柳田國男『海上の道』　一四三夜：折口信夫『死者の書』　一八夜：ポアンカレ『科学と方法』　五七〇夜：アインシュタイン『わが相対性理論』　一五七夜：マッハ『マッハ力学』　三四九夜：ドゥ・ブロイ『物質と光』　二二〇夜：ハイゼンベルク『部分と全体』　一〇四三夜：シュレディンガー『生命とは何か』　一〇七四夜：デヴィッド・ボーム『全体性と内蔵秩序』　一八三七夜：G・ウォルド・ダニングトン『科学の王者 ガウスの生涯』　一三三夜：ヒルベルト&コーン＝フォッセン『直観幾何学』　一〇五八夜：ハオ・ワン『ゲーデル再考』　一〇〇九夜：ラプラス『確率の哲学的試論』　九九五夜：ホワイトヘッド『過程と実在』　一七一二夜：フッサール『間主観性の現象学』　三九〇夜：フィヒテ『ドイツ国民に告ぐ』　九九四夜：『ライプニッツ著作集』　八九九夜：カイヨワ『斜線』

ゲーデルの不完全性定理は
床屋のパラドックスに慌てない

ハオ・ワン

# ゲーデル再考

土屋俊・戸田山和久訳　産業図書　一九九五
Hao Wang: Reflections on Kurt Gödel 1987

床屋のパラドックスという謎々がある。こういう問題だ。「その村の床屋のAは、自分で髭を剃らない村人全員の髭を剃る。床屋のAも村人である。では、Aの髭を剃るのは誰なのか」。

試しに二、三分ほど考えてみてほしい。どうだろうか。この問題をなんとか論理的につきつめようとすると、だんだん変な気分になる。たとえば、こういう具合だ。もしAが床屋で自分の髭を剃ったのなら、Aは自分で髭を剃らない人物だということになるはずなのだが、それでは、その自分の髭を自分で剃ることになっておかしい。また、もしAは自分の髭を剃らないというのなら、Aは床屋ではなくなってしまって、やっぱりおかしい。この窮地を救うにはどう考えたらいいのか。そういうパラドックスだ。

これで変な気分にならないようなら、よっぽど論理学に強いか、論理実証主義のトレーニングをしたことがあるか、あるいはどんな理屈にも対応できないほどの〝天然〟か、もしくは何も考えられなかったか、こういうパズルが大嫌いか、そのどれかであるが、ふつうは気分が悪くなる。

このパラドックスの答えは「そんな床屋は存在しない」というものである。身長二八〇センチの床屋がいないという意味で存在しないのではなく、論理的に存在しない。つまり、このメッセージは矛盾しているということなのだ。これが答えだ。なんだ、そんなことかと憮然《ぶぜん》とするだろうか。ほうら、やはり気分が悪くなったのではあるまいか。

パラドックスは気分を悪くさせるためにあるのではない。こんな面倒くさいものが何のためにあるかというと、人を迷わせるためではなく、メッセージ（情報）に言明（陳述）されたことの真偽を決めるにはどうすればいいのか、そのことを問うためにある。

最もよく知られた有名なパラドックスに「クレタ人のパラドックス」がある。「すべてのクレタ人は嘘しか言わないと、クレタ人は言っている」というメッセージはウソかホントか、という例の問題だ。きっと一度や二度は惑わされただろうが、おそらくは苛々《いらいら》して、もうこのことは忘れようと思ったはずだ。答えは明白で、このメッセージはウソ

（偽）の言明である。矛盾したメッセージなのだ。

こういう言明を前に、われわれはしばしば右往左往する。それでも言明や陳述が科学的であったり数学的であったりするときは、ついついそんなものかと諦めてしまう。とくに数学的に立証されたと聞かされた定理や証明については、一も二もなく信じる気になっている。また、そう教えられてきた。

数学では、こういうことを考えるのを純粋数学とか超数学という。ヒルベルトが中心になって考えた。たとえば「1＋1＝2」は小学生から老人まで、ピュタゴラスからニュートンまでだれも信じて疑わないと思われてきた。けれどもこれをメッセージ（言明）と見ると、この言明は「1＋1は2である、は真である」というふうになって、このメッセージを含む言明が真であるかどうかを立証しようとすると、その説明が著しく困難になる。ではどうしたら、こうしたメッセージを含む問題を矛盾なく数学的に証明できるのか。

ヒルベルトらの超数学派はそこにとりくんで、その証明は可能だと感じていた。ところがここに若きゲーデルが登場して、予想をひっくり返してしまったのである。

数学で証明されたことは正しい、とはかぎらない。数学が無矛盾であることを証明することは、できないだろう。これがクルト・ゲーデルが到達した結論だった。とんでもない結論だった。「1＋1＝2」という言明を成立させている数学を真偽矛盾なく立証するのは不可能だと言い出したのだ。それだけではなく、大半の数学は立証されるとはかぎらないと言い出した。つまりゲーデルは、数学には数学を立証する論理は含まれていないのではないかという爆弾宣言をしたわけだ。数学者は慌てた。数学者だけでなく科学者もギョッとした。科学者は鼻白んで「そんな言いようはないだろう」という気になった。それならまだしも、ずっとのちにスティーヴン・ホーキングが物理学の統一理論に向かって掲げた次のような三つの選択肢のほうがいい。こういうものだ。

①最善のシナリオとは完全に正しい統一理論が完成することである。
②最悪のシナリオとは間違った統一理論が完成することである。
③次善のシナリオとは完全で正しい理論が完成しないことがわかることである。

さすがにホーキングらしい選択肢だが、このホーキングの選択肢でいえば、一九三一年にゲーデルが爆弾宣言で何をしたかは、はっきりしている。①を否定して、「数学においては最善のシナリオはありえない」と断言したのである。これを「ゲーデルの第一不完全性定理」という。しかしそれならまだ、③の次善のシナリオの可能性が残っていると思うかもしれない。ふつうなら、そう思いたい。けれどもしばらくして、ゲーデルは非情にも次の結論をくだした。「数学の理論が正しいと決まるなら、それを数学的に保証してみせることはできない」と。③もすげなく否定してしまったのだ。「ゲーデルの第二不完全性定理」というものだった。話は床屋のパラドックスどころではなくなったのである。

当時、数学界を牛耳っていたのはヒルベルトだった。数学界に属する最俊英たちは、この帝王による「ヒルベルト・プログラム」に一斉にとりくんでいた。この計画にはいろいろ細部はあるが、ごくおおざっぱにいえば、数学がけっして自己矛盾をおこさないことを証明しようという一大プロジェクトだった。多くの数学者が参加した。ヒルベルトの算段では「形式的理論」（これはさっきも言ったように純粋数学とも超数学とも、また公理主義ともいう）というものをつかえば、数学の無矛盾性は証明できるはずだったのだ。

形式的理論というのは、いってみれば写真のようなもので、数学を写真に撮ればそこに数学の自己矛盾を解決できる姿（論理）が写し出されるだろうというのである。ヒルベルトに師事していたフォン・ノイマンもこの考え方を確信していた。

ところが、一九三〇年九月七日に古都ケーニヒスベルクで開かれた第二回科学認識論会議の最終日、二四歳の青年が挙手をしてヒルベルトとノイマンの夢を打ち砕いた。ハンマーを持ってきた青年はゲーデルだった。ゲーデルは「形式的理論というカメラには数学を完全に写し出す力はない」と言い出したのだった。驚いたノイマンが会議のあとこれをすぐさま精査してみたところ、どうも青年の言っていることは正しそうだ。数学的才能という点ではゲーデルを上回るものを秘めていたであろうノイマンは、持ち前の予見と集中力で「数学に矛盾がおきることを証明する手立てがないことを証明する論理式」をただちにまとめた。この証明はさすがに水際立ったものだったので、ノイマンはこれをゲーデル青年に教えてやろうと手紙を送った。

ゲーデルからすぐに返信がきた。「すでにその証明は私が完璧に済ましています」という返信だ。数日前に「数学物理学雑誌」が受理したばかりの論文も同封されていた。ノイマンは愕然《がくぜん》とする。

数学の自己矛盾は、一般にはパラドックスとして知られている。とくにゲオルク・カントールが集合論を打ち立てて、そこから抽象数学を導き出してからは、集合論のパラドックスが頻繁に取り沙汰されるようになった。最初に集合論パラドックスを発見したのはブラリ＝フォルティだったのだが、有名になったのはバートランド・ラッセルによる「ラッセルのパラドックス」である。

そもそもカントールの集合論が独創的だったのは、集合が集まって別の集合になることもありうることを示したことにある。カントールは「集合の集合」がありうることを示した。たとえば｛2、4、6、8…｝といった偶数の集合には偶数という要素が並んでいる。これをミカンに見立てれば、ミカンの房が要素で、ミカンの皮が集合になる。{2、4、6、8…}、{1、3、5、7、9…}では、ミカンの房に偶数の集合と奇数の集合があって、それを大きなミカンが包んでいる。

このように要素と集合の関係を考えると、ある集合が別の集合の要素になるということはいくらでもおこりうることがわかる。そういう集合のミカンの皮を剥いてみると、そこには同じ集合が入っているということもありうる。しかし、そのようにすると、「自分自身を集合の要素とする集合」では、ミカンを剥いても剥いても同じ集合が出てくることになってしまいかねない。こういう「自分自身を集合の要素とする集合」を悪性集合とし、そうでないものを良性集合と呼ぶとすると、ラッセルはもし数学が悪性集合を取り除けないなら、数学の将来はあやしいもんだと考えた。

一方、ヒルベルトはその逆で、いや、数学は悪性集合のパラドックスも解けるし、必ず説明もつくと考えた。ノイマンもそういう一人だった。だが、これらの望みをゲーデルがハンマーの一振りで打ち砕いたのである。

従来の数学的論理はアリストテレスの演繹的推論を基礎に築かれてきた。「もしすべてのXがYで、ZがXならば、ZはYである」というものだ。たいていの数理性はこの論理のうえに成り立っている。

これをわかりやすくしたのが、次の推論である。前提A「人間はみんな死ぬ」、前提B「K君は人間である」、ならば結論Cは「K君は死ぬ」となる。このような推論は「AとBが真実ならばCも真実になる」ということをあらわしている。もうすこしちゃんといえば、「Aの陳述とBの陳述が真ならばCも真の陳述をもつはずである」。こういうふうになる。そう決めたのだ。

アリストテレスが打ち立てた論理の記述法を基盤として、その後、次々に推論のための論理の組み立てがつくられていった。十九世紀の終盤になると、ゴットロープ・フレーゲらが登場してこれを数学的な数式に対応できる論理式にまで高めていった。そのための簡潔な論理記号も考案された。基本的な論理記号は「ならば」「かつ」「または」「でない」「同値」という五種類からなっていて、これらを組み合わせて（ほかにもあるが）、数学的証明を論理記号による論理式だけで記述しようとした。ちなみに五つの基本的な論理記号は、「ならば…⊃」「かつ…∧」「または…∨」「でない…¬」「同値…≡」というふうになる。

かくして記号論理学が誕生していくのだが、しばらくして意外な問題が出てきた。ホワイトヘッドとともに記号論理学の体系をつくろうとしていたラッセルが、論理式では解けないパラドキシカルな問題があることに気がついたのだ。これはパラドックスと純粋数学と論理学とが本気で出会った最初の本格的な事件だった。「AとBが真実ならば

Cも真実になる」という盤石の論理に、ヒビが入ったのだ。

ラッセルが気がついたパラドックスは「自分」が含まれているパラドックスだった。これを論理学では「自己言及する言明」というのだが、そのようなパラドキシカルな言明がいくつも発見されてしまった。そのうちのひとつとして冒頭に紹介した「床屋のパラドックス」があったわけである。では、自分を含む論理を数学や論理学は実証できないというのだろうか。ラッセルはその先のことまで手がつかなかったし、ヒルベルトはその逆の可能性を信じていたのだが、ゲーデルは手をつけた。そして「できない！」と断言した。

ゲーデルは何をしてみせたのか。ゲーデルが「数学の無矛盾性を証明することができない」と断言したということは、その「証明することができない」ということを証明してみせたということである。そんなことができるのかと思いたいところだが、できた。そこがゲーデルが巧妙だったところである。「ゲーデル数」という勝手な翻訳記号群と独自のルールをつくって、それをたくみに操作して「証明不能」を証明してみせた。

どのように証明してみせたのかを説明するのは、容易ではない。理論的に難解なのではなく、手続きが数理的であり、その途中に論理的な翻訳の手続きと自己言及の処理の手続きとが何度か介在するため（行ったり来たりするため）、結論は簡明なのに、そのプロセスを見せるのが面倒くさい。ようするに論理計算につきあい、その論理計算の意表をつく翻訳につきあう必要があるからだ。

それでもとりあえずは、ゲーデルが何をしたか、ざっとその手続きを以下に集約しておこう。

第一段階は、大前提の作業として、ゲーデルはラッセルとホワイトヘッドの『プリンキピア・マテマティカ』を相手どって、ごくごく縮めていえば、「1＋1は2である」は真である」を完全な論理式に移し変えるという作業を展示した。論理式に移し変えたというのは、さきほども書いたとおり、「すべて」「存在する」「ならば」「でない」「かつ」「または」といった論理記号だけによって、算術の意味をことごとく論理化したということだ。そのうえで、パラドックスが論理的に証明できないことを示そうとした。ゲーデルは、論理式によって数学の無矛盾が証明できないなら、実は数学そのものが数学的にも無矛盾を証明できないシステムになっているのではないかと考えたのである。

そこで第二段階、ゲーデルは『プリンキピア・マテマティカ』の中のあらゆる論理式を自然数に戻してしまおうという作業に移る。いわば論理式を鏡に映して書き直してみようと考えたのだ。写真にとるのではなく、鏡に映した。どう書き直すのか。第三段階、ゲーデルは論理式を鏡に映すにあたって「ゲーデル数」（論理式のシンボルに数を割り当てて文字列にする）という符号群を導入してみた。そうすればゲーデル数によって、論理式は自然数の並び方に変換できる。鏡に映せる。

一方、第四段階、ゲーデルはエピメニデスの「クレタ人」のパラドックスにもとづく「この文はウソである」を根本的な例文にして、このパラドックスをめぐる真偽の証明が「可能である」と陳述したい文章があるとしたとき、その文章は「この陳述は証明不可能である」という意味（言明）になるような仕掛けをつくった。この第四段階については、そもそもエピメニデスのパラドックスにどんな重要性（根本的な例になりうるということ）があるのかがわからないと、なぜそんなことをするのが有効なのか、まったく摑《つか》めないだろうが、それは本書や他のゲーデル解説書や論理学の本を読んで理解してもらうことにする。

こうして第五段階、ゲーデルは論理式をゲーデル数で変換したもの、これをとくに「ゲーデル文」というのだが、そのゲーデル文の定義と証明にとりかかる。ゲーデル文は「この陳述は証明不可能である」という意味（言明）を含んでいた。

第六段階、ゲーデル文が以上の形式的な手続きが無矛盾であったなら、真になるはずだということを証明した。第七段階に、仮にこのようにして生まれた証明の系に対して、別の新たな公理のようなものが加わったとしても、その公理をもつ新たな系もまたそれ自身の証明不可能なゲーデル文をもってしまうことを、証明した。

かくて第八段階、ゲーデルはこれらのゲーデル文によって「数学は無矛盾である」という陳述をつくり、この陳述が証明できないことを示した。すべての準備がこれで終わった。最後の第九段階、ゲーデルは「いっさいの形式体系としての数学は自身の無矛盾性を証明することは不可能である」と宣言した！

ゲーデルの証明は〝手続き〟だけの証明である。〝手続き〟だけを示した。だからこそ数学の無矛盾性という牙城を崩せたのである。

では、ゲーデルはどうしてこんなことを思いついたのか。これから少々スケッチするのは、ゲーデルがこのような発想にいたった背景と環境をめぐってみることである。以下を読んでもらえば、ゲーデルの意図が奈辺にあって奈辺におもむいたのか、ほぼ理解できるにちがいない。

その前に本書について一言いっておくと、すばらしい不完全性定理についての説明を試みた大著であるが、ゲーデル理論の最良の解説書とはいえない。ぼくが今夜書いていることも本書にのみ依拠していない。これまで渉猟してきた十数冊からのヒントにもとづいている。著者のハオ・ワンは長らくロックフェラー大学の論理学教授をつとめながら、一九六〇年代からゲーデルと親交して、ゲーデルに招かれてプリンストン高等研究所の仕事を兼任した。ゲーデルの肉声のようなものを最もよく伝えているのが本書だったので、ゲーデル関連の代表書として選んだ。

ゲーデルの故郷はオーストリア＝ハンガリー二重帝国のなかのモラヴィアの首都ブルノである。一九〇六年に生まれた。

ブルノは、生物学者グレゴール・メンデル、物理学者エルンスト・マッハ、建築家アドルフ・ロース、設計者ヨーゼフ・ホフマンの故郷でもある（現在はチェコの都市）。これだけでもとんでもない暗合を感じられるのだが、そのうえもともとこの都市には、ユダヤ教の伝統と異文化の香りとヤコブ・ベーメの神秘主義と、そしてドイツの論理と哲学とが入り交じっていた。

ゲーデルはここで育って、いささか病気がちではあったものの、ギムナジウムで思う存分に勉学に熱中した。ドイツ語・フランス語・英語を体得し、ギリシア語・ラテン語・イタリア語をほぼ解読できた。速記術（ガベルスベルガー速記法）をマスターしようとしていたことが気になる。速記術はキケロこのかた言述の構造に関心をもった者たちが異常に活用しようとした〝手続きの道具〟であったからだ。時代はまさにユーゲントシュティールの勃興期にあたる。

一九二四年、ゲーデルはウィーン大学に進んだ。最初は宇宙や量子のことを解明したくて物理学科を選んでいるが、半身不随の数学教授フィリップ・フルトヴェングラーに出会って、震撼《しんかん》した。その影響で数学科に転向する。フルトヴェングラーは指揮者のフルトヴェングラーの従兄弟《いとこ》にあたる。

そのころのウィーン大学には、ウィーン学団の熱気が急速に沸騰しつつあった。ウィーン学団とはマッハの思想を普及することを目的としていたサークルの別名で、数学教授ハンス・ハーン、科学哲学者のシュリックが創立した。ウィーン九区シュトゥルデルホーフ小路にある数学研究所を根城に、ここで一九二四年から一九三六年までの十二年間、毎週木曜の夕方六時から欠くことのない議論が連打された。

ゲーデルはシュリック・サークルに格別な関心をもち、サークルの指導者モーリッツ・シュリックに親しむ（あとで紹介するけれど、シュリックには劇的な最後が待っていた）。そこにはシュリックだけでなく、カール・メンガー、フィリップ・フランク、オットー・ノイラート、のちに同僚となるルドルフ・カルナップがいた。つねに客分としてかかわっていたのはカール・ポパーとヴィトゲンシュタインと先輩格のボルツマンだった。ノイマンやアルフレッド・タルスキもときどき顔を見せている。

錚々《そうそう》たる顔ぶれだ。たちまち世界を驚かせる多くの仮説が次々に湧き出て、ウィーン学団ことシュリック・サークルの名はすぐさま天下に轟《とどろ》いた。青年ゲーデルはその渦中にいた。渦中にいてひとつの確信に達した。その確信こそ、ゲーデルに不完全性定理を思いつかせた原動力である。

ウィーン学団の影響は世界中に飛び火した。たとえばライヘンバッハのベルリン学派、ポーランド学派やウプサラ学派、ラッセルやヴィトゲンシュタインのケンブリッジ学派、さらにはアメリカのプラグマティズムとも結びつき、しだいに分析哲学や人工言語学派の巨大なうねりともなっていった。

ウィーン学団の成果をここにのべはじめるとキリがない。ボルツマンの熱力学的原子論とヴィトゲンシュタインの論理的原子論だけでも衝撃的なのに、そこにノイラートとカルナップが「あらゆる命題は物理学の言語で書きなおせるはずだ」と言い出して、「論理」だけで自然科学の全領域を語ろうという勢いだった。のちにウィーン学団が論理実証主義の巣窟《そうくつ》だったとみなされたのは、この「論理」好みに由来する。

しかし、ウィーン学団の独自性は論理実証主義にはとどまらない。もともと一八九五年にエルンスト・マッハがウィーン大学に「帰納的科学の歴史と理論」という講座を新設したのが嚆矢《こうし》だったのである。それがボルツマンに引き継がれ、それをシュリックが引き継いだ。そこへ哲学者や社会学者が次々に参入していった。この領域の越境性だけからもあらかた見当がつくだろうように、この「知の巣窟」は物理学・熱力学・数学・社会学・言語学をすべて一つの坩堝《るつぼ》に投げこんで、そこから来たるべき〝統一科学〟の論理そのものをさぐろうとしていた。まさに当代随一の過激な知的ムーブメントの武器庫だったのである。

ぼくが思うには、このムーブメントの根底にあった「論理」とは、言及できるものと言及できないものを峻別《しゅんべつ》して、言説にひそむであろう真の確認可能性《コンファーマビリティ》をひたすら実感しようというところにある。

言及の確認可能性《コンファーマビリティ》を実感するというのは、一見、奇妙なことである。論理は感覚や感情を排除しきったものであるはずだ。「論理」は実感ではありえない。けれどもこの学団にはそういうことは通用しなかった。論理実証主義は実のところは論理実感主義だったのである。シュリックからヴィトゲンシュタインまで、カルナップからゲーデルまで、ケンブリッジ学派から分析哲学派まで、かれらは論理が実感できた。ゲーデルは、その正真正銘の嫡子だったのである。

いったい論理を実感するとはどういうことか、論理は、命題や問題を摘出することで動きだす。「床屋の髭を剃るのは誰か」という命題があることからはじめて、その命題の意味する主張ではなく、その命題を成立させている論理的な手続きに関心が向けられる。したがって論理学者の多くは思想の主張なんかにはまったく関心がなく、その主張を支える論理の真偽性だけに注目する。つまり思想ではなく、思想を支える論理が問題になる。

　ということはどういうことかというと、命題や問題の所在に立ち向かった論理学者や数学者たちは、その命題や問題の成立の手続きを分析することによって、命題や問題が消滅することに異様な情熱を傾けたということなのだ。問題を議論することが問題の消滅につながったのである。

　これをゲーデルにあてはめていうのなら、むろんゲーデルとて問題の所在には関心がある。しかし、ゲーデルがさらに関心をもったのは、問題の所在があきらかになることはその問題が消えうせるものだと考えたからだった。

　ぼくはこの時代のこの学団のまことに奇怪な論理的芸当というものの本質を、次のように言いたいと思う。つまりゲーデルたちは問題を検証することによって新たな思想を打ち立てるのではなく、問題の消滅をこそおもしろがったのだ、というふうに。

　そうなのだ、ウィーン学団や分析哲学派の連中と同様に、ゲーデルは思想や哲学そのものではなくて、問題を解消していく「方法」だけを残したかったということなのである。さきほどのべたゲーデルの確信とは、この「方法」のことだ。「方法」だけにかかわる思考をして、方法以外の主張から自由になりたかったということなのである。ゲーデルの定理はここに出所した。

一九三八年、ウィーン学団はナチスによるオーストリア併合とともに消滅する。ウィーン学団のメンバーはほぼ全員が社会民主党の支持者であったのだが、それも学団が非合法とされた原因になった。

当時のナチスを甘く見てはいけない。ナチスは筋金入りの実用科学集団でもあった。このことはウィーン学団との決定的対立をあらわしている。ウィーン学団が統一科学の世界論理十字軍であるのなら、ナチスもまたアーリア民族のための世界科学十字軍だったのだ。その劇的な対決が一九三六年にモーリッツ・シュリックがウィーン大学の階段で射殺されるという事件にあらわれる。シュリックは、そのころ日の出の勢いをもっていたアインシュタインらとともに「ユダヤ的である」と判断されたのだ。こうしてゲーデルはオーストリアを離れる。ウィーンは死んだ。すでにアインシュタインもノイマンもメンガーもアメリカに移っていた。一九四〇年、ゲーデルはニュージャージー州のプリンストン高等研究所に入った。

アメリカにおけるゲーデルを追うことは、不完全性定理を提唱したゲーデルを語る以上にスリリングである。ここにはアインシュタインがいたのだし、フォン・ノイマンもヘルマン・ワイルもオッペンハイマーもいた。

ゲーデルがその後に、アインシュタインと最も濃密な親交を結んで相対性理論から回転宇宙論を導き出したこと、ライプニッツの存在学とフッサールの現象学の研究に打ちこんだこと、その流れかどうかはわからないのだが、晩年にはプラトン主義とオカルティズムにどんどん片寄っていったことを付言して、床屋のパラドックスにはじまった今夜の話をひとまず閉じたいとおもう。

第一〇五八夜　二〇〇五年九月五日

**参照千夜**

一三三夜：ヒルベルト&コーン＝フォッセン『直観幾何学』　一九二夜：ホーキング『ホーキング、宇宙を語る』　二九一夜：アリストテレス『形而上学』　九九五夜：ホワイトヘッド『過程と実在』　一五七夜：マッハ『マッハ力学』　九一八夜：フルトヴェングラー『音と言葉』　一〇五九夜：カール・ポパー&ジョン・エクルズ『自我と脳』　八三三夜：ヴィトゲンシュタイン『論理哲学論考』　五七〇夜：アインシュタイン『わが相対性理論』　六七〇夜：ヘルマン・ワイル『数学と自然科学の哲学』　九九四夜：『ライプニッツ著作集』　一七一二夜：フッサール『間主観性の現象学』

「プロセプト」と「数学三世界」で
数学を学習的に理解する

デービッド・トール

# 数学的思考

人間の心と学び

磯田正美・岸本忠之監訳　共立出版　二〇一六

David Tall: How Humans Learn to Think Mathematically: Exploring the Three Worlds of Mathematics 2013

アサト　校長、おめでとうございます。

校長　やあ、十装ダリア、久しぶり。おめでとう。

イーディ　異次元イーディです。あけましておめでとうございます。一月五日に全身麻酔の検査をされたと聞きましたが、体調はいかがですか。

校長　あいかわらず青息吐息。桃色吐息にしたい(笑)。で、今日はなぜ二人が揃ってるの？　三七花《はな》の花伝所《かでんしょ》の師範と入伝生だったんだよね。

アサト　イーディはその後は「守」の師範代です。

校長　知ってるよ。今日は花伝所の話？

イーディ　いえ、新年早々の突然「寿」インタヴューです。

校長　そりゃ獅子舞だな。何についてのインタヴュー？

イーディ　校長はしばしば数学を話題にしてこられましたよね。

アサト　小坂別当方師《ほうし》が紹介されてましたが、「遊」の創刊号で「エルランゲン・プログラム事件」を書かれていた。フェリックス・クラインですよね。聞けば、最初に対外的な執筆原稿を書いたのが「十七歳のための幾何学」だったそうですね。

イーディ　それで新春を寿《ことほ》いでお聞きしたいのは、数学って編集工学にとってはどういうものだと見ているのかということです。松岡正剛にとって数学って何かということを伺いたいんです。それからもうひとつ、新年最初の千夜千冊にぜひ数学本をとりあげていただきたくて、やってきました。

校長　そうか、イーディは中学生に数学を教えているし、アサトは根っからの数学派で、行列式の専門だもんね。ぼくの数学思想ねぇ。そうだなあ、一言でいえばアンリ・ポアンカレが言っていることに準じてきたかな。

イーディ　ポアンカレ？　トポロジーの？

校長　トポロジーもだけど、それより『科学と方法』や『科学と仮説』（岩波文庫）のポアンカレです。ほらポアンカレは「数学とは、異なるものを同じものとみなす技術である」と言ったでしょう。まさにそれです。技術と訳したけれど、もとはアートだからこれはARSで、ラテンっぽくいえば、数学は「さまざまな異同をまたぐアルス・マグナだ」ということになるよね。ぼくの数学観はほぼここにあります。この出発点は編集工学と同じです。

イーディ　「異なるものを同じものとみなすための技芸」ですか。カッコいいですね。

アサト　数学も編集も一貫して、そこですよね。ぼくは最近、編集工学を圏論（category theory）で見るようになったんですよ。

校長　ほうほう圏論ね。おもしろい。斎藤毅？　MT数学？

アサト　斎藤さんの『数学原論』（東京大学出版会）やMT数学のユーチューブまでご覧になっているんですか。

校長　まあね。最近の若い数学派は発想がおもしろいね。長浜バイオ大学の西郷甲矢人《はやと》くんの『圏論の地平線』（技術評論社）なんかもね。長浜はぼくの父の原郷です。それで圏論と編集の関係？

アサト　編集ってさまざまな情報の束を結び付けていくわけですよね。結び付けていって、そこに成立するさまざまな群や層や圏や束を並立させていく。圏論もさまざまな情報対象を「射《しゃ》」（morphism）でいろいろつないでいきますね。複数の対象を矢印（arrow）でつなげていくと、何本もの「射」の関係軌跡が「圏」（category）をつくります。そのできあがった圏を束ねていくと、そこに射の型のようなものが見えてくる。これは「型射」ともいうべきモルフィズムですよね。

校長　準同型めいたものが揃ってくるからね。おまけに圏論ではその圏構造どうしを「関手」(functor)によって次々に両立させていく。あのへんもすこぶる編集的だよね。写像的な双対性が発見できる。

アサト　そうなんです。そういうところが編集工学を圏論でスタディしてみるとわかりやすいんです。圏論は「数学の言語」になっていて、集合論やトポロジーが構成要素になっていますから。

校長　圏論は編集的な数学思考っぽいけれど、では編集思考の特徴を数学的に見ていくのに圏論だけでいいかというと、もっといくつもの見方を複合してもいいかもね。

イーディ　そこで校長！　新年第一弾の千夜千冊として、数学への編集的な入口を示唆してもらえる一冊を推薦してほしいんです。基礎的な本がいいです。

校長　その話ね。基礎的というならそれこそいっぱいあるでしょう。プラトンもデカルトもライプニッツもカントールも、それこそクラインも。高木貞治の『数の概念』(岩波書店・講談社ブルーバックス)や岡潔の『数学を志す人に』(平凡社)もいいよね。

イーディ　そういう古典名著のほうではなくて、数学を学ぶための認知的で編集的な手掛かりがわかる本です。

アサト　数学的な認知のしくみやその学習心理過程が見える本がいい。
校長　森田真生《まさお》くんの『数学する身体』（新潮社）とか、「3＋4」を5と答えた子供に○をつけて話題になった谷口隆くんの『子どもの算数、なんでそうなる？』（岩波科学ライブラリー）とか？　『圏論の地平線』にも登場していた加藤文元《ふみはる》の『数学の想像力』（筑摩書房）などもおもしろい。本格入門的なものとしては津田一郎の『心はすべて数学である』（文藝春秋）や『数学とはどんな学問か？』（講談社ブルーバックス）がいい。
イーディ　津田さんのものはちょっと難しかったです。
校長　そう？　となるとこれが一番というものは思い付かないけれど、そうだなあ、だったらノッポ先生かな。
イーディ　ノッポ先生？
校長　うん、デービッド・トールの『数学的思考』（共立出版）。日本の数学教育界ではトール先生で通っている。世界中でトール先生から微積分を教わった者は数知れないみたいね。かなり基礎的な本です。
イーディ　ノッポ先生ってどういう先生ですか。
校長　トールはマイケル・アティヤ（フィールズ賞受賞）のもとで、トポロジーの研究によってケンブリッジ大学から学位を与えられた数学者です。アティヤには『数学とは何か』

（朝倉書店）といういい本があったよね。アティヤは数年前に八九歳で亡くなったけれど、その歳で微細構造定数をリーマン予想で証明しようとしてたでしょう。

で、トール先生はサセックス大学をへて、いまはウォーリック大学の名誉教授かな。微積分を教えたりしているうちに、子供たちがどのように分数や関数を理解していくかに関心をもって、数学教育そのものにとりくんで、やがて「プロセプト」理論や「数学三世界」理論などを提唱した。ちょっとユニークな先生です。オペラの指揮をするようなところがあるエレガントな趣味の持ち主みたいね。

イーディ（スマホをググって）あら、ダンディなおじいさん。

アサト　プロセプト理論と数学三世界？　気になりますね。

校長　うん、「プロセプト」（procept）というのはね、新しい関係を引き出すために柔軟な記号化をはかったり別の構造を任意に措定したりしていくという方法で、プロセスとコンセプトをまぜた造語です。「数学三世界」のほうは、数学には「概念的な抽象化」と「操作的な記号化」と「公理的な形式化」という三世界が一緒くたに動いているのだから、これらを一緒に学習していくほうがいいという、トール先生お得意の見方だね。このことは、もう少し前提的な話をしてからのほうがわかりやすい。

アサト　前提的な話というと？

校長　数学はなんらかの理論に新たな経験を付け加えることで発展してきたものではな

いわけだよね。数学的であるとは、数学の記号表現のしくみを借りることによって、認識や連想の新たな結び付きが変容しうることを確認する知識構造にどんどん分け入るということです。

アサト　数学も編集も知識構造に分け入る。

イーディ　幼児や子供のころはべつとして、経験に頼るんではなくて分け入る。

校長　そうだね。知識構造に分け入るには、むろんさまざまな人文学や技芸や科学の領域《ドメイン》ごとに発達してきた方法がありえます。植物を育ててもいいし、哲学に与《くみ》しても絵を描いてもよく、科学実験を続けてもいいし、世界図をつくってもいい。でもそれらに共通していることがある。それは一つには、対象の性質を理解するために、知覚を通して何かを入力しているということです。そこにはたいてい、なんらかの情報入力があるんだね。この、さまざまな情報対象をどんな容器（システムあるいはメディア）にｉｎさせるのかというやり方に、知識構造は左右される。

二つ目には、その情報ｉｎにあたっては、なんらかの操作によるルーチン行為がともなっているということがある。そこでは反復や組み立てがくりかえされます。最近はここをコンピュータの高度な能力を借りて一気にインストールするようになったけれど、情報ｉｎのための手続き行為を軽視してはいけない。反復を辞さないような、少しめんどうなくらいがいい。そこで三つ目には、この作業にはいつしか言語や記号や線や器具をつかって高度な表現思考に達しようとすることがおこるということです。

このように知識構造に分け入っていくとき、われわれはことごとく編集的になっているんだよね。

イーディ　情報 in のとき？

校長　そうです。ジェローム・ブルーナーが強調したことだけれど、われわれの表現とコミュニケーションのしくみは、もともと三つほどのスキルを試しながら進んでいきます。①動作的であろうとする（動作やジェスチャー）、②画像的に理解しようとする（絵や図表）、③記号的に処理しようとする（言語記号と数学記号）、この三つ。他に会話する、教えてもらう、読む、なども入るけれど、ここでは三つにしておきます。われわれはこの三つのモードをもって表現思考に向かっていく。この三つ目のどこからかで数学的思考が始まっていく。どこからかというと、足し算や引き算が始まるあたりからということです。

イーディ　子供にもあてはまりますね。

校長　むしろ子供の認知の発達からこそ観察できる。

イーディ　その手の観察は幼児心理学のジャン・ピアジェが先駆的にやりましたよね。ピアジェは子供の認知発達の段階を、前言語的な感覚運動の段階、何かを他者と共有したくて言葉と心をつなげていく具体的操作の段階、道具や考え方をおぼえていく形式的操作の段階というふうに分けました。

アサト　ピアジェはプラトンが心的な対象を抽象すると考えたものを、人間が新しい概念を獲得するプロセスにおきかえて、経験的な抽象、擬経験的な抽象、反省的な抽象というふうになっているとも分けた。これって、どこか数学的思考が発達していくプロセスに似ています。

校長　人間はシンボルとアレゴリーを操る動物だ。あのね、ズバリ言うと、シンボル（印）とアレゴリー（寓意《ぐうい》）の操作が足し算とか引き算を成立させたんだね。

イーディ　そこですか。

校長　そこだね。年の瀬のアンガス・フレッチャーの千夜千冊でも書いておいたように（『アレゴリー』一八一三夜）、アレゴリーってたんなる寓意のことではなくて、「別様の語り方にする」っていうことだからね。

アサト　シンボルとアレゴリーによる操作が発達してきたのはどうしてなんですか。

校長　きっと脳の機能が知識圧縮をしようとしているからだろうね。知識圧縮というのはニューロン・ネットワーク上の情報圧縮のことです。

アサト　知識構造に分け入るというのは、知識圧縮や情報圧縮をどうおこすかということですか。そのときシンボルやアレゴリーが動くんですね。

校長　必ずや動いている。メタ編集的にね。『レトリックと人生』（大修館書店）で有名なジョージ・レイコフとマーク・ジョンソンという名コンビがいるよね。二人とも認知科学的な言語哲学者で、メタファーこそが言語の根本的な活動に必須の認知能力のもとになっていると考えた。そのメタファーはレイコフ名付けるところの「概念メタファー」(conceptual metaphor)というもので、周辺的で暗喩的なメタファーじゃありません。たんなる比喩ではない。われわれのアナロジカル・シンキングという根本的な認知活動の要訣《ようけつ》を担っているメタファーです。この概念メタファーを成立させているのがシンボル(記号性)とアレゴリー(寓意性)なんだね。詳しくはレイコフとジョンソンに『肉中の哲学』(哲学書房)というぶるぶるっとする本があるんで、これを読むといい。概念メタファーが入れ子型に出てきます。

で、トール先生はこのことがわれわれに数学的思考をもたらしているとみなしたんです。そういうふうにメタファー思考やアナロジカル・シンキングやシンボルとアレゴリーの活動を通して数学が発達していくことを、認知活動として捉えなおすと、そこに「プロセプト」がおこっているのではないか、そこには「数学三世界」が出入りしているのではないかというのが、さっき述べたトール先生の仮説です。

イーディ　コーフンしてきました。

校長　心おきなくコーフンしなさい(笑)。トール先生の師匠でもあるラファエル・ヌーニェスは『数学の認知科学』(丸善出版)を書いて、もう少しすっきり説明しています。参考になる。

イーディ　概念メタファーって一般的なメタファーと何がちがうんですか。

校長　ふつうのメタファーの背後にあるのが「概念メタファー」です。ある概念領域を別の概念領域を用いて理解できるとき、そこに概念メタファーが作用したとみなすんですね。移行してみると（あるいは転移させてみると）、それがわかる。

イーディ　たとえば？

校長　わかりやすい日本語の例でいうと、「気分が高揚する」とか「気分が落ち込む」と言うよね。あるいは「成り上がり」とか「落ちぶれる」と言う。ここには「高・下」「楽・哀」「成立・失敗」という対比が動いている。この対比の概念がもたらしている背後からの価値観がないと、こういう言い回しは成立しないよね。あるいは「荷物を抱える」という表現から「不安を抱える」という表現が出てくるけれど、荷物と不安は別ものだよね。それが言葉によって、つながっていく。あるいは「水を飲む」から「条件を飲む」とか「要求を飲む」という言い方が出たりする。こういうことは上代や古代からしょっちゅうおこっていた。ギルガメッシュや万葉集なんてそんな歌ばかりです。

こういうふうに、われわれは概念すらメタファリカルに、もっと正確にいえばアレゴリカルに使っているんだよね。これはいいかえれば、概念がそもそもメタファーやアレゴリーを伴って生まれてきたと考えられるということですよ。むしろ概念メタファーから概念がのちに自立していったとも想定できるはずだ。となるとどうなるか。アレゴリーの中に思考様式が芽生えて、それが哲学や数学になったということなんだね。
アサト　ぼくは知識圧縮のことをもう少しはっきりさせたいのですが、どういうことがおこっていると見ればいいんですか。また、その圧縮プロセスのどこで数学的編集が始まっていると見ればいいんですか。
校長　脳が情報や知識を自動的に圧縮して処理していることを、われわれは日々の言葉づかいや計算（アルゴリズム化）や絵をドローイング（視覚による認知）することなどで補助しているんだね。このとき認知心理学的には、少なくとも三つのことが共通しておこっているとみなせます。「カテゴリー化」「カプセル化」「ディクショナリー化」です。三つとも脳の情報圧縮や知識圧縮がしからしめた手続きで、かつまた言葉やドローイングとともにカップリングされていった手続きです。編集工学ではそこを「単語の目録」化、「イメージの辞書」化、「ルールの群」化と言っているよね。
アサト　そうですね。
校長　脳とはいってもこれはもちろん「心」でもあるだろうから、この圧縮には心身がかかわっているわけだよね。体と気持ちがね。ということはカテゴリー化、カプセル化、ディクショナリー化はわれわれの「心身の活動」をもろに反映している重大な作業だったということになります。数学的思考や数学的な手続きも、この渦中で派生してくる。

イーディ　どの渦中ですか。

校長　初期アルゴリズムの渦中。たとえば7+3、3+7、13-3 はそれぞれ計算する手続きがちがうよね。子供はこの計算をたいてい別々に進む。でもこれは「数10」という知識を分別ゴミにしたようなもので、子供には7+3、3+7、13-3 は別々のドラマです。けれども脳の作用としてはいずれも圧縮なんだね。この圧縮がアルゴリズムを発生させていった。

イーディ　すみません、もう少し詳しく。

校長　たくさんのリンゴとミカンがあって、そのうちのリンゴ7つとミカン3つを選ぶ。分配するためにね。次に、たくさんのキャラメルとチョコからキャラメル7つとチョコ3つを選ぶ。こういうことをしていると、このとき7と3という「数」を抽象できてきます。これが当初のカテゴリー化だよね。次に計算（四則演算）を少しおぼえて「私は7に3を足してます」という行為を自覚していくうちに、「7に3を足すと10になる」というふうに摑まえるようになる。これがカプセル化だね。カプセルで計算できるようになる。「7に3を足してます」という述語が、新たな「7足す3は10である」という主語に切り替わるわけです。渦中で移るんです。

このプロセスの変化は数学教育ではAPOSとよばれていて、Action（行為）、Process（過程）、Object（対象）、Schema（スキーマ）の四つの移動として捉えられているよね。これは学習理論のSOLO分類が発展した見方で、ファン・ヒーレやエド・ドゥビンスキーの見方をトール先生が吸収したものです。SOLOというのは"Structure of the Observed Learning Outcome"（観察された学習結果の構造）の略だね。手続き行為が反復されるうちに、手続きをふくんだプロセスが知識圧縮されて一つの事柄になるということです。

アサト　プロセプトされた？

イーディ　なるほど、わかりました。関数の見方が生じるのに似てますね。

校長　そうです、「2倍にして6を加える」が「2（x+3）」となるようなもんです。

アサト　編集工学では「分けると、変わる」「変わると、分かる」と言いますね。トールの数学的思考もそこを展開したんですね。

校長　そこに「の」も加えてね。

アサト　どういうことですか。

校長　編集も数学もどう分けるかが大事です。たとえば「4が3つ分」と「3が4つ分」はちがう。4本の足をもつ猫が3匹と、3本の足をもつ4匹の猫はちがうようにね。けれども「4×3」と「3×4」は同じだとみなすことは、新たな重要な見方です。カプセルやパケットごと動かせば、「3つ分」や「4つ分」にこだわらなくていい。これが算数（アルゴリズム）のすごいところだよね。

でも、数学ではなくて言葉を使うとどうなるかというと、ここが編集の醍醐味《だいごみ》になるんだけれど、「薔薇《ばら》のうちの赤い分」と「赤のうちの薔薇の分」は単純なアルゴリズムにはなりません。「記憶の中のお父さん」と「お父さんの中の記憶」はちがうからね。これは「の」の字の不思議です。言葉は使用する単語（概念）によって「の」の集合力を変えるからね。いや、もともと言葉の多くがそういう集合関係にもとづいて、薔薇∧草花∧植物∧生物という言葉の関係をつくってきたわけだ。

では、この「の」を保存させて計算はできないものか、そこを工夫したのが分数です。分数は「4分の1」（1/4）と「3分の1」（1/3）の「の」を保存したまま計算ができる。そうすると、これが代数に発展します。代数学を意味するアルジェブラ（algebra）の語源のアラビア語は「両方に同じ分が加わっていく」という意味でしょう。

アサト　そこが「の」なんだ。トールは『数学的思考』でそういうことをずっと書いたんですか。

校長　いやいや、本の半ばからは代数学、微積分、連続体、超数学、無限、トポロジーなどをわかりやすくじっくり説明しています。数学三世界的にね。ライプニッツに加担しているところが多かったかな。そして最後に代数学と幾何学を比較して、数学が圧縮と拡張をくりかえしてきた意図をふりかえりつつ、「知性をごまかさないで記述するにはどうするのか」というまとめを書いている。

この本を書くのにあたって影響を受けた本のことも出てきます。ピアジェ、ヴィゴツキーの構成主義理論、バシュラールの認識論、レイコフとヌーニェスの『数学の認知科学』（前出）、チャールズ・パースの記号論、フランシス・クリックの『DNAに魂はあるか』（講談社）、ジェラルド・エーデルマンの『脳から心へ』（新曜社）などが出てくるよ。読んでみてください。

アサト　読んでみます。

（アサト＝中村麻人、イーディ＝新坂彩子）

第一八一四夜　二〇二三年一月十三日

**参　照　千　夜**

一八夜：ポアンカレ『科学と方法』　七九九夜：プラトン『国家』　九九四夜：『ライプニッツ著作集』　五四夜：高木貞治『近世数学史談』　九四七夜：岡潔『春宵十話』　一〇七夜：津田一郎『カオス的脳観』　一八一五夜：ヴィゴツキー『思考と言語』　一八一三夜：アンガス・フレッチャー『アレゴリー』　一一八二夜：『パース著作集』

第三章

# 非線形で考える

モーリス・クライン『不確実性の数学』(上下)
アンリ・ポアンカレ『科学と方法』
蔵本由紀『非線形科学』
渡辺慎介『ソリトン　非線形のふしぎ』
ダヴィッド・ルエール『偶然とカオス』
山口昌哉『カオスとフラクタル』
津田一郎『カオス的脳観』
金子邦彦『カオスの紡ぐ夢の中で』

なぜ現代数学は
不確実性と不完全性に挑んだのか

モーリス・クライン
# 不確実性の数学（上下）
数学の世界の夢と現実
三村護・入江晴栄訳　紀伊國屋書店　一九八四
Morris Kline: Mathematics—The Loss of Certainty 1980

偶然と予測を相手にして数学が生まれた。そのため長いあいだにわたって、数学こそは推論の極致で、それ自体が真理のシステムで、自然の采配についての唯一の正しい言明だと思われてきた。しかし、そういう数学の輝かしい成果は必ずしも正しいとはかぎらないということが、数学史が進むにつれて白日のもとに晒《さら》されてきた。ヘルマン・ワイルは一九四四年に次のように書いている。「数学の根本的基礎とその究極の意味についての疑問は未解決のままである。数学はどういう方向に最終的な解答を見いだすのか、あるいはその最終的な答えがそもそも期待できるかどうかもわからない」。

本書は、数学や数理を扱っている者がどこかで一度は読むといいだろう一冊だ。数学もまた不確実性や複雑性と戯れているということを、数学の流れを追いながら丹念に説いた本はあまりない。著者のモーリス・クラインは「ユークリッド以来の誰よりも数を理解している」と畏怖されてきたニューヨーク大学の数学者で、ユークリッドに比肩するのはどうかと思うけれど、この手の著作にはふさわしい。

なぜ輝かしい栄光に包まれていたはずの数学の牙城《がじょう》は崩れたのか。一言でいえば、公理を前提にしてもっぱら演繹《えんえき》に頼ってきたからだ。むろん数学的思考には演繹も帰納もあるが、数学というものを実証するには演繹を用いるしかなかったのである。これは厳密にいえば自家撞着《どうちゃく》だった。原因はそれだけではなく、そのうち厳密な推論を立てたり大胆なお題に向かったりするよりも、真理らしい真理を獲得することに酔うようになった。実際には「いくつもの数学」があるはずだったのに、「一つの数学」があると思いすぎたのである。

最初のゆさぶりは十八世紀のイギリス哲学界におこった。トマス・ホッブズ、ジョン・ロック、ジョージ・バークリーをへて、デイビッド・ヒュームがゆさぶりをかけた。ヒュームは『人性論』(一七三九‐四〇)で、デカルトが想定した精神も物質も実は作りごとではないかと言って、自然法則の必然性と永遠性と不可侵性を疑った。ヒュームは公理の存在までは否定しなかったものの、自然世界が不変の数学的法則に従うという定説にヒビを入れたのだ。これは「人間は真理を得られない」「理性は普遍性をもっていない」と宣言したようなものだったから、当然ながら、反論の狼煙《のろし》が上がった。その代表者はカントである。

カントは『純粋理性批判』(一七八一)で数学のあらゆる公理と定理は真理であると宣言し、『プロレゴメナ』(一七八三)では純粋数学や純粋科学は既知の事実であって、人間はそれをアプリオリ(先験的)な総合認識としてもっているのだとみなした。ただし、経験によってはそれは確認されないとも付け加えた。その理由は、われわれの精神にはそもそも空間と時間の形相があるからで、その形相にもとづく直観が経験を見ているからだというものだった。経験の粉を直観の型に入れるようにしているうちに、経験がそこに適合していくというのだ。

こうしたカントのいうアプリオリな総合知識は、われわれの精神がもともとユークリッド幾何学が示す空間に適合しているという説明になっていた。

十九世紀になると、世界は必ずしもユークリッド幾何学だけでできているのではないことがあきらかになってきた。数学者たちは、ロバチェフスキー、ボヤイ、ガウス、そしてリーマンらが提出した「平行線公準の崩壊」を認めざるをえなかった。非ユークリッド幾何学の登場は、数学者を困惑させた。ヤコービは「神はつねに算術を試みるものの、永久に幾何学しつづけられるものではない」と呟《つぶや》いた。

ついで数学の基礎への疑問を広げていったのは、複素数という新たな性質をもつ数が発明されたのち、ウィリアム・ハミルトンの四元数、アーサー・ケイリーの行列、ヘルマン・グラスマンの超数といった代用概念が登場したときだ。

さっそくヘルムホルツが『計算と測定』(一八八七)で、「算術の主たる問題は、自然現象に算術を機械的に応用することで生じている」と切りこんだ。これは、算術が何に適用できるかの回答は数学自身がもっているのではなく、経験のほうがもっているという意味だった。そのことをアンリ・ルベーグは冗談まじりに「ライオンとウサギを同じ檻《おり》に入れたからといって二匹になるとはかぎらない。五分後にはライオンだけになっている」と言って、ヘルムホルツに同調した。

化学でも同じことがおこる。水素2体積と酸素1体積でできるのは水3体積ではなく、2体積の水なのである。

こうしてしだいに数学界は、新たな適用や応用にもとづいた発展を心がけるように仕向けられていく。数学が真理体であることを維持するというより、観察された事実にもとづいた数学が勝手に発展していったのだ。非ユークリッド幾何学も、アインシュタインの相対論が出るまでは計量幾何学への道を模索していった。プラトンの理想、どこへやらだ。

ここに追い打ちをかけたのは、ひとつには集合論における「無限集合」の解釈と、もうひとつには論理学による「論理代数」の登場だった。

アリストテレス以来、数学者たちは「物」の事実上の無限と「数」の潜在的な無限とを区別してきた。ガリレオやライプニッツやコーシーらは「潜在的な無限」があるのなら「事実上の無限」はないだろうという意見だったし、デカルトは「無限は認められるが、理解はできない」という立場だった。ガウスは「数学は無限の量を最終的なものとしてはなるまい」と発言した。

かくてフーリエ級数によって新たな段階を迎えていた解析学が、この問題に立ち向かうことになった。しかしその厳密化に進もうとしたとたんに立ち止まらざるをえなかったのは、「有限の和をもつ収束する無限級数」と「発散する無限級数」の差をなんとかしなければならなくなったからだった。すでにフーリエ級数による三角関数において無限級数が重大な役割をはたしているだろうことはわかっていたものの、その厳密化はなかなかうまくブレークスルーできなかったのだ。

そこでカントールが「数の集合論」のアイディアをもってクリアしようとした。有理数（正・負の整数と分数）の集合やすべての実数の集合も、ひとしく「数」とみなそうというのだ。これでとりあえずは、無限集合も人間の精神が考えうる実体となったのだが、このことをうまく理解するのに、ずいぶん議論しなければならなかった。

カントールの功績は超限数（超限基数）に加えて超限順序数を導入し、ある無限集合が別の無限集合より大きいことはどのように説明できるのかと言って、カントールならではの異能的発想を提供したことだった。集合の濃度を示す「アレフ数」も提案した。しかし、なかなか理解はされない。

いまなら、たとえば地球が過去に存在していたとするのなら、地球はどんな時でもその年齢は無限になりうるといったメタフォリカルな見方でも理解できるはずの問題なのだが、当時は、デデキントは「理解できるが、信じられない」と言い、クロネッカーはカントールのことを「大ぼら吹きの数学者」と詰《なじ》った。あのラッセルでさえ一九〇一年に「カントールは微妙なまちがいを犯したのではないか」と書いた。

いったい何が数学界を揺るがしたのか。いまではその理由はほぼわかっている。数学に逆理（パラドックス）が生じることを、数学が考えてこなかったのである。もう少し正確にいえば、数学そのものを追求してきたぶん、数学というものを成立させている基盤のこと、いわばメタ数学のことを考えてこなかったのだった。

この反省は大きい。こうして次々にブール、ペアノ、ラッセル、ホワイトヘッド、フレーゲ、ラムジー、ゲーデルらがその問題にとりくむことになったのである。

課題は大きく二つに分けられた。ひとつは「非数学的な矛盾や逆理を扱う方法」を検討すること、もうひとつは「数学的な矛盾や逆理を扱う数学」を提唱することだ。前者は「言葉と論理」という問題を扱い、その後の言語論理学と記号論理学の境界に向かっていった。後者は少数の者がとりくみ、ゲーデルの不完全性定理に向かう道程になった。ヒルベルトがこれらを「超数学」というふうにまとめた。

さしあたって数学的な糸口はツェルメロの「選択公理」とブールの「論理代数」にあった。カントールがすでに実数の任意な集合には整列順序が入ってくるという予想をたてていたからだ。

ツェルメロは一九〇四年に、あらゆる集合が整列集合にできることを証明し、それが選択公理にもとづくことを指摘した。もっとも選択公理に最初に注目していたのはジョゼッペ・ペアノである。『算術の原理』（一八八九）を書いた。ペアノは、多くの集まりの各々から一つの集まりの要素を選ぶ任意の法則を無限回適用することはできないと述べ、記号論理に踏み出して、「概念・量化詞・そして・または・非」といった連結語の導入を試みた。そういうペアノの試みの一部を引き取ったのがツェルメロだ。

ツェルメロは、選択公理がそれ自身を証明することもその否定をすることも不可能なものであって、したがって独立しているものだと考えた。

一方、ジョージ・ブールが『論理の数学的分析』(一八四七)で代数的推論の一般化を試み、さらに『思考法則の研究』(一八五四)で論理代数を提案してからというもの、代数記号にはおそるおそる「意味の集まり」が付与されることになった。

どういうことか。たとえば「犬の集まり$x$」と「赤い動物の集まり$y$」は、$xy$としては「赤い犬の集まり」を意味するようになり、そこに「白の集まり$z$」が加われば、$x=yz$のときは$zx=zy$が成立するとみなされたのだ。ついに数学に「意味」がずかずかと入ってきたのである。もう少し正確にいえば「関係」が入ってきたのだ。

かくして異才ゴットロープ・フレーゲは『概念記法』(一八七九)と『算術の基礎』(一八八四)で、命題が陳述されていることとそれが真であることのあいだには、とんでもなく食い違いがあるはずだと指摘して、「多くの命題は述語による含意でしかつながらない」という驚くべき見方がありうることを発表した。待ちに待った指摘が、この時期に提出されたのだ。

他方で、パラドックス(逆理)をめぐる議論が進んだ。この議論は、古典的にはアリストテレスの「この命題は誤りである」という命題にまつわる解釈から始まっている。

命題をSとすると、ここには「もしSが正しいならばSの述べていることは正しいから、それゆえSは誤りである」と、「もしSが誤りであれば、これがSの意味するものであるのだから、Sは正しい」というパラドックスが生じる。正しそうな前提や仮定と正しそうな推論をしたはずなのに、結論が受け入れがたいものになるのがパラドックスである。

このパラドックスにはさまざまな変形があるが、よく知られているのは「うそつきパラドックス」の部類だ。「私は嘘を言っています」や「クレタ人は嘘を言っていると、クレタ人が言っている」などを、どう説明するかにかかわっている。その当人が本当に嘘を言っているとすれば当人は真実を述べていることになり、もし真実を述べているとすれば当人は嘘を言っていることになる。「次の文は誤りである。前文は正しい」にも似たようなパラドックスがあらわれる。もし前文が正しいのなら後文は誤りであり、後文が誤りなら前文も誤りということになり、矛盾が生じる。後文が正しいのなら前文の内容も正しいのだが、そうすると後文は誤りとなってこれまた矛盾が生じてしまう。

こうした厄介な「矛盾する命題」に、ラッセルとフレーゲが挑んだわけだ。ラッセルはのちに有名になる二律背反（アンチノミー）のパラドックス「床屋のパラドックス」を例にした。

一〇五八夜（ハオ・ワン『ゲーデル再考』）にも紹介したが、このパラドックスはこういうものだ。ある村の床屋が「自分で髭剃りができる村人の髭は剃らないが、自分で髭剃りができない村人の髭は剃ります」という広告を出したのだが、床屋は自分自身ののびてきた髭を剃るべきかどうか自問するはめに陥ったというもので、もし言明の前半部に従うと床屋は自分の髭を剃れるのだから髭を剃ってはならないことになるのだが、そのように剃らないのなら、後半部に従って自分で髭剃りしないすべての村人の髭を剃るべきなのだから、床屋は自分の髭を剃らなければならない。床屋は窮地に陥ってしまったのである。

ラッセルは、自分自身を要素として含まない集合全体の集合Rの存在からは矛盾が導かれることを示し、数学的言明にも論理的言明にもオートロジカル（自己指示的）なものとヘテロロジカル（非自己指示的）なものがあり、これを説明するには循環論法に突入するしかないと示唆した。ポアンカレは、そこには非叙述的定義がかかわるとみた。

フレーゲの『概念記法』は数学の命題を記号による表記で証明できるようにした試みだった。記号論理学はここに始まったと言ってよい。『算術の基礎』は数学に意義（Sinn）と意味（Bedeutung）の区別を与え、そんなことができるのかというほど画期的だった。数学的表現は意味のほかに意義ももっているという指摘だった。パラドックスに立ち向かうには、このような外延論理的な視点も必要だったのである。

こうして現代数学は「無矛盾性の確立」をどのように議論できるかという必死のコー

スに入っていった。本書のクラインはこう説明している。

「このように、二十世紀初頭の数学者は幾つかの難しい問題に直面していた。すでに見つかっていた矛盾も解決しなければならなかったし、新たな矛盾はおこらないということを確証するために、数学のすべての分野にわたって無矛盾性を証明しなければならなくもなっていた。これらの問題はあまりにも決定的に見えたので、選択公理は多くの数学者たちには受け入れられなかった。そのせいで、この公理に依存していた多くの数学定理も問題になったのである。しかし、もっと受け入れられやすい公理を用いていれば、これらの定理は証明できただろうか。選択公理についても、しだいに重要性が増しつつあったカントールに始まる連続体仮説についても、それを証明するのか反証するのか、その行く先の是非を決めなければならなくなってきたのである」。

ポアンカレやワイルもアタマを悩ませていた。ツェルメロの選択公理に戻って議論するしかなくなったとは思えない。しかし、それに代わる公理を見つけるというのも、その前に、そもそも数学が無矛盾であることを明示化しなければならない。はたして、そんな究極に突っ込んでいくことなんて可能なのか。ホワイトヘッドは「論理学の前提そのものの無矛盾性には形式的証明はありえない」と言っていた(一九〇七)。

ラッセルとホワイトヘッドは他に先んじて、記号論理学の根底にかかわる大著『数学原理』（プリンキピア・マテマティカ）を著して、明示された公理の一組とそれにまつわる推論の規則だけで数学的真理のすべてを導き出せるだろうという試みにとりくんだ。

まず未定義概念のひとつである命題をとりあげて「命題の論理学」の可能性をさぐり、ついで命題関数に進んで、命題関数が集まりの要素を指定するのではなく、性質によって要素を説明するのであることを明らかにして、対象物の無限の集まりを有限の集まりと同じように容易に扱えるように定義した。これは内包的定義と呼ばれた。

次に、対象物の集まりが自分自身を要素として含むパラドックスを避けるため、階型理論（タイプ・セオリー）を組み立てた。これは「型」を階層で分け、「クレタ人は嘘を言っていると、クレタ人が言った」の前半と後半では型が異なっているのだから、論理を成立させている所在が一階フロアと二階フロアで異なっていることを説明しなくてはならず、それには階型という考え方を導入しなければならないと指摘したものだった。

ラッセル流にくだいていえば、「確定記述は指示対象を意味としているという前提を捨てなさい」ということになる。あるいは「制限を加えておかしな集合をつくれなくする」というふうになる。うまい手だった。うまい手ではあったが、しかしフランク・ラムジーらによって、「こんな考え方を用いないと証明できないようなものは、証明であるとはみなされない」と批判された。ラッセルとホワイトヘッドも『数学原理』の四巻目を放棄せざるをえなくなった。論理主義の前途がにわかに暗くなってきた。

こうして論理主義に代わって浮上してきたのが直観主義である。先駆者はレオポルト・クロネッカーだ。「神が整数をつくって、あとはすべて人間が創作した」というように、クロネッカーは整数だけは直観でも明白に認知できると見て、整数を基盤にした実数体系を組み立て、それで計算ができる方法があることを主唱した。根《こん》の計算ができるなら多項方程式の根《こん》となる無理数も扱えると見たのである。

この直観主義にはポアンカレも乗った。ただしポアンカレは数学的帰納法なら直観主義に妥当だが、これを論理学に転用することは不可能だと考えていた。またボレル、ベール、ルベーグも半分だけ直観主義というアプローチにとどまった。

これらを吸収して本格的な直観主義に踏み出していったのは、オランダのライツェン・ヤン・ブラウワーである。トポロジーの不動点定理で知られるブラウワーは、数学的思考は「経験とは独立して自身の世界をつくる組み立てのプロセスにほかならない」とみなして、『数学の基礎について』(一九〇七)をまとめた。数学は言語からまったく自立した自足的なもので、単語や言葉を借りるのは真理を伝えるためであって、われわれには言語よりもずっと深く数学的思考が精神に入りこんでいると主張した。

ブラウワーの主張は、言葉にいっさいの未練をもたないという点ではそれなりに敢然とした見解だった。言語は知覚の世界をあらわすもので、したがって「論理学は数学に依存するが、数学は論理学に依存していない」というのだから、ごりごりだ。あまりにごりごりになったため、公理から結論を演繹するという数学プロセスも認めない。論理学のみならずいっさいの公理主義の余地を認めなかったのだ。

こうして直観主義は、排中律を何度も用いて数学的実体を確立しようとする論理主義に真っ向から文句をつけたのである。しかし、これでは論理と直観の挟み打ちにあって、数学は立ち往生するしかない。ヒルベルトが第三の道として形式主義を提案した。

一九〇〇年のパリの国際数学者会議でダフィット・ヒルベルトは「ヒルベルトの23の問題」(ヒルベルト・プロブレム)を発表した。なかで数学の無矛盾性を証明することの重要性が力説されていた。けれどもその後の十数年間は論理主義と直観主義があからさまに激突していて、解決策の提示をしなかった。あとの十年は模索が続いた。そのあいだに、ヒルベルトはゆっくりと論理主義による方法を棄てると決めた。

かくて一九二七年、突如として次のような激しい決断を発表した。「数学の基礎を築くために、私はクロネッカーのように神を必要としない。またポアンカレのように数学的帰納法に合った特別な理解力の仮定が必要であるとも思わない。ブラウワーの第一義的な直観も必要としない。ラッセルとホワイトヘッドのように、現実的で実質的な命題を無矛盾性の証明によって立証できないから無限公理や還元公理や完全性の公理を必要とすることも、認めない」。

　では、どうするのか。ヒルベルトは数学と論理学のすべてを記号形式であらわすことにした。使用記号はブラウワーの言う知覚を反映してしまうかもしれないが、おかまいなく直観を排するつもりで組み立てていった。形式主義の驀進だった。ヒルベルトは、こう考えた。「ある公式が正しいための必要十分条件は、各公式が形式的な体系の一つの公理であるか、あるいはそれ自体がある演繹法則によって導き出されるような連続した公式の最後のものとして得られればよい」と。

　ヒルベルトにとっての真の数学とは、「それぞれがその数学とともにそれ自体の論理を構成し、またそれぞれがそれ自体の概念・公理・定理を演繹するそれ自体の法則とそれ自体の定理をもっている形式的な体系の集まり」なのである。ヒルベルトはこれを「超数学」と名付けた。

　超数学は論理主義と直観主義の対立のあいだを、あたかもラグビーの密集突破のように独走して提唱された。数学が自分を脚下照顧《きゃっかしょうこ》しても客観性を失わないような形式主義的な数学思考をすること、それがヒルベルトが考え抜いた超数学だった。そこには「無矛盾性」と「完全性」が謳《うた》われた。ユークリッド幾何学の妥当な予想はユークリッドの公理自身によって証明されるべきであり、ゴールドバッハの仮説（あらゆる偶数は二つの素数の和である）は整数の公理で証明できるはずだということだ。

一九二五年、ヒルベルトは「明確な数学問題はすべて必ず解決ができる」と豪語した。一九三〇年の論文「数学の基礎」には無矛盾性と完全性を立証する超数学法があるとも言い切った。ところがまもなくこのことに疑問をもち、むしろ「数学は不完全である」と宣言したほうがいいということを数学的に証明する者があらわれた。クルト・ゲーデルだった。

ゲーデルは一九三〇年に、命題と命題関数を含む第一次の述語計算の完全性の証明を発表し、その翌年に整数の算術を含む広範囲な数学の無矛盾性を論理主義でも直観主義でも形式主義でも立証できないことを証明してみせた。いわゆる「不完全性定理」の出現である。

不完全性定理については一〇五八夜に詳しく説明しておいたので屋上屋を架すことはしないけれど、ここに数学は、ブラウワーが「直観的に確かなことは数学では証明できない」と言ったことに対して、「直観的に確かなことは数学的証明を超えていることが証明できる」というゲーデルの宣言にまで到達してしまったのだった。ワイルはびっくりして「数学は疑いもなく無矛盾なのだから神は存在する、しかしわれわれにはその無矛盾が証明できないのだから悪魔も存在する」と書いた。

ゲーデルの衝撃からしばらくして、新たな衝撃が一連の論文群となって数学界を席巻した。レーベンハイム＝スコーレムの仮説理論だ。レオポルト・レーベンハイムとトラルフ・スコーレムが「数学構造のもうひとつの欠陥」を示す定理を明らかにしたのである。数学のある分野もしくはすべての数学の基礎としての集合論のために、論理学的で数学的な公理を設けたとしたとき、そこから得られる無矛盾的で完全無欠だとおぼしい解釈が得られるとしても、それとは別の解釈が必ずありうるということを示したものだった。

わかりやすい例でいえば、「アメリカ人の特徴をアメリカ人だけを特徴づけたリストによって表示できたとすると、そのリストからアメリカ人とはまったく異なる別の特徴をもった種族あるいは人種が必ず見つかってしまう」というようなことをあらわしている。数学的にいえば、数学的な対象群としての唯一無二の集まりを特徴づけるはずだった公理系は、唯一無二ではなかったということになる。えらいことになったのだ。

モーリス・クラインはこの衝撃をこう説明する。「ゲーデルの不完全性定理は、一連の公理はその公理が内包するはずの数学分野に属するあらゆる定理を証明するのに十分ではないことを教えるのだが、レーベンハイム＝スコーレムの定理は、一連の公理が意図したものより多くの本質的に異なる解釈があることを示したのである。数学的実在は公理系に明確に組み入れられないことになったのである！」。

不完全性は非範疇《はんちゅう》性を意味している。しかし、レーベンハイム＝スコーレムの定理はそれよりはるかに強く、かつ徹底的な方法で範疇性そのものを否定していた。

数学者たちは非ユークリッド幾何学が出現してきたときのことを思いおこして、気を落ち着けようとした。多くの数学者はペシミスティックな気分になっていた。ヒルベルトすらも数学は孤立してしまったと感じていた。フェリックス・クラインは「わが学問はますます孤立化する危険にあると考えざるをえない」と綴《つづ》り、ポアンカレは「外界の存在を忘れる純粋数学者は色と形を組み合わせる方法は知っているが、それはモデルがいない画家のようなもので、その創造力はすぐに枯渇するだろう」と言い捨てた。ヘルマン・ワイルはこう書かざるをえなかった、「数学は独立した学術ではなく、全体としての人間存在の一部だったのだ」。

純粋数学に向かえば向かうほど、数学は不純だったのである。そこにはあまりにも厄介な「不確実性」が入りこんでいたわけなのである。

本書がスケッチした不確実性をめぐる数学にかかわる脈略の大筋は、だいたい以上のようなことだ。だいぶんはしょったので、意図がわかってもらえたかどうか心配だが、これをまとめていえば、数学も超数学もすこぶる不完全であって、かつコンティンジェント（偶有的）だったということなのである。数学は「別様の可能性」としてのコンティンジェンシーをずっと以前からもっていたということだ。

しかしながら、このような現代数学の物語は、他の思想領域の議論の具合にくらべれば、ずいぶん健全で真剣だったともいうべきだった。

たとえば経済学もまた一九七〇年代以降には「不確実性」を問題にしていたのだが、それは経済動向が予測できないことをもって不確実性の要因さがしに向かったのであって、そもそも経済社会や社会経済が不確実なコンティンジェンシーを孕《はら》んでいることを告白したものではなかった。せいぜいフランク・ナイトが「リスク予想ができないこと」を「不確実性」と名付けてから慌てた程度だった。それゆえ多くの経済主義者たちもエコノミストも企業家も、不確実性に面と向かっているわけでなく、いまもってあいかわらず統計処理による「およその予想」に向かっているだけなのだ。

が、本書が赤裸々にした数学物語はそういうものではない。多くの数学者たちが数学そのものの存在を賭けて、数学の不確実性の超克の可能性を模索したのだった。凛然《りんぜん》としているし、苦悩をさえ数学的にあらわしていた。きっぱりあらわしていた。今夜伝えておきたかったのは、この「数学そのもの性」に注入した数学者たちの精神力のことである。いったい、あだや疎かにしない数学が抱えこんできた「純」とは何だったのだろうか。そんなことを考えたくもなった。

第一五九二夜　二〇一五年十月十九日

**参照千夜**

六七〇夜：ヘルマン・ワイル『数学と自然科学の哲学』　九四四夜：トマス・ホッブズ『リヴァイアサン』　一八三七夜：G・ウォルド・ダニングトン『科学の王者 ガウスの生涯』　五七〇夜：アインシュタイン『わが相対性理論』　七九九夜：プラトン『国家』　二九一夜：アリストテレス『形而上学』　一七三四夜：ガリレオ『星界の報告』　九九四夜：『ライプニッツ著作集』　九九五夜：ホワイトヘッド『過程と実在』　一〇五八夜：ハオ・ワン『ゲーデル再考』　一三三夜：ヒルベルト＆コーン＝フォッセン『直観幾何学』　一八夜：ポアンカレ『科学と方法』

三体問題とカオスの仮説
ポアンカレが摑まえた「あらかた」の数学

アンリ・ポアンカレ

# 科学と方法

山本修訳　叢文閣　一九二五／吉田洋一訳　岩波文庫　一九二六／改訳　一九五三
Henri Poincaré: Science et Méthode 1908

ポアンカレは二十世紀科学のクライテリア（評価基準）である。最初に『科学と方法』を読み、ついで『科学と仮説』を読んだ。岩波文庫だ。

当時の読後感では後者のほうが刺激的だったけれど、その後、読みかえす機会があって、やはり『科学と方法』はヨーロッパの科学と哲学のデカルト的正統性を踏まえていながら、たんにその延長にとどまらない科学的思考をのばすにはどうすればよいのかという根本問題にふれていて、ずっとベーシックな気がしてきた。とくに第二篇「数学的推理」は何度もそこへ立ち戻って考えさせてくれた。

これで数学は自然科学のどの椅子から立ち上ろうとしたのかを説明しているものであ

るかが見えた。ポアンカレは自然と数学のあいだの椅子のアリバイを予見してくれていたのだ。二冊読み耽ったことが嬉しかった。この快感に酔ったぼくは、すぐに「数学的自由」という造語をつくったほどだ。

自然界や物質界の現象には謎が充ちている。なぜ植物は花を咲かせるのか、オーロラはなぜ北極の空に現れるのか、哺乳動物はどうして胎児を準備することにしたのか、水を電気分解すると水素と酸素に分かれるのはなぜなのか。どんな現象もそれに先立つ構成物たちの動向によっておこっているのだろうけれど、そのような現象がくりかえしおこっているのは、そこになんらかの法則性があるからだろうと予想できる。

その法則性はどのように摑《つか》めばいいのか。そのことを考え、さまざまな法則性を確立してきたのが「科学」というものだ。そういう科学が姿をあらわすには、観察と実験と数学が必要だった。この三つが組み合わさるか、もしくはそのうちの一つが精緻になることで、科学は法則性を発見できた。開花とオーロラと胎児と水の電気分解がこうして解明されてきた。

ポアンカレが著述した順でいえば『科学と仮説』↓『科学の価値』↓『科学と方法』↓『晩年の思想』（死後出版）であきらかにしようとしたのは、このような科学の確立にあたって共通してきた考え方の脈とは何なのか、そこにはどんな数学的試行錯誤があったのかということである。

四冊にわたる浩瀚《こうかん》な著作の要訣《ようけつ》を一言で抜き出すのは忍びないけれど、ポアンカレがこれらに共通する方法として最重要視したのは、「構成する」(construction) ということだった。とくに数学的な思索のための「構成する」を重視した。

「構成する」についでは「組み合わせる」(association) を重視した。「構成する」も「組み合わせる」も、科学における部分と全体を管轄するためである。いわば科学をマネージするための方法だ。ポアンカレは、このマネージを十全なものにするためには、他方でイメージするための重大なヒントを付け加えていた。ヒントは三つある。現象を考察するにあたって梯子《はしご》を昇ったり降りたりすること、現象がもたらす要素の「ちぐはぐ」に敏感になること、「構成する」にあたっては「ざっくり」や「あらかた」を大切にすること、この三つだ。

梯子を昇り降りするのは、個別性と一般性の両方に目を配るためである。「ちぐはぐ」を見落とさないようにするのは、要素たちの声が別々のことを訴えているかもしれないことに注意するためである。

「ざっくり」や「あらかた」を大切にするのは、どんな現象も木を見るのと森を見るのとでは異なるからではなくて、その現象を解明するための数学的方策を一人よがりの限定的なものにしないようにするためである。ぼくはこの「ざっくり」「あらかた」のヒントに、ポアンカレのポアンカレらしさが躍如すると思ってきた。

以上のことは、ポアンカレの科学観がいわばマネージメント（management）とイメージメント（imagement）の両輪によって支えられていることを示す。「構成する」「組み合わせる」が「昇り降り」「ちぐはぐ」「あらかた」によって補強されるというだけではなく、ひょっとすると「昇り降り物質」「ちぐはぐ運動」「あらかた数学」というものがあるだろうということを去来させてきたということなのである。

どんな資質がポアンカレをこんなふうにさせたのかは、知らない。ただ『科学と方法』の第二篇には、フックス関数の話を例にしながら「数学上の発見は識別と選択によってもたらされる」と説明しておきながら、そのうえで、自分が新たな関数論のしくみを発見できたのは「感受性が微妙な篩《ふるい》の役」をはたしたように思われると書いたりもしているのである。そこには霊感や個別的無意識が通りすぎたかもしれないとも、ペンを滑らせている。

ポアンカレが鉱山学校で結晶学を修めていたことに注目したい。一八五四年にナンシーの名士の家に生まれた。父親は医師でナンシー大学の教授、妹はフランス・スピリチュアリズムを代表する科学哲学者エミール・ブートルーに嫁いだ。

幼少期に重いジフテリアに罹ったせいでリセに十一年いたのだが、全科で抜群の成績を修め、早くも「数学の怪物」だと噂されたようだ。文学と科学でバカロレア（フランス教育省が認定する中等教育修了資格および大学入学資格）をとると、エコール・ポリテクニク（エリート養成機関の一つ）でも数学に熱中した。

エコールを卒業すると、鉱山学校に入って結晶学に打ち込んだ。結晶学こそ数学思考を鍛錬するにもってこいだったのか、それとも一個の鉱物に「天体」を感じたせいなのかはわからないが、群論的感覚と解析的視野の練磨はここで養ったのではないかと思う。一八七九年には採鉱技師として働いてもいる。

ポアンカレが結晶学や鉱山学に若い日々の貴重な時間をさいたことにどんなアドバンテージがあったのかということについて、申し訳ないけれど、ぼくには説得力ある説明が用意できていない。ただ勘として、このことがポアンカレのマネージメントとイメージメントを自在なものにしたのだと思いたいのである。

そう思うのは、ノヴァーリスからホフマンやホフマンスタールをへてバシュラールやマンディアルグに及んだ文芸的鉱物感覚にぼくがどっぷり浸かってきたからであること、ぼく自身のささやかな科学遊びの出発点が鉱物や化石の収集に始まり、益富壽之助《ますとみかずのすけ》の鉱物コレクションや井尻正二の化石学に赴いていたことに関係があるかもしれないのだが、まあ、このことは勘の話ということにとどめておく。

さて、鍛え抜いた才能によって、ポアンカレを最初に有名にしたのは楕円《だえん》関数の一般化だった。このことには数学史ではたいてい「絢爛《けんらん》たる成果」というようなおおげさな形容詞がつく。一八八〇年、二六歳のときの微分方程式論からの〝変化〟だった。

鮮やかな方法的発見はそのあともずっとつづく。ポアンカレは位置幾何学や位相幾何学の創始者であって、複素変数関数論の立役者であった。もっと有名なのは三体問題などの難問を提出したことだ。複雑系の科学やカオス理論の先駆的予見であった。

あるときポアンカレは、次のような課題をノートに書いた。「すべての惑星は現在の軌道とほとんど同じ軌道上を、今後も運動しつづけるのだろうか。それとも太陽系外に飛び去ってしまったり、太陽に衝突したりする惑星もあるのだろうか」。

これはとんでもない問いである。ニュートン力学では宇宙における二つの天体は、二つの間の運動方程式(微分方程式)を積分すれば安定した周期解をもつことができた。けれども三体あるいはそれ以上の多体があると、どうなるか。ニュートンの後継者たちは三体あるいは多体の系についても運動方程式を積分して解くことを試みたのだが、すべて積分不能となって行きづまってしまっていた。方程式は書けるものの、それを解くのがきわめて難しい。ポアンカレは三体問題を積分法で解くことは不可能であることを証明してみせた。

微分方程式の解の大域的性質を幾何学的に研究することが必要だろうと予想したので

ある。大域的性質に解があるかないか、周期的かどうか、どんな周期なのか、構造安定なのかどうか、こういうことを調べる方法があるはずだと見通したのだ。今日、これは一方では位相幾何学として確立し、他方ではここから「大域的アトラクター」や「力学的カオスの軌道」が予想されるようになった。驚くべきかな、ポアンカレだ。

こんなことがいくつも先行していたため、科学史が口癖のように惜しむのは、もしポアンカレがもう三十年遅く生まれるか、もう二十年長生きしていたらアインシュタインの相対性理論の大半を手掛けていただろうことである。さもあろうけれど、そんなことを言っても詮ないことだ。ポアンカレを洒落《しゃれ》て解説したいなら、大学で数学に抜きん出る前に鉱山学校にいて鉱山技師をめざしていたということや、土星の環に惹《ひ》かれてその安定性を夜な夜な考えたということに思いを寄せておくのがいいのではあるまいか。

きっとポアンカレには、そう言っていいならぜひそう言いたいのだが、比類ないアブダクティブ(仮説的)な思考力があったのだろうと思う。

『科学と仮説』に書いてあることに、仮説は科学者の世界観を反映しているという一節がある。この仮説はどこから出てくるかというと、ひとつには物質の性質を考えているうちに生まれる。これは「分析的判断」のためのプロセスが生んだ仮説になる。もうひとつは物質の運動を考えているときに生まれる仮説で、これは「総合的判断」をしようとしていると生まれる。これが科学者に浮かぶ一般的な仮説だが、この両者ともすぐに「経験」や「実証」に照らし合わせることになる。もちろん科学にとってこのことは重要なのだが、ポアンカレは第三の仮説がありうると見た。それは「先行的判断」や「先行的総合」がつくりだす仮説なのである。

これをもってポアンカレのアブダクション（仮説的推論）と言っていいかどうかは自信がないが、それに近いものがあったにちがいない。ともかくもこうして『科学と仮説』についで『科学と方法』に向かったポアンカレは、「科学者がその好奇心の前にあらわれる可能性の中から何を選ぶべきか」という方法に着目したのだった。そして、この決定には先行力や直観力が重大な役割をもっと踏んだのだった。こういうふうに踏み切るポアンカレを、天才的直観力の持ち主だと称《たた》えるだけではなくて、ほかにどう解説していけばいいのか、言葉がない。

というところで、かつて『科学と方法』で気にいった有名なエピソードを紹介して今夜のポアンカレ讃歌を結びたい。

さきほども少し述べておいたが、ポアンカレは自分でフックス関数と名付けたものをいじくっていた。この関数に類似のものはないことを証明しようとしていたのである。ところがいくらやっても証明の糸口がない。だいたいの予見はあるのに証明に進めない。

ミルクを入れないコーヒーばかり飲む二週間ほどがたって、ある夜、超幾何級数から誘導されるフックス関数の一部類の存在を証明すればいいのだと気がついた。そこでテータフックス級数というものを創造してみた。

けれどもそれをどう動かすかというところで、多忙に紛れはじめた。アタマの中からも数学的課題が消えていた。それなのに旅先で乗合馬車に乗ろうとしてステップに足をかけた瞬間に、フックス関数を定義するために用いた変換は非ユークリッド幾何学の変換とまったく同じであるという、推理のプロセスになんら保証のない考えが浮かんだのだ。馬車の中に入ると乗り合わせた客と会話がはずんで、そのことを考えてみる余裕はなかった。

しばらくたってこのことをふりかえる機会がやってきた。ポアンカレは猛然とすべての難関を攻略するための作業にとりかかる。あやしい問題を次々に片付け、あと一つの難関を攻め落としさえすればすべてが解決というところにさしかかったとき、今度はまったく予期せぬ暗礁にのりあげた。ポアンカレは兵役に従事せざるをえなくなり、ここでふたたびアタマの中からこの問題は去ってしまった。それがある日、ある大通りを横断しているときにすべてが蘇《よみがえ》り、最後の困難を突破する解法がひらめいたのだ。

ポアンカレは書いている、「突如として啓示を受けることはある。しかしそれは無意識下で思索的研究がずっと継続していたことを示しているのだ」。ポアンカレはこのことを「数学的発見における精神活動の関与」と説明した。これはのちにマイケル・ポランニーが「暗黙知」と名づけたものが動いていたということを示す。ポアンカレは「暗黙知の数学」の発見者でもあったのである。

第一八夜　二〇〇〇年三月十七日

**参照千夜**

一三二夜：ノヴァーリス『青い花』　一七二九夜：ホフマン『牡猫ムルの人生観』　一一九夜：益富壽之助『鉱物』　一〇五〇夜：井尻正二『化石』　五七〇夜：アインシュタイン『わが相対性理論』　一〇四二夜：マイケル・ポランニー『暗黙知の次元』

ゆらぎ／リズム／アトラクター
カオス／創発／相転移

## 非線形科学

蔵本由紀

集英社新書　二〇〇七

リズムというと音楽の領域の話題だと考えられがちだが、この三十年ほどでリズムおよびリズム振動が非線形科学の最も重要な現象であるとみなされるようになってきた。とくにリズム振動が相互におこす同期現象は自然界から社会生活にいたるまで、数多く発見されてきた。

リズムは状態空間のなかのアトラクター（状態点の集まり）なのである。ということは、リズムはカオスやリミットサイクルでおなじみの非線形科学の主人公のひとつだったのだ。また、散逸構造の特徴を「しかるべきところに落ち着く」というふうに見れば、リズムは散逸構造を代表する現象だった。

本書は非線形科学についての、できるかぎり基本的な見方を提供しようとしている好著だ。科学解説書でありながら、さまざまな想像力を刺戟《しげき》してくれる。科学の不得意な諸君にも薦めたい。著者の蔵本由紀《よしき》は京大の基礎物理学研究所のリーダーの一人で、一九七五年に自然界の同期現象についての数学モデル「蔵本モデル」によって世界的に知られた。ヘルマン・ハーケンの研究や清水博の研究とも併走していた。やや遅すぎる評価であったが、二〇〇五年には非線形科学の先駆的研究で朝日賞を受賞した。

その蔵本さんが、めずらしく一般向けの本を書いた。こういう本が書けるとは思っていなかったらしいが、これが新書のよさというものだろう。あとで紹介するけれど、本書には注目すべき考え方も示唆されている。非線形科学の本質はメタファー（隠喩）に似ているというものだ。

科学者の仕事は、「不変なもの」を通して「変わっていくこと」をどのような説得力をもって語るかということにある。そのためには自然界の不変な構造をさぐりあて、それを記述するための削がれた表現手段をつかう。それが数理言語（数学や数式）というもので、それを使って「不変なもの」を列挙する。

こうして恒常的な法則がいくつか導き出せるようになると（「不変」がいくつか設定できると）、そのうえで、「もの」と「もの」とのあいだの「変わっていくこと」を方程式であらわしていく。これが古典力学と線形科学の常套《じょうとう》手段というものだ。ガリレオの落体の法則はそうやってつくられた。

しかし、すべての現象が「不変なもの」を基礎にして「変わっていくこと」になっていくとはかぎらない。「不変なもの」とは関係なく、一見、自律的に「変わっていくこと」がおこっていると見たほうがいい現象もある。この現象を説明するために非線形科学が登場してくる。

線形（linear）や非線形（non-linear）というのは数学用語である。線形は変化の度合いがほぼ一定で、グラフにすると直線になる。植物の枝や葉脈のかたち、道路や鉄道などの路線が線形だ。こういう線の特色はいくら複雑に混みあっていても数学的には一次式（またはその近似式）であらわせる。線をつくっている原因と結果の関係が比例であらわせるからだ。工夫さえすれば重ね合わせもできる。

一方、非線形とは線形であらわせないすべてのことをいう。グラフにしても直線的ではなく、重ね合わせはできない。重ね合わせをしようとしても、その一回の試みや次の一回の試みが、それまでの結果を上回ってしまう。少しの変化が大きな変化を生んでいくのが非線形な現象である。

蔵本さんは、非線形の特色を「同期」という現象を通してつぶさに観察してきた。そういうことを深く研究するきっかけになったのは、ルネ・トムの『構造安定性と形態形成』（一九七二）が提示したカタストロフィ理論を知ってからだったという。カタストロフィ理論は非線形な「散逸力学系の分岐現象」に属していた。そのあと蔵本さんは九州大学物理学教室の助手時代に清水博さんに出会い、アーサー・ウィンフリーの振動子モデルの論文を見せられて、非線形科学にのめりこんでいった。ウィンフリーは生物時計を研究していた。ベローソフ・ジャボチンスキー反応の不思議をみごとに整理した数学モデルだ。清水さんは当時の日本の非線形科学の立役者だった。

アイロンやエアコンのような温度制御装置は、単純な非線形システムの例である。温度の上昇と下降の「あいだ」を切り替える自動制御機構がそこを担っている。

生物現象にも非線形はあらわれる。栄養物が入った容器でバクテリアを増殖させると、増殖の速さはバクテリアの総量に比例する。ここまでは線形的なのだが、栄養物が少なくなってくると、バクテリアの動きは鈍る。比例関係は成り立たなくなってくる。容器ともども非線形システムが動きだす。

わかりやすくいえば、非線形システムとは「システムの状態に応じてその変化を自己調節しているシステム」のことをいう。アイロンやエアコンでは基準温度からのズレがシステムの一方向性を変化させ、容器のなかのバクテリアでは、増殖の進行そのものが増殖をおしとどめる原因をつくる。

このような自動調節機構では「負のフィードバック」がおこっている。現象の行きすぎを咎《とが》める方向が自動的におこるので、この名前がある。これに対して「正のフィードバック」では、あたかも富める者がますます富むというように、過剰に向かってシステムが進む。

正のフィードバックと負のフィードバックは、多くの生命組織でまことに自在にくみあわさって動いている(生命で一番重要なのはこのことだ)。生命組織は非線形システムの宝庫なのである。たとえば脳の神経ネットワークを構成する無数のニューロンは、そのひとつひとつが非線形ユニットになっている。

もちろん物理現象にもさまざまな非線形システムが動いている。とはいえ、その現象の全体が最初から非線形であるということは、ほとんどない。システムが非線形になるのは、たいていはダイナミック・システムの動向の途中からであって、そこに「相転移」(phase transition)や「創発」(emergence)がおこってからなのである。「不変なもの」と「変わっていくこと」とのあいだにおこっているのは、この「相」を劇的に変える「相転移」や「創発」だった。

地球は宇宙のなかでは平均的な星ではない。かなり変な星だ。エネルギーとエントロピーの入口と出口をもっていて、生成されるぶんだけのエントロピーを排出するようになっている。そうすることで地球全体としては統計力学的な定常性を保つようになってきた（地球温暖化などはこの定常性に狂いが出てきた兆候だ）。これが狂うとブライアン・オールディスの「地球の長い午後」になり、J・G・バラードの「時の声」がやってくる。

このような地球の状態を熱力学の用語では「非平衡開放系」という。宇宙中心がつくる平衡力からやや自由で、熱の出し入れができているという意味だ。生命の歴史はこの熱力学的に非平衡で開放的な性質を活用して誕生した。とくに循環エネルギーと化学結合のエネルギーを活用した。

太陽によって温められた地表と上空とのあいだには、つねに大きな温度差が生じている。暖房中の室内の空気が循環するように、この温度差が駆動力となって大気が循環し、それによって気象が生じる。

この駆動力は上昇した水を冷却して、それを雨に変えて地表に降り注がせもする。その水の循環エネルギーが地球の外部にエントロピーを放出する大きなエンジンにもなる。地球の内部は内部で、マントル対流などが循環エネルギーのエンジンとなって、われわれには脅威だが、ときおり火山爆発や地震や津波をおこしてエントロピーを調整しているわけだ。

こういう内外にわたる地球のシステムを、熱力学では「散逸構造」（dissipative structure）という。イリヤ・プリゴジンの命名だ。この散逸構造のふるまいを扱うには非線形科学が必要になる。というよりも、われわれが地球に生まれた以上、生命が感知する多くの現象は非線形科学の対象にならざるをえないと言ったほうがいい。

散逸構造は、地球のような大きなシステムだけではなく、小さな場面にもいろいろあらわれる。そこでは化学結合エネルギーが活躍する。とくに流体運動の多くの場面、たとえばウロコ雲や鍋の中のスープや熱い味噌汁にもあらわれる。流体運動でこのようなパターンができてくるのは、そのシステムが散逸構造になってからなのである。それを運動方程式にすれば、ナヴィエ＝ストークス方程式というものになる。

こうした循環エネルギーや化学結合エネルギーにおいて、共通して特徴的なことがおこっていた。そのシステムに「リズムが生じる」のである。蔵本さんの専門は、このリズムが生じさせるリズム振動子の同期についての研究だ。

世の中にはいろいろなリズムが動いている。四季の移り変わり、潮の干満、昼夜のサイクル、海岸に打ち寄せる波、呼吸や心拍、コオロギの鳴き声、時計、ピアノの演奏、コンピュータのなかの高周波……。いずれもリズムをつくる。

このようなリズム現象には、そのメカニズムがすぐわかるものも、わからないものもある。日本庭園で甲高い音をたてる「ししおどし」や多くの歯車時計は、ごく単純なリズムを打っている。それらとはべつに、リズムの発生機構がすぐには見当がつかないものも少なくない。コオロギの鳴き声やホタルの明滅のリズムは、どのようにしてそうなるのかがなかなかわからない。それでもリズムが出てからあとの現象の分析にとりくむことによって、そのリズムの性質をさかのぼって判定することができる。これに注目するのが非線形科学によるリズム論である。

リズムには妙な性質がある。単一のリズムを見ているだけではわからない。二つ以上のリズムを観察すると、その妙な性質がときに見えてくる。AのリズムとBのリズムが出会っていくと、そこにリズム間の「同期」(シンクロナイゼーション)や「引きこみ」(エントレインメント)がおこるのだ。

このことに最初に気がついたのは十七世紀の天才クリスチャン・ホイヘンスで、二つの振り子時計を別々に進行させておくと、いつしか振り子が同期した。数時間もすれば狂いが出てきそうなのに、それがおこらない。それどころか、わざと揺れのタイミングをずらしても、すぐに二つの振り子は同期した。

ホイヘンスの振り子時計は、外部からエネルギーの供給をうけてエントロピーを生成しつつ、それをエネルギーとともに外部に排出している散逸力学系の振動である。これをリミットサイクルの振動という。周囲の状態点を引きつけてくる軌道(閉軌道)なのでリミットサイクルといい、その周期的で安定的な運動をリミットサイクル振動という。総称して「リズム振動」(その点をリズム振動子)ともいう。

ここに「同期」や「引き込み」がおこる。このリミットサイクルがどんどん増幅して不安定な振幅になっていくとカオスが生じる。

リミットサイクルは生物やわれわれの知覚にも届いている。生-情報系でもあらわれる。有名なのはサーカディアン・リズム（概日リズム）で、いわゆる体内時計が感じている一日周期のリズムをいう。およそ生物の多くはなんらかの体内時計の装置によって、このサーカディアン・リズムを感知する。ということは、生物はみな地球の自転を感知しているということになる。これは、生命体そのものがそもそもリズム振動子の集合だということを意味する。

ホイヘンスの振り子はそのリズムが互いに歩みよっていたので、こちらは「相互同期」という。サーカディアン・リズムのほうは地球全体におこっているもので、このリズムに同期することは「強制同期」である。しかしこれらのリズムの同期は、ある状態では意外な現象をおこす。それが集団同期現象になる。

ヒュー・スミスが発表したホタルの集団明滅にひそんでいた同期現象は、そうした集団同期現象のひとつだった。ＭＩＴのスティーヴン・ストロガッツが分析してみせた橋《きょう》梁《りょう》が崩落する現象も集団同期現象だった。オペラハウスやコンサート会場での拍手の同期にも似た現象があらわれる。

ストロガッツは蔵本さんの数十年来の知己で、名著の呼び声が高い『非線形ダイナミクスとカオス』(丸善出版)や『SYNC』(早川書房)が唸《うな》らせる。SYNCはシンクロニシティの数理を扱っていた。こうした同期現象には結論的にいえば相転移がおこっていたのである。相転移には物理量が不連続に変化する一次相転移と、転移点ははっきりしているけれど物理量の変化のない二次相転移とがあるのだが、この二次相転移にもっと重要な現象が派生する。それを非線形科学では「ゆらぎ」(fluctuation)と言っている。

そよ風の性質、モーツァルトのメロディ、読みかけの本のページの文字の濃度、心臓の鼓動、列車の音……。「ゆらぎ」はさまざまな場面に観察できる。

ふつうの科学では、「ゆらぎ」は平均値からはみだした箇所の現象をいう。平均積雪量や標準血糖値より多かったり少なかったりするのが「ゆらぎ」であって、そこには平均値というものがあって、そこにゆれ幅が出るのが「ゆらぎ」だとおもわれている。しかし、平均値というような基準になる値が確定できない「ゆらぎ」だけの現象もある。それが二次相転移によくおこる。

鉄やニッケルなどの金属は常温で磁気をもっている。非常に高温にすると、その性質が失われる。鉄のばあいは七七〇度で磁気を失う。七七〇度が磁気に関する相転移点なのだ(磁気相転移という)。金属の多くは構成分子がミクロな磁石になって磁性をつくっている。単位面積あたりの磁気モーメントであらわす。これは方向をもった量、すなわちベクトルである。ミクロなベクトルは近隣どうしで向きをそろえるような力を及ぼしあっている。ところが高温では激しい熱運動がおこるために、ミクロなベクトルがばらばらに方向を打ち消しあう。これを今度は臨界温度（キュリー温度）以下に冷やしてやると、方向をそろえる効果が熱運動に打ち勝って、そこに磁気があらわれる。

何がおこったのかというと、ミクロなベクトルの「ゆらぎ」が互いの自律性をこえて相関性をもった。端的にいうなら「ゆらぎ」が新たな秩序をつくりだしたのだ。

ミクロな要素が、そのシステムのなかで新たな相関関係をもつときに「ゆらぎ」が創発し、そこから秩序が生まれているということは、きわめて興味深い現象だ。ここには従来の科学ではなかなか予想できなかった世界観がひそんでいた。

何が見えてきたのか。平均値や中心極限定理では説明できない「自己相似性」のような特色がシステムに生じてきたのである。非線形科学では、この自己相似性を「ゆらぎのパワースペクトル」（強度分布）としてあらわし、それがベキ法則に従うことをつきとめた。また、ここからは自己組織的臨界状態の研究がいくつも派生した。さらにこの研究のかたわらで「ゆらぎの科学」や「フラクタル幾何学」が発見されていった。

従来の科学は「不変なもの」を通して「変わっていくこと」を発見しようとしてきた

と、先に述べておいた。そのため、科学の趨勢《すうせい》は世界をマクロな法則とミクロな法則とで成立していると考えて、このうちのマクロ現象を根底で成立させているのが、エネルギー保存の法則とエントロピー増大の法則であるというふうにみなしてきた。

エネルギーには力学エネルギー・電気エネルギー・化学エネルギーなどがあり、たとえば水力発電では水の力学エネルギーが電気エネルギーに変わり、ブランコでは運動エネルギーが空気中の分子の熱エネルギーとせめぎあっている。そのようにエネルギーはさまざまなかたちに変換され競争しあうけれど、そのエネルギーの総量が食い違うことはないというように、辻褄《つじつま》をうまく合わせるようにしてきた。

しかしながら、このような見方は、世界を「主語」によって包摂するという方法だ。たしかに従来の科学は「何」(主語)が、「どのように」(述語)あるかということを記述するものであるけれど、それでは理解できないこともある。説明がつかないこともある。それなら、どうするか。この見方をひっくりかえしたらどうなのか。すなわち、「どのように」という世界に、さまざまな現象の「何」や「何々」がおいてあるというふうに見てみるのである。

かつてデヴィッド・ボームが量子力学の言語化のため、動詞によるレオモード(流態)を考案しようとしたが、これは「主語から述語を見る科学」が、「述語から主語を見る科学」に変わるということだった。いろいろ計算モデルをつくってみると、このひっくりかえしがおこる現象として、さまざまな非線形科学の対象があらわれた。

本書がおもしろいのは、まさにここである。蔵本さんは、すでに『新しい自然学』（岩波書店→ちくま学芸文庫）において「述語的統一による科学」の提唱をしている。あまり詳しくない説明ではあったものの、これは、ぼくがユクスキュルやホワイトヘッドやフレーゲやポランニーやボームに触発されて、約四十年にわたって憧れてきた編集的自然科学像でもあった。ただ、いっこうに成果が乏しかった。それがやっと非線形科学の一部が述語的になってきた。今夜、本書を紹介したのは、その成果の香りのゆらめきを嗅いでほしかったからだ。

本書の最後では、述語的自然学の可能性がふれられている。「不変なもの」を通して「変わっていくこと」を求めるのではなく、「変わっていくこと」のほうを述語的世界として広くとって、そこから逆に「不変なもの」を新たに見いだそうという科学の可能性を述べたくだりだ。

蔵本さんは、最後の最後になって次のような示唆深いことをのべて、本書をおえる。比喩や暗喩のはたらきこそ、新たな科学像を導くための有効な方法ではないかという示唆だ。ロジカル・シンキングからアナロジカル・シンキングへ。蔵本さんはその可能性をひらいたのだ。これは、まさに〝編集的科学〟の予兆を感じさせるものだった。こんなふうに綴っている。「非線形科学で見いだされた現象横断的な不変構造は、たんに述語的というよりも比喩、とりわけ隠喩に近いはたらきをもっているように思います。隠喩とは、たとえば〝玉虫色〟とか〝氷山の一角〟という表現にみられるように、元来なんの関係もない異質な二物が突如結びつくことで新鮮な驚きを誘発する表現技法です。それに似た意外性が、非線形科学における現象横断的な不変構造にはあるのです」。

第一二二五夜　二〇〇八年三月三日

**参照千夜**

一〇六〇夜：清水博『生命を捉えなおす』　五三八夜：オールディス『地球の長い午後』　八〇夜：バラード『時の声』　九〇九夜：プリゴジン『確実性の終焉』　一〇七四夜：デヴィッド・ボーム『全体性と内蔵秩序』　七三五夜：ユクスキュル『生物から見た世界』　九九五夜：ホワイトヘッド『過程と実在』　一〇四二夜：マイケル・ポランニー『暗黙知の次元』

乱流（タービュランス）がつくりだした
非線形の数学の謎

渡辺慎介

## ソリトン　非線形のふしぎ

NEW SCIENCE AGE（岩波書店）一九九二

一八三四年の夏、スコットランドの船員ジョン・スコット・ラッセルが馬に乗って運河のほとりを散策していたら、奇妙な波を見た。一艘《そう》の船が運河の両側の二頭の馬に引かれて進んできた。それが急に止まったとき、船の舳《へ》先《さき》から突如として盛り上がった水が波となって進んでいったのだ。ラッセルが驚いてその波を追ったところ、何マイルも運河の上を伝わり、運河が曲がるところで消えた。ラッセルは船舶技術者だったので、この波を実験的につくれないかと工夫し、日夜の苦労のあげく、ほぼ目撃した通りの「盛り上がった水の進行」に似た現象がおこることを確認した。

最初のソリトン（soliton）の発見だ。いまではこの「盛り上がった水の進行」は浅水波ソリトンとよばれ、非線形方程式であらわされている。こうして「ソリトン＝孤立波」

の歴史の幕が切って落とされた。

波がもつ奇妙な性質はすでにレオナルド・ダ・ヴィンチが夢中になって観察し、研究をしていた。ヘルムホルツ、ケルビン、レーリー、ポアンカレも波と流れの関係に関心をもった。まとめて「乱流《タービュランス》」の研究という。乱流研究はたとえば川の流れのどこかに岩があると、その背後にどのような渦ができるかというような現象をとらえて、なんとか法則的に解明しようとした。

そうした渦はよく見ると、さらに小さな渦を生み、そこへ川の流れがやってくるたびにまるで渦を食べるかのように流れの姿を変えていく。よく見る光景だ。ところが、この性質が手ごわい。結論をいえば、その性質は従来の線形《リニア》的な考え方ではまったく解けず、非線形《ノンリニア》的な考え方を導入するしかないことがわかってきた。

レイノルズ数というものがある。オズボーン・レイノルズが発見したもので、いろいろな大きさのパイプの中の水の流れを研究しているうちに、流体は一つの数値で特徴づけられていることがわかった。その数値をレイノルズ数というのだが、そのうちレイノルズ数がある臨界値をこえると乱流が生まれることが見えてきた。臨界値は、流れの規模が川のように大きなものでも、配管の中の水でも変わらない。いったいこれはどうしてなのかということになってきた。しかしここから先は非線形の考え方やソリトン現象の意味がわからないと、進めない。

本書はソリトンのもつ特性を基礎的に説明し、そこにひそむ非線形性に読者の注意を促すにとどまっているのだが、それでもソリトンと非線形という、ふだん聞きなれないだろう世界への入口を知るには恰好《かっこう》な案内になっている。

自然現象というもの、その多くは「分岐」をどう見るかにかかっている。自然はつながっているが、その見え方は地中の土壌と地上の植物とではずいぶん異なるし、その植物も葉っぱと根っこではその形態と機能はずいぶん異なる。そこには必ず何らかの分岐ということがおこっている。エーベルハルト・ホップはそこに共通するであろうモデルを見いだそうとして「状態の分岐に関する数学モデル」をつくった。これをレフ・ランダウが流体にあてはめて、乱流モデルを導き出した。

静かな小川に石を投げると流れには大きな変化はおこらないが、何かがおこる。この石が落ちた点のふるまいをアトラクターという。少し流れが速い小川では、そこに小さな渦がおこる。これはリミットサイクルというもので、静かな小川のときは一点のアトラクターだったものが、変化して渦状のリミットサイクルになったわけである。アトラクターが点のふるまいから円のふるまいに変わったのだ。その変わり目にはなんらかの臨界点があると予想された。これをホップ分岐というのだが、この変化こそレオナルド・ダ・ヴィンチが夢中になった現象だった。

ところがこのホップ分岐は「点から円へ」というような単純な発展ではなくて、もっと複雑におこっていることがわかってきた。味噌汁の鍋を火にかけて熱すると、ベナール対流という変わった乱流が出てくるのだが、ベナール対流の説明には、従来の線形的な発展では解けないものがあった。これもホップ分岐からおこっていた。たとえば二次元の紙をくしゃくしゃにする。もっとくしゃくしゃにして押し潰すと、どうなるか。その紙は三次元の構造に近くなっている。ベナール対流は味噌汁の中でもこのようなことがおこっているのではないかという例なのである。そこには非線形モデルが出現していた。

こういうことに関心がもてるようであれば、ジョン・ブリッグスとデイヴィッド・ピートの『タービュラント・ミラー』という一冊、邦訳で『鏡の伝説』（ダイヤモンド社）を読むことを勧める。たいへんわかりやすいし、多様にタービュランスの現象を扱っている。名著かもしれない。もっと関心がでてきたら、非線形理論やフラクタルやカオスの専門書を読むことだ。是非とも勧めたいのはイアン・スチュアートの『カオス的世界像』（白揚社）だ。一九九二年版がいい。

ソリトンは非線形方程式でしかあらわせない。非線形方程式ならば、ある変数のほんのわずかな変動が他の変数に大きな影響を与え、ときに破局的ともいえるほどの変化をあらわすことがある。

線形方程式は解が一つ得られれば、それを一般化して他の解が得られるようになっている。非線形方程式はそのような一般化がおこりにくい。一つ一つの解がかなり異なったふるまいをする。そこで、非線形モデルをつくって潜在的に存在するだろう臨界点を導きだし、コンピュータによってその臨界点の付近で何がおこるかを調べることができる。ソリトン現象もそういう研究を通して詳しいことがわかってきた。このとき驚くべきことが見えてくる。自分が出力した値を自分自身に入力するという操作が何度もくりかえされるのだ。フィードバック効果という。

フィードバックには「正のフィードバック」と「負のフィードバック」がある。マイクをスピーカーに近づけすぎるとハウリングとも俗称される耳障りな音が出るが、あれが正のフィードバックである。一方、自然界にはいったん出力しそうになった特異性をどんどん内部にとりこんで、新たな階層にまで達している現象がかなりある。これが「負のフィードバック」で、流体力学で内部波とよばれるソリトンもそのひとつだし、内なる外部とよばれるカオスもそのひとつなのである。

非線形的なフィードバックを伴う現象は、波だけではない。いろいろな場面にあらわれる。生態系にもおこる。クラゲやイナゴの大発生などがそのひとつだ。プリンストン大学のロバート・メイは「周期倍分岐によるカオス」を考え出して、これを生物の出生率や餌の量によって変化する個体数の突然の変移にあてはめた。

似たようなことは思考の進行にすらあてはまる。記号論理学や様相論理学がそういう問題に挑んだ。いっとき大澤真幸《まさち》君が翻訳を試みて研究していたスペンサー＝ブラウンは、論理のパラドックスさえ真と偽の振動問題で証明できると考えた。ここには「自分で自分を参照する系」というものが論理的に登場してきているからだった。

これをふつうは自己言及系というのだが、これを科学の領域が扱うばあいに、きわめて重要な問題が出てくる。それは自分が自分を参照して代入していくといっても、それがいつの時点のどの程度の質や量のことなのかということだ。いろいろ研究してみると、ごく初期の気がつきにくいほどの自己代入が、のちのち大きな現象の変化をもたらしてくることがわかってきた。

ソリトンのような突然の変化は、その系のごく初期における誤差がタネになって引き起こされることが大きな変移になっていたわけである。理論物理学者のフランシス・ハーローはそこを「システムの初期条件における丸め誤差こそは乱流を引き起こすタネである」とのべた。ジョセフ・フォードはそれを「失われた情報」ともよんだ。

ラッセルが見たソリトンはまさに非線形的相互作用がもたらしたもので、乱流と逆の秩序が形成されたとみなせる。乱流が秩序を生み出すというのは妙だろうが、実際にはいろいろの例がある。たとえばマラソンのスタートはほとんどはダンゴ状態で、そこには秩序は見えない。しかししばらくすると先頭集団が抜け出し、そこにソリトンが生じてくる。先頭集団だけではなく、中間にも、また後方にもソリトンが出る。

こういうソリトンが恐ろしい孤立波になることがある。津波がそれで、地殻振動から風の条件から地形におよぶさまざまな条件が重ね合わさって巨大なソリトンになる。とくに陸地に近づき海底が浅くなると、非線形効果がすさまじくなってくる。こういうことは大気にもおこっていて、凸状のEソリトンと凹状のDソリトンがあることがわかってきた。ぼくはこのところ凹状Dソリトンにすこぶる関心をもっていて、かつて反物質に興味をもったような意味で、これは「反ソリトン」ではないかと感じている。

ソリトンは木星にもある。ロバート・フックが一六六四年に発見した例の巨大赤斑がそれにあたる。本書でも詳しく紹介されているように、このソリトンは木星の気圧の複雑性がつくりだした。ソリトンはまた固体の中でも生じている。とくに金属の格子とソリトンの関係が複雑で、これを解明することが今後の光ソリトンによる通信の可能性をひらくかどうかに関係してきた。本書の著者はその研究を専門にしている。

非線形なソリトンは、われわれの科学史のなかに出現した最も魅力的で、まだ半分は謎に包まれた現象だ。スペンサー＝ブラウンではないが、これが論理や思考や、われわれのイメージ・プロセッシングの過程にあてはめられることも、そう遠くないだろう。なお、このソリトンを解く数学のひとつにKdV方程式というものがある。コルトヴェーグとド・フリースの考案したもので、なかなかおもしろい。この方程式はずっと忘れられていて、一九七〇年代になってやっと復活した。

数学というもの、現象とはまったく関係ないところから生まれることもあれば（三角定規とコンパスだけで幾何学の一部がつくれるように）、現象の解明のために工夫されたものもあるし、長らくほったらかしにされたのち、現象の助っ人として復帰してくるものもある。おそらく非線形数学には、いまだにお呼びのかからないフォーミュラたちが膝をかかえて楽屋で出番を待っているはずである。

第八四八夜　二〇〇三年九月十一日

**参照千夜**

二五夜：『レオナルド・ダ・ヴィンチの手記』　一八夜：ポアンカレ『科学と方法』　八〇五夜：デイヴィッド・ピート『シンクロニシティ』　一〇八四夜：大澤真幸『帝国的ナショナリズム』

「でたらめ」と「たまたま」と
ストレンジ・アトラクター

ダヴィッド・ルエール

# 偶然とカオス

青木薫訳　岩波書店　一九九三
David Ruelle: Chance and Chaos 1991

書き手はベルギー生まれの数理物理学者。少しばかりユーモアがある。統計力学をブリュッセル自由大学で修めてプリゴジンらと多少の丁々発止を愉しみ、六〇年代にプリンストン高等研究所に招かれ、その後はフランス高等科学研究所で理論物理学を指導した。ヨーロッパにおけるカオス研究の草分けだ。

本書は柔らかな説得感が揺蕩《たゆた》った一冊で、三十年ほど前に初版で読んだときの体感のようなものがいまも残る。もっとも本人はアタマに浮かんだ説明手順のまま綴っているようで、話のアトサキをこだわっていない。おそらく推敲《すいこう》しないまま仕上げたのではないかと思う。この本のあとに書いた『数学者のアタマの中』(岩波書店)でも、その柔軟なほろ酔いかげんめいた書きっぷりが躍如して、そこそこいい気分にさせてくれた。
中身は、偶然を相手にした科学は何を考えようとしてきたのかということをめぐっている。タイトル通り、「偶然についての科学」がどのようにカオス理論や非線形な数学になっていったのかというお話だ。

偶然というものはけっこう厄介な相手である。ヨーロッパにおいてこの厄介と最初に手合わせしようとしたのはパスカル、フェルマー、ホイヘンス、ベルヌーイたちだった。かれらは、コインのトスやサイコロの振りのように何度もくりかえされる事象や現象が、当初はおよそ不確かな予想しかつかないのに、くりかえしているうちになんだか「大きな系」にかかわっているような気がしてきて、そのうち無秩序の中に秩序のようなものが見えてくるのはなぜかということを考えた。

途中をはしょっていうと、この先駆者たちの偶然性の研究が下敷きになって、やがてそこからラプラスの確率論やボルツマンの統計力学が生まれてきた。これらの学問は一言でいえば「偶然を飼いならした学問」（イアン・ハッキングの命名）である。本書はその飼いならし方の変遷を、ひらりひらりと話題を移しながら解読する。

ちなみに哲学や社会科学では偶然がどう扱われていたかというと、本書では何も言及していないが、そうとう手ひどいものだった。たとえばスピノザのばあいは「あるものが偶然と呼ばれるのは、われわれの認識に欠陥があるからにすぎない」だし、ヘーゲルは「哲学的考察は偶然的なものを排除する」である。幾何学に関心があったフッサールでさえ「現象学の領域にはいかなる偶然も存しない」だった。ヨーロッパ哲学は偶然を苦手としたのである。例外はライプニッツ、シェリング、ショーペンハウアー、ニーチェ、ジンメル、ハイデガー、メルロ＝ポンティあたりだが、しかしそのいずれもが九鬼周造の偶然をめぐる考察には及ばなかった。千夜千冊で木田元《げん》の『偶然性と運命』（一三三五夜）と、九鬼周造の独特の偶然哲学（六八九夜）をまとめておいたので、よかったら参照されたい。

当初、偶然をめぐる科学が何を考えたのかというと、一言でいえば、偶然に見える現象や事象には、もともと「でたらめ」（無秩序性）や「たまたま」（偶発性）というものが入っていたとみなしたのである。

ボルツマンが熱力学の第二法則や統計力学を確立しようとしていた時代、科学者は「一リットルの空気の中では、たくさんの分子があらゆる方向に猛烈なスピードで飛び回り、そこでは驚くべき無秩序さで互いがぶつかりあっている」というフィジカルイメージを抱いていた。まだ素粒子や量子の科学が登場していない十九世紀半ばのことだ。ここで「無秩序さ」と言っているのは今日の科学でいえばカオス分子というもので、一リットルの体積の中にたくさんの「でたらめ」があるということだ。そこには「でたらめ」を惹起《じゃっき》させていく「たまたま」がひそんでいるとみなしたのだ。

ボルツマンやギブズは、この「でたらめ」と「たまたま」の淵源《えんげん》の動向をエントロピーと名付けて偶然性の担い手と見立て、そもそも宇宙や自然はこのエントロピーという無秩序さ具合によって出来上がっているのだろう、ただし何かの事情でエントロピーの値は変化するのだろうと考えることにした。こうしてエントロピーは「でたらめさ」や「無秩序さ」の加減のことだと定義された。

何かの事情のほうは、このあと熱力学の事情によっていることが明らかになった。熱力学第二法則は「すべての物理現象においてエントロピーは一定であるか、または増大する。増大する過程は非可逆的である」ということを主張していた。多くの科学者たちがギョッとした。偶然性とエントロピーは熱力学的な変化にディペンドして、無秩序さと秩序っぽさを見せていたのである。

やがて科学者と数学者はあることに気がつく。エントロピーが上がったり下がったりしながら切れ目なく変容しているのだとすると、そのもともとの初期状態はどういうものなのか、もしその系の初期条件が少し変われば、その後の秩序っぽさにも変化があらわれるんじゃないか。となると、世の中には初期条件に強い依存性をもつ系があるんじゃないか。そういうことに気がついた。

二十世紀になって、このことは生命系にこそあてはまると考えられるようになった。シュレディンガーは「生命は負のエントロピーを食べている」と想定し、プリゴジンは地球が熱力学的な非平衡系であることを証《あか》した。

話を戻して十九世紀末、フランスの数学者ジャック・アダマールは負の曲率をもつ面の上で点が摩擦なく動くとしたらどのように運動するのかを調べた。測地流という動きである。調べてみると、点は初期条件に強く依存することがわかった。これを承《う》けた物理学者のピエール・デュエームは、アダマールの測地流の軌道を予測する計算をいくら組み立てようとしても、初期条件に含まれてしまうらしい小さな曖昧さのために、軌道の予想ができなくなることを確認した。

同じころの一九〇八年、ポアンカレが『科学と方法』のなかで、予測不可能性とは何かという問題をプリンを掬《すく》うようにとりあげて、こう書いた。「われわれの目をかすめるような小さな原因が、無視できないほど大きな効果を生むことがある。このとき、その効果は偶然に起こったと言われる」。

ポアンカレは古典的決定論と確率論的な理想化による推論とはべつに、初期条件に強く依存する運動がありうることを予告し、その例として「衝突」と「気象」を挙げた。その後のカオス理論に至る科学の最前線は、このポアンカレの指摘に沿うように進み、まずは「乱流《タービュランス》」があらわすモードを着目するようになった。

乱流は見つけるのはたやすいけれど、その性質を理解するのは難しい現象である。たとえばポアンカレは流体力学にとりくんで渦についての講座を担当し、ハイゼンベルクも乱流理論の構築を試みたことがあったのだが、広く受け入れられることはなかった。「乱流は理論家の墓場だ」とさえ言われた。

しかし、乱流には何かを興奮させるものがあった。レオナルド・ダ・ヴィンチの乱流スケッチはその興奮を如実に伝える。レイノルズ、テイラー、カルマン、ルレイ、コルモゴロフ、クライクナンらの流体力学研究は、その興奮の原因になんとか肉薄しようとした。本書の著者のルエールも、五月革命の最中にランダウとリフシッツの『流体力学』を読んで興奮し（翻訳は東京図書で二冊本になっている）、乱流の始まりに目を向けるようになった。ブリュッセル自由大学の数理物理学の父と言われていたテオフィル・ド・ドンダーに感化されて読んだらしい（アインシュタインはド・ドンダーのことを「小さな重力博士」と呼んでいた。小柄だったからだ）。

では、ランダウが示していた乱流の始まりには何があったのか。「モード」の劇的な変化があったのである。

物理学においては、モードとは周期運動のことをいう。振り子、金属の棒、楽器に張られた弦は、叩けばすぐに周期的な運動を始める。これがモードだ。オルガンのパイプの中、吊り橋、ハーモニカ、自動車のノッキングにも振動モードがある。固体の中の原子が平均の位置のまわりで振動するときのモードは「フォノン」という。数学的にはモードはフーリエ成分として扱う。

ランダウは、流体が外力を受けて運動を始めるとモードが励起《れいき》される様子を研究した。モードが一つも励起されなければ流体は安定している。モードが一つだけ励起されれば流体は不規則な運動を始める。たくさんのモードが励起されたとき乱流になる。ランダウはこのことを数学的にあきらかにした。ランダウとはべつに、ドイツの数学者エーベルハルト・ホップも似たような理論を発表した。ランダウとホップの理論は「乱流の発生」を説明していた。

ところがルエールは、この理論の説明に納得できないものがあるように感じた。そしてそのことをオランダの数学者フロリス・ターケンスとともに「乱流の性質について」という論文にして、ストレンジ・アトラクターによって乱流の特色を説明できる可能性があるのではないかと提案したのである。

数学は数式や定理の寄せ集めばかりでは組み立てられない。幾何学化をするべきときがある。現象や運動を空間の点の動きとして数学的に視覚化するという方法だ。ルエールはこの方法を乱流の説明でこそいかすべきことをポアンカレに戻って学びなおし、乱流がモードの重ね合わせでは説明できない奇妙な（ストレンジな）運動性にかかわってアトラクターを形成していることを図示した。

アトラクターとは、いま扱っている系をあらわす点Pが長い時間を経過したのちに、過渡現象が消え去ったあとでも通る点の集合のことである。そういうモードのことだ。これがアトラクターの定義だが、条件がある。系に作用する力が時間に依存しないこと、その系は散逸系であるということだ。

ルエールは、このようなストレンジ・アトラクターがすでに気象学者エドワード・ローレンツによって提示されていたことに大きな興味を抱き、ローレンツがコンピュータによって示した美しくも不思議な模様をもつローレンツ・アトラクターが、メリーランド大学の応用数学者ジェイムズ・ヨークによって「カオスが創発しているパラダイム」の最も典型的な例だと指摘されたことに、さらに興味を募らせた。

乱流の正体をめぐる探索からカオスが躍り出てきたのだった。そのカオスは初期条件に強く依存するような時間発展系に属していた。偶然は必ずしも飼いならされていたわけではなかったのである。偶然はカオスが律していたのかもしれなかった。

世間がざわついた。経済の活動や脳の活動にもカオスが関わっているのではないかという期待が膨らんできた。世の中というもの、不確実なことだらけであって、カオスを研究すれば不確実な動向になんらかのメドが立つのなら、ここにもそこにもカオスを見出《みいだ》したくなるのは人情だ。茶目っ気もあるルエールは当時のこうした事情をカオス三昧な話でおもしろがらせようとする。おもしろがらせようとするのだが、釘も刺す。生物学や生態学や経済学がカオスの研究をする場面での準備不足についての注文だ。

カオス研究では、その系のダイナミクス(動力学)が定量的にわかっていなければならず、そのためには系の現象の時間発展を記述する基本方程式がよくわかっていなければならない。数学的には、その方程式がコンピュータによって精度よく積分できなくてはならない。

それがあらかじめできるのは、わかりやすいところでは太陽系天文学や流体力学や気象学が相手にする現象である。そのほかの、たとえば振動する化学反応や生命体の現象などでは、そもそもの基本となる運動方程式がわかっていないことが多く、長い時間におよぶ時系列の動向を確保することも難しい。とくに生物学が対象とする「柔らかい科学」では、時間発展の基礎方程式が時間とともにゆっくり変わってしまうことが少なくない。系が学習して適応力を発揮するからだ。そこにはきっと初期条件に敏感に反応するカオスがはたらいているのだろうと予想しても、そこからダイナミックな定量変化は容易には得られない。

経済学が景気や物価の動向を予測しようとするばあいも同様で、初期に設定された金利が経済の全体動向のどこを動かすかは、なかなか予想しがたい。そこでサンタフェ研究所のブライアン・アーサーなどは『テクノロジーとイノベーション――進化／生成の理論』(みすず書房)を書いて、経済政策のためのカオス研究ではなく、むしろ日進月歩で変化するテクノロジーのデータを十分に検討することによって、経済が出くわすカオスを想定する試みを組み立てたのだが、ルエールはそういう試みの方向を応援しつつも、やはりカオスの創発を経済界や技術界が観察できるようにするには、そうとうの難関が待っているだろうと、しぶちんな判定をしてみせたのである。

こうして本書は後半戦を、量子力学とカオス、エントロピーとカオス、情報とカオス、複雑系とカオス……という順で読者を導いていく。

ルエールがこんなふうに話題を並べたのは、偶然というものはいろいろ姿や形を変えてあらわれるものであるが、とはいえその正体にアプローチするにはそれなりの手立てをもつ数学が必要だと念を押したかったからだった。それにはまず量子力学が先行したのでそのことを理解したうえで、いったいわれわれはポアンカレの先導でカオスを発見できたことによっていったい何に肉薄しようとしているのか、そこを問わねばならず、そうすることは情報の本来の動向を問うことになるのではないかということを、言いたかったからでもある。少しだけかいつまんでおく。

量子力学で基本になるのは「確率振幅」である。量子のふるまいを確率統計的な振幅として捕捉しようとするものだ。この振幅は複素数であらわされる。量子力学の数学でわかることは、この振幅がどのように時間発展するかということだ。そのことを示しているのがシュレディンガー方程式（確率振幅を解くための波動関数）である。量子の動向はこれによって量子の状態の数としてわかる。

量子力学の数学にはオブザーバブルという量が出てくる。線形演算子のことで、量子力学では一つのオブザーバブルと一組の振幅が与えられれば、その後の振幅のことは決定論的にわかる。決定論的にわかるのだが、その動向は確率振幅としてしか取り出せない。エネルギーが量子化されているので、粒子のエネルギーはとびとびの値でしか明示できないからだ。

決定論であって、確率論的であるとはどういうことなのか。ぶっちゃけていえば、ひとつには、量子力学が扱う物質の動向は月水金が粒子っぽくて、火木土が波動っぽいということだ。ここには「AかBか」と「AかつB」が共存している。もうひとつには、量子力学の数学では粒子っぽいところから波動っぽいところに移るところは（その逆も）、まったく取り扱われていないということである。「AがA」であり、「BがB」であることは不問にされていて、おまけに「AがBの状態になる」ということを説明しようとはしていない。

われわれは熱が冷えると水が氷になり、熱が上がるとお湯になるという物理現象があることを知っている。それにもかかわらず、このよく知られた現象をいまだ一度も物理学で説明できてはいないということに気がつかされる。この現象は「相転移」という名がついているものだが、このことを証明する物理学はない。低温で結晶化することを数学的に証明できる原子や分子の状態を、ただの一度も明確にしたことはないのだ。

ところが、ところがである。われわれはカオスの出現を数学的にあらわすことができたのである。ストレンジ・アトラクターが推移してカオスとしての顔を見せたときには、その系になんらかの情報が創発していることを確認できるようになったのだ。

これは「AかBか」と「AかつB」を説明することにもならないし、相転移をカオスの創発で説明することにもならないのだが、そういうことを超えた構想が示唆されているとも思える。このことは、これまでの科学的な説明の仕方をがらっと変えたくなるような、いわば偶然と必然のあいだにまたがる情報のふるまいの謎に関する根底的な考え方に出会ったことを示唆しているようにも思えるのだ。

ルエールはこんなふうに書いてきて、量子力学の確率振幅という見方だけでは説明がつかないことが、カオスを求める非線形科学の見方によって、まるでティンカーベルの魔法の杖《つえ》のように新たな様相の研究によって言及できるようになったと、本書をしめくくる。ぼくとしては、このことこそ情報の本来の正体に対する肉迫だったと明言してほしかったけれど、残念ながらそこまでは踏み込まなかった。

そのかわり、こんなことを弁明がましく書いている。

……物理的宇宙にはでたらめなところがたくさんあるし、数学の主張には証明できないものがたくさんあるけれど、それでも物理的宇宙や数学について、これほど多くのことが理解できるのは、この理解のあり方が人間の知性が本来もっている特殊な性質と強く結びついているからなのだ。……たとえば数学は自然言語もつかっているが、これは数学そのものがめざした形式言語ではなく、いわば略式（セミフォーマル）を装うことにしたからだ。そのぶん、人間は数学的知識を簡潔な定理にしていくことを選んだのだ。……そうだとするなら、数学的世界には、われわれという実在と数学的な実在者がいるということになる。「群論と量子力学」のノーベル賞科学者ユージン・ウィグナーはそのことを、かの「自然科学における数学の理不尽なまでの有効さ」にとっくに告白していたではないか。

もっとハッキリ言えよという気になるけれど、ま、いいか。カオスに出会えた科学者たちのルンルンした気分が伝わるのなら、ま、いいか。

第一八三八夜　二〇二三年十二月十四日

**参照千夜**

七六二夜：パスカル『パンセ』四三五夜：サイモン・シン『フェルマーの最終定理』一〇〇九夜：ラプラス『確率の哲学的試論』一三三四夜：イアン・ハッキング『偶然を飼いならす』八四二夜：スピノザ『エチカ』一七〇八夜：ヘーゲル『精神現象学』一七一二夜：フッサール『間主観性の現象学』九九四夜：『ライプニッツ著作集』一一六四夜：ショーペンハウアー『意志と表象としての世界』一〇二三夜：ニーチェ『ツァラトストラかく語りき』一三六九夜：ジンメル『貨幣の哲学』九一六夜：ハイデガー『存在と時間』一二三夜：メルロ＝ポンティ『知覚の現象学』六八九夜：九鬼周造『「いき」の構造』一三三五夜：木田元『偶然性と運命』三六八夜：ピーター・アトキンス『エントロピーと秩序』一〇四三夜：シュレディンガー『生命とは何か』九〇九夜：プリゴジン『確実性の終焉』一八夜：ポアンカレ『科学と方法』二二〇夜：ハイゼンベルク『部分と全体』五七〇夜：アインシュタイン『わが相対性理論』二五夜：『レオナルド・ダ・ヴィンチの手記』

ロバート・メイを驚かせた
「周期3はカオスを意味する」

山口昌哉

# カオスとフラクタル

講談社ブルーバックス　一九八六／ちくま学芸文庫　二〇一〇

いまとなっては得がたい一冊だ。非線形な板場の数学組板《まないた》に、生きものじみたカオスを次々にのせて、これを味にうるさい客の前でみるみるおいしく料理しようというのだから、誰もができる芸当ではない。書き下ろしだろうが、愉快な語り口で屈託ない。これが山口昌哉の数学的悦楽なのかと思わせた。

父君は日本画家の山口華楊《かよう》である。竹内栖鳳《せいほう》や西村五雲ゆずりの花鳥画の名人だった。おじいさんは京友禅の職人で、山口家は中京《なかぎょう》にあったから、ぼくの父はその仕事ぶりを知っていた。そんな家に育った山口が昭和二二年に京大理学部数学科を卒業し、曲線には長さがあるけれど、ある領域の境界には長さがない曲線があってもいいじゃないかと思い始めてから、変になった。大学院を出てから工学部に移り、非線形振動をいじるようになって「引き込み」を計算するうちに本気になり、南雲仁一《なぐもじんいち》から頼まれて神経数理モデルの手伝いをしていて、もっと変になった。抗原抗体反応の数学にとりくんでいたらしい。フランスにも留学した。

それからは理学部に戻って、岡田節人《ときんど》や寺本英の研究室と生物数学のコラボレーションをしていたようなのだが、そのとき若い研究生たちからリー（李天岩）とジェイムズ・ヨークのカオスの論文を見せられてガーンときた。たちまち「これや！」と思ったという。「こんなおもろいもんはない。なんで気がつかへんかったのやろ」というほどの、どんぴしゃ感だったようだ。それが五十歳のときなのである。以来、山口先生といえばカオスの数学となった。

本書は、その「これや！」の感触を、評判の板長がまじまじと蘇らせるように披露した尊い一冊だ。講談社のブルーバックスで刊行されたのち、ちくま学芸文庫に入った。校勘を頼まれた合原一幸《あいはらかずゆき》が解説も書いていて、これまたなんとも慈愛がこもっていて、うるうるさせた。山口先生は書きっぷりがやんちゃなせいで、いろいろなまちがいを平気で語りつづけるところもあるのだが、これは先生の「おおらかさ」でもあるのだから、できるだけそっとしておいたというのだ。たしかにそうなっている。

水道の蛇口をあけて一分間に0・4リットルの水を一定な速度で水槽に流していくと、

水槽の水の量は時間経過tと比例関係になる。直線グラフで描ける。一時間後の水槽の水の量をぴったり予測することもできる。ここには線形的な法則が成立している。すでに水槽に9リットルの水が入っているとすると、この9リットルの水は最初に与えられた量なので、初期値とか初期条件という。初期値を決めておけばtにおける水量は必ず決定する。こういう決まり方をする法則は決定論的な法則である。これに対してサイコロを投げて目がどのように出るかというプロセスは、たくさんのデータをとっても決定論的な法則にはならない。初期値が何であれ、確定的な将来像は描けない。描くとすると確率的な表現になる。これは非決定論的なプロセスを著している例だ。

パイの生地を練るには、バターを含んだ小麦粉のかたまりを捏《こ》ねたり拡げたり、二つに分けたり巻いたり折り返したりを繰り返す。生地がほぼ均一になってくれば、できあがる。とはいえ、その中の任意の一点がどう動いたかをすべて記述するのはたいへん複雑で、容易ではない。この例は「パイこね変換の力学系」としてよく知られたものなのだが、初期条件の少しずつのズレが指数的に増大していくので、初期値がもたらす影響を議論するのによく引き合いに出されてきた。

パイ生地の中の一点がこの系のあらゆる点に対応して動いたかのような印象があるため、エルゴード性が成立している例としても、原子間の反応の非線形性を説明するばあいの例としても、よく持ち出される。

本書はいま述べたような例を最初にいくつか持ち出して、わかりやすい数式を擬《もど》きながらするすると説明してみせ、しだいに決定論と非決定論のちがい、線形性と非線形性のちがいを際立たせていく。やがて、このような考え方や数学的な使い方から、どのようにカオスが話題になってきたのか、なぜそのカオスが「これや！」と思うほどおもしろいものなのか、先生は相手かまわずだんだん興に乗っていく。

話が佳境に入っていくのは、リーとヨークがロバート・メイに出会ってカオス理論を世に発表するところだ。その顚末《てんまつ》だけを手短かに紹介するが、この話は生態学の研究から始まった。最初は人口問題だ。

世界の人口増加現象をめぐっては、古くから非線形の現象をどう扱うかということが問題になっていた。一番有名なのはマルサスの人口論である。マルサスは人口が幾何級数的（指数関数的）にふえるという見方をしていた。当時のヨーロッパでは人口増加は大社会問題で、へたをすれば食料危機がやってくるかもしれず、それなら産児制限や家族制度や移民のありかたを考えなおさなければならない。

しかしマルサスのモデルは線形的だった。実際には人口はネズミ算的にふえるとはかぎらない。病死率の具合、飢饉《ききん》の到来、疫病の流行、戦争による青年の減少、医療技術の変化など、多くの要因が絡む。人口問題はかなり複雑な現象なのである。

ところが、これらを算段できる数学モデルがない。そこへピエール・ベルハルストのロジスティック方程式が登場して、非線形な現象を扱う可能性が出てきた。ロジ方程式は人口問題だけでなく昆虫の増殖や大腸菌の増加現象などにもあてはめられ、生態系の捕食と被食の関係を追ったロトカ＝ヴォルテラの微分方程式によるモデルなどに発展していった。ついでながら山口先生にとって嬉しかったのは、京大の内田俊郎《しゅんろう》がゾウリムシの個体数変化を研究してロジ方程式とは異なる差分方程式を導いたことだった。

そんなことがあったのち、一九七三年にロバート・メイが物理学から数理生態学に転じて、これらの一連の研究の理論的背景を考察すると「複雑な生態系は安定性にはつながらない」という見解を示し、その特色が「きわめて複雑な軌道をもつカオティックなもの」だと形容した。メイはのちのイギリス学術協会の会長になっている。

ここで話がちょっと前後するのだが、乱流を研究していた気象学者のエドワード・ローレンツがストレンジ・アトラクター（いわゆるバタフライ型のローレンツ・アトラクター）を発見するという有名な出来事が入る。初期値に敏感な非線形のスターの登場だ。ただし、この有名な話は当時はほぼ誰も知ってはいない。

ついでその成果に天啓のごとき刺激を受けたリーとヨークが漸近的な周期解をめぐる定理を確立して（これもアラン・ファラーがローレンツの論文コピーを二人に渡したからなのだが）、その論文のタイトルを「周期3はカオスを意味する」(Period Three Implies Chaos) としたまさにその前後(タイトルに「カオス」という言葉が使われたことも、当時はほぼ誰も知ってはいない)、二人にニューヨークで出会うことになるロバート・メイが「カオス」を世界中に認証させる気になったのだった。山口先生は、このカオス誕生のきわきわエピソードが大好きなのだ。まるで人形浄瑠璃の道行のように再現したがる。

本書はこのあとは、一次元離散力学系の周期軌道に関するシャルコフスキーの定理、京大の上田睆亮《よしすけ》が組み立てた非線形振動の微分方程式(ダフィング方程式)、ポアンカレのカオスの感覚を受け継いだスティーブン・スメールの位相幾何学っぽい馬蹄《ばてい》形力学などを紹介しながら、マンデルブロ集合とフラクタルな数学の案内をする。もちろん、このくだりも存分に堪能できる。

それにしても、カオスの出現やカオスにまつわる研究の投企性は、どうして人々を興奮させるのだろうか。マダム・キュリーの奮闘やDNA二重らせんモデルの発見やフェルマーの最終定理の氷解と同類のものなのか。どうも、そういうものとはかなりちがった感じがする。カオスには「これや!」と叫びたくなるどんな魅力があるのか。

このことは研究者たちによって、充分には語られていないと思わざるをえない。ぼくの印象では、ジェイムズ・グリックが『カオス——新しい科学をつくる』(新潮文庫)というドキュメンタルに書いた一冊が人口に膾炙《かいしゃ》したからカオス・ブームがやってきたようなもので、残念ながら科学者たちによる興奮が広まったのではなかったのである。かつてボーアやハイゼンベルクやシュレディンガーやドゥ・ブロイが量子力学の興奮と苦悩を、それぞれの問題意識と文体で書きつづけたことにくらべて、カオス研究の熱度はあまりにストイックすぎるままなのだ。

それにカオス理論はそうとうに難解なので、いっとき興奮してもすぐにさめる連中も多く、文化系からはともかく、理科系からの考察がまったく持続していないようにも思われる。数学系からの啓蒙《けいもう》も、たとえばホフスタッターの『メタマジック・ゲーム』(白揚社)などの凝った工夫もあったけれど、総じては生真面目すぎる大学生相手の教科書に終始したままだ。山口昌哉はなかなかいないのだ。

本書の最終章に、山口は九鬼周造の『偶然性の問題』を引いて、九鬼が必然性は「存在がそれ自身に根拠をもつ場合」だが、そうでない存在もあって、その存在が偶然なのであると言い、それなのに確率論も量子力学も偶然そのものを扱っていない。多くの学問は必然性ばかりに自分の身を寄せている。形而上学《けいじじよう》だけが偶然に学問的に迫れるだけじゃないかという言い分をあげて、こんな感想を綴っていた。

カオス研究が偶然性そのものの研究になってはまずいけれど、カオスを研究することは、偶然性が必然性と近づく場面を必然性の側から眺めているともいうべきかもしれない、と。また生物学や物理学がカオスに向かうにあたっては、生物が外部環境からのゆらぎに対応するために自律的なゆらぎ（カオス）を派生させているのではないかというような見方、生物がつくりだすカオスは特有の生物言語の文法をもっているのではないかという見方、物理的なカオスの研究は化学振動との関係や非線形光学との関係を追ってみるという見方、そんなことがあってもいいのではないか、と。

もっともっと洩《もら》しておいてほしかったけれど、とくに文法をもつ生物カオスなどのアイディアは誰かに継承して起爆してもらいたいところで、そこに先生がさらに特異なヒントをかぶせてもらえるといいのだが、残念ながら一九九八年のクリスマス・イブに七三歳で亡くなった。

ところで、山口昌哉の健気《けなげ》でやんちゃな自在感がそこそこ躍如している本が、もう一冊あった。『無限・カオス・ゆらぎ』（培風館）という本で、全ページが座談会記録なのである。サブタイトルは「物理と数学のはざまから」。座談をしているのは寺本英、広田良吾、武者利光《むしゃとしみつ》、山口昌哉だ。一九八五年の刊行だから、本書のちょっと前。先生、このころ絶好調だったのだろう。

よくぞこんな企画が生まれたなと思ったが、山口が武者の『ゆらぎの世界』（講談社ブルーバックス）をおもしろく読んだので、寺本さんにも読んでもらったところ、うんうんい い線だ、ジップの法則のことをもっと聞こうよということになり、それならみんなで「無限と有限」や「離散と連続」や「デジタルとアナログ」について忌憚《きたん》なく喋り合おうということになったようだ。それを培風館があまり手を入れずに本にしたので、山口だけでなく、全員の好みや迷いや跳びが出ていて、たいへん愉しい一冊になった。

この手の言いたい放題本、もっとあるといいのだが、最近はとんと見当たらない。科学や数学がコンプライアンスしたらもうおわりなのに、みんなじっと何かに耐えているようで、なんとも息苦しいかぎりだ。これでニッポンの科学はなんとかなっていくのだろうか。先生、どう思います？

第一八三九夜　二〇二三年十二月十八日

**参照千夜**

一八夜：ポアンカレ『科学と方法』　四三五夜：サイモン・シン『フェルマーの最終定理』　二二〇夜：ハイゼンベルク『部分と全体』　一〇四三夜：シュレディンガー『生命とは何か』　三四九夜：ドゥ・ブロイ『物質と光』　六八九夜：九鬼周造『「いき」の構造』

カオスと力学と数学が
生命と脳と物語をつないでいく

津田一郎
# カオス的脳観
脳の新しいモデルをめざして
サイエンス叢書　一九九〇

この一冊には示唆に富んだ新たな科学の可能性がいっぱいつまっている。「カオスと複雑系の科学」が躍り出た九〇年代を告げる一冊だったともいえるが、それ以上の高度な内容を含んでいた。

ぼくは、京大の富田和久研究室に学んで、日本で最初のカオス学(カオス論ではなく)ともいうべきを確立した津田一郎は天才なんだと思っている。鬼才や異才には何人も会ってきたのだが、ああ世の中に天才っているんだと得心できたのは、このときが初めてだった。そう思ったのは、彼がぼくの元麻布の家に泊まって一夜をあかし、朝まで話しこんだときからだった。

このとき津田君は「新しいデーモン」を想定して彼のコスモロジーの図を一枚のペーパーの上に描き、それを鉛筆で何度かたどりながら新しい科学理論のシナリオ案を披露した。それからチューリング・マシンとコルモゴロフの確率論の周辺を散策しながら、少年時代の記憶の話に及んだ。

そのあいだ、ぼくもそれなりに勝手な話をはさんだのだが、津田君の話はつねに仮説と検証に富み、かつ驚くほどに一貫していた。いやいや、そのことをもって天才だと感じたのではない。そのひとつずつの話の発想の広がりに、天才のひらめきを感じたのである。本書はそうした津田君が、カオスを通して組み立てた脳のモデルに関する研究成果を、叙述にいろいろな工夫を凝らしてまとめたものである。小著ながらすごい起爆力を秘めていた。

［追記1］ごく最近、津田一郎を天才だと感じた昔日の一夜のことを振り返った本を刊行した。自著ではない。コロナ禍の時期をはさんで語りあった対談本『科学と生命と言語の秘密』（文春新書）の中でのことだ。第一章「カオスと複雑系の時代で」に、その一夜のこと、ラプラスやマックスウェルのデーモンのこと、山口昌哉さんの『非線形現象の数学』や『カオスとフラクタル』のこと、なぜ津田さんが「脳とカオスを合体しよう」と思い付いたのかということ、さらには理科系と文科系が語りあう意味をめぐってのこ

となどを交わした。

そんな津田さんを紹介してくれたのは、当時、東大薬学部にいた生物物理学者の清水博さんである。ぼくが東大に呼ばれて話をすることになったとき、一番ニコニコして話を聞いてくれていたのが津田一郎だった。ずうっと阪大や京大で学究の日々をおくっていたところを清水さんがバイオホロニクスの研究プロジェクトに引っ張ってきた矢先のことで、津田さんにはまだ関西弁の出汁《だし》が沁《し》みこんでいた。文春新書の「あとがき」に、そのころは関西の知の文化のラディカルなおもしろさにくらべて東京は野暮だと感じていたのだが、松岡さんに会って東京も捨てたもんじゃないと書いてあったのには驚いた。ぼくも関西人なのですが……。

自然界にはカオスという説明しがたい現象があるはずだ、ということを予見したのはアンリ・ポアンカレである。ポアンカレがそのような予見に達したのは三体問題といわれる天体力学上の問題を考察しているときだった。このときすでにポアンカレは、カオスが「超越的な知識あるいは情報の集合体」であろうことを見抜いていた。

ところが、いざ科学者たちがカオスを観測しようとしてみると、そこにはかなり奇妙な性質があることが見えてきた。たとえば、決定論的な方程式をつくってもそこから不規則な運動が出てくる、カオスを含むシステムを観測するときのわずかな誤差がシステムの非線形性によってシステムと同じくらいの大きさの誤差になってしまう、カオスには圧縮できる非周期的な無限列と圧縮できない非周期的な無限列とがまじっている、カオスを数学的に説明しようとすると再帰性や自己言及性が発生してしまう。そのほかいろいろ、人生いろいろ、カオスいろいろ、奇妙な性質が見えてきた。

カオスがこのような性質を見せるのは、カオスを観測しようとするからである。カオスにはどうも既存の科学での観測を拒んでいるようなところがある。われわれがコンピュータをつかって見ているカオスの軌道は、ひょっとしたらカオスの影ですらないかもしれない。そこで津田君は「カオスを観測する」のではなく、「カオスで観測する」という方向転換を考えた。そして、そのような転換を必要とさせるのは、カオスには「記述不安定性」とでもいうべき特質があるせいだとみなした。

記述不安定性はカオスの「予測不可能性」と「スケールの分離不可能性」によっている。この性質があるかぎり、カオスはカオスを自己記述はしてくれない。そうであるなら、きっとカオスにおいては「そこで得られたもので駆動する」というような奇妙な論理があるのではないか。そう、考えた。このあたり、すでに津田君の天才的なひらめきが目白押しになっている。が、勝負はここからだ。

［追記2］津田さんは一九五三年に岡山で生まれた。二、三歳のころから「数」が気にな

る子だったらしく、そのかわり「自分」や自分にかかわってくるものにはあまり関心がなく、まして「大人」は面倒な連中に見えていたようだ。また整然とした序列ができあがっているものよりも、「ちょっと何かがズレているもの」に興味をもったようで、そのせいか中高時代には自然界の変わった現象やセントラリゼーションから外れる考え方に関心を寄せた。たとえば荘子の混沌《こんとん》の話、エピクロスの原子論、スピノザの異神観、鴨長明の『方丈記』を好んでいた。

大学は大阪大学理学部の物理学科を出て、京大の大学院を物理で修め、一九八二年に「非線形・非平衡系のカオスと分岐構造」で理学博士号を取得した。なぜ「物理」だったのか、詳しいことを聞いてはいないけれど、察するに自然像の全容を極大と極小の物理で捉えておいて、その息づまる熱力学的事態の中で、物理のルールとは異なる生命現象がおこしていった謎を、なお物理や力学のダイナミクスのまま解いていきたかったのではないかと思う。その意図をまるまる呑み込んでくれるのが「カオス」だったわけである。京大では富田和久の研究室で研鑽《けんさん》し、山口昌哉の非線形数学談義に触れ、あのころが最後の充実期であったろうラディカル関西の知の「速さ」を満喫したのではないかと想う。

カオスが興味深いのは、おそらくカオスには編集機能、のようなものがあるだろうからである。カオスは情報を保持したり、加工したり、除去したり、変形させたりする機能をもっている。のみならず情報を新たに生成する能力ももっている。もしこのようなカオスが脳にもあるとしたら、脳の情報編集能力の重要な部分にカオスがかかわっていることになる。実際にも一九八〇年代後半になると、脳の中のカオスらしきものが次々と発見されはじめた。

しかし、脳のカオスは自立しているわけではない。何かのトリガーや何かのシナリオや何かの文法のようなものに沿って現れたり、消えたりしている。そのカオスのふるまいを予測するのがむずかしい。また、そのようなカオスを使って脳のふるまいをモデル化するのがもっとむずかしい。そこで津田君が池田研介・金子邦彦らとともに考えたのが「カオス的遍歴」(CI = Chaotic Itinerancy) というダイナミクスである。

わかりやすくするために、われわれがどのように単語や文章の意味を理解するかということを例にする。たとえばある単語を一文字ずつ実験者が聞いていくとして、どこでその単語の意味がわかるのか。たとえばムサシボウベンケイという言葉は、ムやムサだけでは何のことかはわからない。ムサシでやっと武蔵野や宮本武蔵が浮かんだりするが、次のムサシボになると、急に「ああ、弁慶か」ということが見えてきたりする。アンダルシアは、アンダまででではわからない。けれどもそれ以外の文字の配列ではないことは絞られる。こうしてわれわれはサガノメイゲツキとかユカタンビワハゴロモとかシンニ

©enot-poloskun

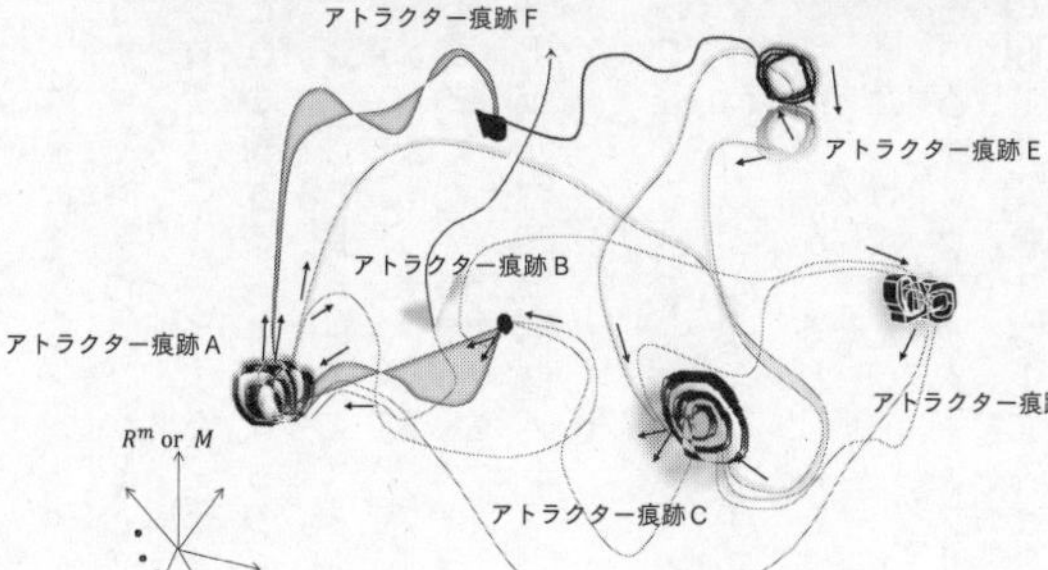


I. Tsuda, Curr.Opin.Neurobio. 2015, 31: 67–71 をもとに改変

微小な誤差が巨大な渦になる。上図はカオスに一番近づいた男エドワード・ローレンツによる有名なローレンツアトラクターの図。これに驚嘆したジム・ヨークがのちに論文「周期3はカオスを意味する」を世に放ち、数学界の常識を一変させる。津田一郎さんはそのカオスのダイナミクスと脳の機能の関係を「解釈学」で接続し、「カオス的遍歴」という大胆な仮説に挑んだ。下の画像はその概念図。旅人が宿から宿へと渡り歩くように、軌道がアトラクター間をカオス的に遷移していく。脳の振る舞いを"カオスが計算している"ことが見えてくる。

チョウビジュツカンといった単語を理解する。文章も原則的には同じことである（こういうときにどのように情報量が絞られていくかということに関するジップの法則というものもある）。

この言葉の理解のプロセスを、ちょっと科学的にいうと「擬似アトラクター」というものが次々にできているというふうに見ることができる。アトラクターというのは運動や意味が何かに収束しようとするときの漸近体のようなもので、複雑系の科学やカオス理論に頻繁に出てくる。そのアトラクターが擬似的なのである。すなわちアトラクターにビラビラやモヤモヤのようなものがついていて、運動や意味はその擬似アトラクターに近づいて進むのだが、そのビラビラやモヤモヤにしたがって次の類似的な漸近体に飛び移るような、そういうアトラクターが先行的な擬似アトラクターとして動きまわるのだ。

脳の中の情報編集のしくみにおいても、このような擬似アトラクターを次々に飛び移るプロセスがおこっているのではないか、そこにはそういうプロセスをおこしやすい軌道のようなものが形成されているのではないか、それはさしずめ「カオスの遍歴」のようなものではないかと、津田君は考えたわけだった。

このようなことを仮説していたところへ、ウォルター・フリーマンの実験成果が届いてきた。それは、ウサギやラットの嗅球に電極をさしこんで実験したもので、匂いと情報処理との関係をあかそうというものだった。フリーマンの結論は、かんたんにいえば

「動物は脳にカオスが発生しているときにのみ新しい記憶を学習しているのではないか」というものだった。どうやら新しい科学の方向は脳のカオスの動向を認めるほうへ動いている。津田一郎はここから記憶や心のダイナミクスの解明に向かっていった。

［追記3］津田さんの著書はどんな本もゼッタイに見逃せない。難解な本もあるけれど、一節数行一文数語のたびに万端がよくよく配慮配合されていて、とうていスキップができない。最初の単著である本書はその恰好《かっこう》の例であるが、ぼくが津田カオス学を虚心坦懐《たんかい》に学ぶつもりで精読したのは（精読したつもりになれたのは）、金子邦彦との共著『複雑系のカオス的シナリオ』（朝倉書店）だった。どこが津田さんでどこが金子さんが担当したかを感じて読むのは野暮な読み方だろうけれど、二人の単著を別々に読んできた者にはおよそのことは見当がついた。とくに「カオス的遍歴」や「記述不安定性」や「カオスの中のデーモン」のくだりには参った。

津田さんは数学者でもある。力学系カオスの研究でぶっちぎりの成果を一通り御披露目したあとのことだろうか、それとも多岐にわたる生物物理学的な研究の日々のあいまのクロスカントリー・スキーのようなつもりなのだろうか（津田さんはこの競技のセミプロ）、ふいに数学的思考をフル稼働させた啓蒙書を連打した。なかで『心はすべて数学である』（文藝春秋）では度肝を抜かれた。こんな数学本はなく、こんなふうに心と数学の蜜月を語った本はなかった。心懐数学とでも名付けたい。実はこの数学本を企画編集した鳥嶋七実さんが、『科学と生命と言語の秘密』の担当さんなのである。

こんなぐあいにカオス研究を成立させてきた津田一郎の問題意識は、まとめていうと次のように組み上がっている。

平衡統計力学とは何か　↓非平衡非線形の統計現象とは何か　↓自己組織化のプロセスには何がおこっているか　↓そのプロセスでカオスは何をうけもっているのか　↓カオス研究に生じる計算不可能性とは何か　↓では計算可能性の理論とは何か　↓そもそもゲーデルの不完全性定理とは何だったのか　↓人間が考えてきた人間の認識論の真の成果とは何か　↓カオスによる認識論でいったい脳の何を説明できるのか。

だいたいこのような問題意識の順で、脳のモデル化は可能かという研究に突入していったようだ。しかし、ここで大きな問題がたちふさがっていることに気がつく。それは、これまでの科学の方法ではこれ以上の先には進めないようになってしまっているということだった。ここでふたたび独得の飛躍がおこる。それが科学における「先行的理解」と「物語性」と「もっともらしさ」の導入というものだった。いずれも従来の科学では想像もつかない大胆な方法の導入だった。

最初の「先行的理解」(Vorverstandnis) という方法は、ディルタイ、ハイデガー、ガダマーらによって提起された人文科学的な方法だ。この方法はもともとは聖書研究から始まったもので、人間の存在というのは歴史のなかに投げ出された存在なのだから、その人間の認知的な行為には完結などありうるはずはなく、また形式化できるはずもないという立場から、つねに先行する理解にもとづいて新たな認知を試みていくしかないとした考え方である。たとえばここに一連の文章があるとすると、一行目を完全に理解してから次に進むのではなく、とりあえずの先行的理解をしておいて次に進んでいくというようなことだ。津田理論はこれを科学の方法にもちこんだ。

次の「物語性」と「もっともらしさ」の導入については、科学におけるメタファーの力を許容する方向をもつ。メタファーとは和風にいえば「見立て」であるが、カオスは「見立て」が好きな現象なのである。それなら、その「見立て」にはどんなルールがひそんでいるのか、そこではどのような「もっともらしさ」が選択されているのか。そこには、きっと物語のようなシナリオが必要になるはずだろう。こんなふうにして、津田理論は大胆極まりない方向へ踏み出していったのである。

[追記4] 津田さんとその共同研究者による理科学的成果はかなり多岐にわたっている。右に津田さんの問題意識がどのように進捗していったのか、いくつかの矢印であらわしておいたが、このような進み方をしたことに、津田学のコンティンジェンシーが自在に

起爆していく可能性が秘められていたのだろうと思う。

それでどんな成果が公表されてきたかというと、まずは「カオス的遍歴」のストーリーとその発生機構をめぐる複数の数理モデルが提示され、ついでカオスに雑音を加えることで秩序状態が発現する「ノイズ・インデュースド・オーダー」を発見し、それにまつわる多次元非双極型力学系とランダム力学系の数学理論が構築された。

一方、脳神経科学の分野に非線形数理科学の方法を導入したのも津田さんの先駆的貢献で、そこに「脳の解釈学」という埒《らち》をあけると、次々に脳をカオス力学系として解明するべく、非平衡神経回路モデルによる「連想記憶」の研究、海馬での「エピソード記憶」のカントールコーディング仮説、思考や推論の機構の研究、さらには脳全容の機能分化のしくみに関する斬新な仮説などを提案していった。これはかねてから組み立てられていた自己組織化理論に新たに拘束条件を加えて導いたもので、ぼくにはかなり核心的な新理論の骨格になっていくものではないかと思われた。

もう一言、加えておきたい。津田一郎の科学哲学の根幹は、生命体はどうして自分自身を創り出したのかという大問題についての最も重要な見通しがあるということだ。それは、生命体は前もって用意した部品を組み合わせてシステムをつくっているのではなく、システムを維持しながらシステムの中で機能部品を工作し、あとからそれらを部品に分化させているということ、このことを見通しているということだ。津田学は、このしくみのことをこそ「複雑系」と名付けている。

　というわけで、なぜぼくが津田一郎にぞっこんで、津田君もまた多少は松岡正剛に共感できると思ってくれているかということを、ふたたび本書に戻って暗合的に示しておきたい。本書で、津田君は次のようなことを書いている。そして、そのように脳や自然界や宇宙を見ることを「動的脳観」とよんでいる。カッコの中にぼくの言い替えを入れておいた。

　自由度の大きな力学系がある。あるときは、ある部分的な自由度が活性化され、それが支配的になるが、またあるときは別の部分的な自由度が活性化され、それが支配的になる。このようなことが時空間のさまざまなスケールでおこりうる。そして、支配的になる自由度の再編成（すなわち編集）は、その系（システム）の過去の全遍歴に依存する。

　脳は、はっきり決まった機能をもつパーツが集合することによって成り立っているのではなく、全体として機能することによって特異な機能が出現（創発）したものである。したがって、脳の可塑性は各部分を統合するために必要なのではなく、むしろ、背景（物語）の中で各部分が個別特異的な能力を発揮するように再組織（自律的編集）するために必要なのである。もしも、背景（物語）になんらかの変更が与えられたら、機能単位の再編成（分化的編集）もおこなわれなければならない。このような再編成（編集）は時空間のさまざまなスケールでおこりうる。

如何《いかが》だったろうか。もっともっと書いておくべきことはあるけれど、今夜はこのあたりにしておく。あらためてふりかえってみると、われわれの二人の縁側には清水博さんがいたのだが、縁側の障子を開けた座敷には湯川さんと朝永《ともなが》さんがいて、その隣の部屋にゲーデルとチューリングがいたように憶《おも》う。またそこからトントンと二階に上がるとポアンカレが窓の外を眺めていたような気がする。

二人は時々、外にも出掛けたのだけれど、近所にはたくさんの科学者や数学者や表現者が往来していて、われわれは二人してかれらとともても大事な片言隻句《せっく》を交わしていたのだと憶う。ただ、これらのことを共通の遍歴として、二人ともノートに残しておかなかったのである。いささか怠慢なことだったというような気がするけれど、この千夜千冊がきっかけとなって、二人の未記録が新たなインタースコアになっていけばと希《ねが》うばかりだ。

[追記5] 追記1にも書いておいたように、われわれ二人の〝未読の対話録〟が、思いも

よらぬ一冊となって『科学と生命と言語の秘密』として世に出回ることになった。この一冊は津田さんがデーモンとして、ぼくがゴーストとしてふるまい、世のデーモンとゴーストにもお出まししてもらって、多少の溜飲《りゅういん》を下げるというものになった。なぜデーモンとゴーストを演じる必要があったかということについては、いまのところ二人だけの秘密になっている。あしからず。

第一〇七夜　二〇〇〇年八月七日

**参照千夜**

一〇〇九夜：ラプラス『確率の哲学的試論』　一八三九夜：山口昌哉『カオスとフラクタル』　一〇六〇夜：清水博『生命を捉えなおす』　一八夜：ポアンカレ『科学と方法』　七二六夜：『荘子』　八四二夜：スピノザ『エチカ』　四二夜：鴨長明『方丈記』　一八四〇夜：金子邦彦『カオスの紡ぐ夢の中で』　四四三夜：宮本武蔵『五輪書』　一〇五八夜：ハオ・ワン『ゲーデル再考』　九一六夜：ハイデガー『存在と時間』　八二八夜：湯川秀樹『創造的人間』　六七夜：朝永振一郎『物理学とは何だろうか』

撮影：熊谷聖司

本書の口絵撮影のため豪徳寺本楼で津田一郎さんに、カオス理論のエッセンスを板書レクチャーしてもらった。写真はロジスティック写像の分岐図を描く津田さんの手。方程式 $X_{n+1}=aX_n(1-X_n)$ のaが変化するたびに2のn乗の周期解が現れ、集積した臨界値でchaos(カオス)が発生する。この先にはカオスの存在を確証する「周期3」が待っている。高度なカオス理論をここまで詳細かつエレガントに語れる識者はめったにいない。

「生きている状態」を
そのまま非線形な学問にする方法を！

金子邦彦

# カオスの紡ぐ夢の中で

小学館文庫　一九九八／ハヤカワ文庫　二〇一〇

金子邦彦は非線形複雑系の物理学や生物物理学の研究者である。専門は生命基礎論や力学系カオスの研究だが、『生命とは何か』（東京大学出版会　二〇〇三）というずっしり重たい本を読んでみると、もっと広いプログラムを科学思想的に企図しているようで、生命科学全般を統合するための礎《いしずえ》を構想しているだろうことが如実に伝わってくる。しかもその目配りはすこぶるブリリアントで、多くの課題の位置づけにデリバリーされた独自のタグの按配《あんばい》も編集的にスマートなのである。どうも限定された専門性には坐っていられない御仁であるようだ。

もうひとつ感じるのは、『生命とは何か』は十六年ほどたってヴァージョンアップされ、その名も小松左京のSF作品から抜け出した『普遍生物学』（東京大学出版会）というふうに衣替えをするのだが、金子にはこういう変更というか修繕というか編集というか、思い切った構成的変更を可能にさせているものが科学者としての「如是《にょぜ》の状態」になっているということだ。この「変更と如是」はカオスがおこす出来事の展開の特色に近く、金子自身の研究活動や表現活動がカオスの自律性めいたものになっているということなのではないか。そう感じた。

ただもしそうだとすると、これは学界や世間では容易に理解されにくいことだろう。熱力学の第二法則を究明したボルツマンが熱力学そのものになり、不完全性定理を証明してみせたゲーデルがゲーデル数になり、チューリング・マシンを考案して「エニグマ」の暗号を解読したアラン・チューリングが自身を暗号化するなんてことは、どうみても世間にも同業者にも理解しにくいか、吹聴しにくいことであろうからだ。

しかし、ある種のとびぬけた才能の持ち主には、科学者であれ、画家であれ、ポップアーティストであれ、こういうことがしばしばおこりうる。ぼくはこうした例にこそ、歴史の佳境と絶巓《ぜってん》を感じてきたほうだ。

九〇年代後半に東大の金子研究室にいた作家の円城塔《とう》が、本書の解説に「金子邦彦は天才に属する」と書いていた。属するというのが気になるけれど、またぼく自身が本人と出会っていないので然《しか》と確信できるわけではないけれど、金子にそう感じさせるものが頻繁に出入りしているだろうことは、遠くから察していても見当がつく。
もっとも金子が天才だとすると、同じく非線形や複雑系に強く、日本におけるカオス研究と数学思想に独壇場を築いた津田一郎のことを、ぼくはずっと以前から天才だとみなしてきたので、これでは「天才に属する」は、それこそカオスにとりくんだ者の共通する不抜の特色になりかねず、いささか擽《くすぐ》ったい。しかし津田と金子の研究実績からすると、また二人が『複雑系のカオス的シナリオ』（朝倉書店　一九九六）を共著してきたという経緯からすると、二人がカオス的遍歴を地で行く過剰な才能の持ち主であることは、何かの思《おぼ》し召しによる免れえない恩寵《おんちょう》だったのでもあろう。

本書はそういう金子のエッセイと短編小説がさらりと収録された一冊だ。エッセイは九〇年代半ばすぎの科学雑誌「クォーク」に連載されたもので、連載当時は「複雑系の向こう側」になっていた。

科学は文化であること、ある分野の学者が他の分野の研究思想がわからないなどということはありえないこと、イチローの打法は振り子打法ではなく、二重振り子が見せるようなホメオカオスっぽい打法であろうこと、脳の理論がなかなか飛び立てないのは熱力学レベルでのシステムの理解がはっきりしないまま統計力学的な神経回路網を研究しようとしすぎたせいだろうこと、物語という方法は複雑系の研究方法として最も有効なものだということ、やっぱり偶然と必然の関係を考えていくのがカオス研究の欠かせぬスコープだろうこと、そんなことが綴られている。なかなかオツである。なかで今後の複雑系の研究について、興味深い打開策が述べられていた。

当時、タンパク質とDNAの関係の研究にあたっては、DNAにデジタルなシンボル情報がインストールされていて、そこからどのように細胞がつくられてきたのかということを推理する研究が主流だった。つまり、遺伝子というルールからいかにして細胞の集団のような複雑なふるまいがあらわれるのかという方向で主な研究がされていたのだが、これでは生物がどうしてそういうルールをもっているのかという問いには答えられない。そんな時期があった。

しかしDNAは最初からルールを知っているのではなく、多様な分子集団が増殖をおこなっているうちに、その集団を表現するシンボルとしてDNAを選択してきたはずなのである。そうであるのなら、遺伝情報の発現のされ方にも、タンパク質などの多様な分子集団が増殖を維持できてきたプロセスの痕跡が残っているかもしれず、そのような多様なふるまいの中からルールが形成されていったプロセスはどんなものだったのかということを、複雑系の研究が狙い撃ちしてもいいはずである。カオスの研究は一見かんたんなルールから複雑なふるまいがあらわれていくことをあきらかにしているわけで、そのような方向でタンパク質とDNAの関係が研究されていってもいいはずだ。

そう、金子は述べてきて、だがここからが胸突き八丁で、次のようなことに見舞われるのだと続ける。すなわち、そのような研究に入るには生命体におこっていることをコンピュータでシミュレーションすることになるのだが、それにはコンピュータが何かをするためのプログラムが必要なので、あらかじめルールを入れておかないとこの研究は進まないというジレンマが出てくる。では、どうするか。

コンピュータを使う以上は、まずはルールを設定しておいて、その中からより高次なルールが生成されていくことを試行するしかないだろう。たとえば化学反応がおこるようなルールを入れておいて、そこから細胞分化や細胞集団があれこれのルールをつくりだそうとしている様子を観察し、カオスが何かを創発するような、そんなしくみを発見していく。そうなっていくのだが、これだけでは短期的な出来事の推測がついた程度のことだろうから、さらに斬新な研究力をもたなければならない。そこで金子は次のような打開策を提案する。

第一には、新しい数理哲学を模索していくという方向をもつ。第二に、今日のデジタルコンピュータとは異なる思考機械に変換していけるような試行錯誤をする。そして第三に、生物的な現象であれ言語的な現象であれ、これらを分かたず思考機械に食べさせ、さまざまな出来事を発生させていって、そこにルールの形成にまつわる「ウナギの匂い」を嗅ぎとる。こういうことではないかというのだ。

その後のＡＬ《アーティフィシャル・ライフ》研究や生成ＡＩ開発を予告しているようなところがあるが、しかしこれは、その後に『普遍生物学』に及んだ金子の構想の青写真の一端を示していたのでもあった。

金子は一九七四年に大学に入ってきたときすでに自然の論理を明らかにすることが好きだったらしく、大学ではそういう物理によって生物や人間の「生きている状態」が研究できないだろうかと思っていたようだ。

それで理論生物学を選んだのだが、江橋節郎《えばしせつろう》から「生物物理には理論なんてありません。実験だけです」と言われてがっくりしていた。そんなとき、ちょうどノーベル賞を受けたプリゴジンが非平衡状態の散逸構造によって生命を理解しようとしていたのに勇気をもらい、非平衡熱力学と統計力学の研究室のドアを叩くことにした。それでも非平衡状態の理解が深まれば生命の本質がわかってくるのだろうかという疑問もあったようだ。そんなときに出会ったのが予測不能な系を扱うカオス理論だった。

カオスにまつわる数学モデルは、初期状態のごく僅かな差異がその系の時間の進みの中で大きく増幅され、決して反復的ではない独特の運動があらわれることを示していた。

その数学モデルを生命活動にあてはめてみたら、どうなるか。胸躍るときめきがあった。こうして金子は複雑系やカオスのダイナミクスにとりくむ。博士課程のころは、単純なカオスの要素を他のさまざまな要素と相互作用をさせていくとどうなっていくのか、そんなシミュレーションばかりをする日々だったようだ。

やがて、そうした相互作用モデルに細胞分化を思わせるような局面がコンピュータの設定画面の中から見えてきた。金子は「生きている状態のダイナミクス」を追う理論生物学の研究に本格的に向かっていく。

金子の理論生物学の特徴は、分厚い大著『生命とは何か』に示されているように、当初から「構成的生物学」というところに狙いがあった。生命を動的システムとして捉え、その動向と変化を生命自身がなんらかの初期条件をつかいながら自律的に自己構成していくというふうに見る立場だ。金子の考え方はすぐれて方法的で、その方法はすぐれて構成的なのである。

それがしだいに「普遍生物学」として組み上がっていくことになった。先にもちょっと紹介したように、小松左京のＳＦ作品を金子がおもしろがったせいだった。『継ぐのは誰か？』(角川文庫・徳間文庫・ハルキ文庫)という小説だ。未知の知性に攻撃された地球側がコンピュータによる普遍生物学で対抗しようというプロットで、小松はこれからの生物学が宇宙生命や人工生命を包含する普遍生物学になっていかなければならないのではないかと説いたのである。

これだけではたんに生命の可能性を宇宙大に拡げただけの話だが、ぼくが金子はやるものだと思ったのは、この普遍生物学構想に、虚実皮膜の議論を引き受けさせていったところだ。こんなふうに書いている。

……「虚実」の問題は構成的モデルでは本質的である。作り上げた「虚」の世界は科学のモデルにせよ、物語の世界にせよ、多様な「実」世界と適度な対応関係を生成していかねばならない。そして「虚」の世界がプログラムにせよ、文字列にせよシンボルで書かれているのに対し、「実」世界は予測不可能な多様な事象に満ちている。（中略）それでは「虚」のモデルが有効なのはもともと自然にそのような抽象化を許す構造があり、現実のそのような部分のみに注目して生きていくよう我々が進化してきたからだろうか。科学の歴史というのは、我々の作る「虚」と我々の注目する「実」の共進化とみなせるのだろうか。

この問題はたいへん大事なことを突いている。ただし金子の見方と問題の抱き方は半分は鋭く、半分はイマイチだ。虚実の問題が世界に構成的にアプローチするにあたっての要訣《ようけつ》を握っているというのは、その通りである。また、虚世界と実世界が適度な対応関係にあるというのも、その通りだ。しかし、虚世界がシンボルに富むのに対して、実世界が予測不可能な多様な事象に見舞われているという対比は、いささかおかしい。いや、もったいない。ここは、芭蕉が強調したように、「実に居て虚に遊ぶことはかたし」「虚に居て実を行ふべし」なのである。なんとしてでも、これで押すべきだった。

芭蕉は何を強調したのか。詳しいことは千夜千冊エディションの『日本的文芸術』（角川ソフィア文庫）の芭蕉の項目や『擬《もどき》――「世」あるいは別様の可能性』（春秋社）などを覗《のぞ》いてもらうといいのだが、一言でいえば、虚実ともに「面影」が先行するのであって、ただし「実」においてはその面影による制作がほぼ過去に組み上がってきたので、われわれ（ここでは俳諧師たち）はそれを「虚」で擬いておくのがいいだろうということ、芭蕉はそこを強調したのだった。それが「実に居て虚に遊ぶことはかたし」「虚に居て実を行ふべし」なのである。

おそらく虚実はグローバルには共進化するであろうけれど、それはいったん分かれた「作る虚」と「注目する実」があらためて共進化するのではなく、両者にまたがる「面影」（これがカオス）にもとづいて、もともと共進化するものだったのである。

さてところで、本書には金子が書いた小説『進物史観』が収録されていてギョッとさせる。円城塔はこの小説が発表されたとき、巷間《こうかん》で「もう少し上手くてもバチは当たらないのではないか」という陰口が叩かれていたことを紹介しているが、その円城塔というペンネームにしてからが、この小説に登場する物語生成プログラム名だったのだから、二人はなんと共食い関係でもあったのである。

実は共食いはそれだけはなかった。『進物史観』には本人の説明によると、「構成的アプローチ」「多対多の関係論」「記述の持つ不安定性」という三つの主要なテーマが扱われているらしいのだが、これは津田一郎との共著『複雑系のカオス的シナリオ』のテーマだったのである。

金子の言う「構成的アプローチ」は、自分のほうから論理を用意しておいて仮想世界をつくり、それによって複雑系を理解するという方法のことをいう。小説では物語をつくるマシンをつくることで物語や進化を理解していくという筋書きに組みこまれているらしい。

「多対多の関係論」は互いが互いを参照するうちにどんどん役割が代わっていくこと、またそれによって社会が変容していくことをあらわしている。これはどんな小説や物語でも前提になっていることだろう。映画やドラマが得意なところだ。「記述の持つ不安定性」は物語が物語を自己言及することによっておこる不安定性のことをいう。これはすこぶる非線形なあらわれなので、どこでどのように小説が引き取るのかはわからないが、ひょっとすると美術や音楽のアーティストたちがその感覚をあらわしてきたのかもしれない。

　ということで、この三つがカオスの最も劇的な特色であり、金子の小説の特色を覆っていくものだったのである。とはいえこの計画は「実に居て虚に遊ぶことはかたし」「虚に居て実を行ふべし」だったのか。ややどぎまぎさせることだった。

　それとも、こんな議論が片隅で囁《ささや》かれるだろうことは、金子にはとっくに想定内のことだったのか。そうだとしたら、金子邦彦はやはり天才である。円城塔はこう書いている。「金子邦彦の天才は、容易に読み進められるものを提示しながら、それを読むことで蒙《こうむ》った影響の後でも尚《なお》、新たに読み直すことのできるものを作り出すところにある」と。えっ、それってまさに編集力そのものじゃんか。

第一八四〇夜　二〇二三年十二月二十日

**参照千夜**

一七一三夜：小松左京『日本アパッチ族』　一〇五八夜：ハオ・ワン『ゲーデル再考』　一〇七夜：津田一郎『カオス的脳観』　九〇九夜：プリゴジン『確実性の終焉』　九九一夜：松尾芭蕉『おくのほそ道』

# 第四章 情緒だって数学である

村田全『日本の数学 西洋の数学』
高木貞治『近世数学史談』
岡潔『春宵十話』
吉田武『虚数の情緒』
森田真生『数学する身体』
スタニスワフ・レム『虚数』
アダム・ファウアー『数学的にありえない』

算木と算盤の東洋に
「読み・書き・そろばん」の和算が立ち上る

村田全

## 日本の数学 西洋の数学

比較数学史の試み

中公新書 一九八一

そのころのわが家は呉服屋だったから、家中にそろばんが幾つもあった。大きな五つ玉は鬼が履く下駄《げた》のようにごっつくて重い。ついついスケーターのように片足をのっけて一、二歩滑ってみるのだが何度も転び、そのたびに叱られた。

父は五つ玉を太い指で操っていた。「二《に》一天作《いちてんさく》の五、二進が一十《いっし》」などと割算九九の二の段をぶつぶつ呟《つぶや》きながら、そろばん片手に伝票を繰ったり帳簿を点検したりしているのを見ていると、東映の時代劇に出てくる帳場の番頭のようだった。五つ玉にくらべると、学校で買わされた四つ玉はスマートで、どこか女の子ぽかった。ラジオではトニー谷というボードビリアンが片手に持ったそろばんを楽器のように鳴らしながら、「さいざんす、さいざんす」と笑わせていた。

昭和三十年(一九五五)がわが十代前半の日々である。下京《しもぎょう》の修徳小学校や中京の初音《はつね》中学校に通っていた。当時のそろばんはさしずめ今日のケータイやスマホのようなものだったので、生徒の多くがランドセルや布カバンにぎゅっと差し込んでいた。

教室では「そろばんの時間」があって、見取り算と読み上げ算を一斉にやらされた。読み上げ算は先生がダミ声で「願いましては、いっせんろっぴゃくごじゅうはち円なり、ごまんとんではっぴゃくろくじゅうよ円なり、十十十円なり、十十十円なり、では」と、次々に数字を読み上げる。教室はパチパチという音だけになり、できた生徒はすかさずハイ!と声と手を挙げて答えを口上し、先生から「ご明算!」(正解!)と言われてニンマリするのだが、すぐに「ご破算で願いましては」と次の珠算問題が読み上げられる。

見取り算は配られたペーパーの数字を必死の指捌《ゆびさば》きでそろばんに入れていく。掛け算、割り算、暗算はちょっとむつかしい。暗算はアタマの中にそろばんを思い浮かべ、そのヴァーチャルそろばんの玉を空想の指で動かしていく。それができないなら、両手を引っ込め、机の上のリアルそろばんをひたすら見ながら「玉を動かしているつもり」になる。この「つもり」が厄介だった。

町の珠算教室に通う生徒もけっこういた。だから、出来のいい子もいたが、これはいまなら電子ゲームが速くてうまい子のようなものだから、めずらしくはない。中学校の同級生には京都の珠算大会で準優勝したT君がいた。ぼくはそろばんよりも筆算や幾何に向いていそうだったので、中学二年の秋から北大路烏丸《からすま》の数学塾に週一度だけ通うようになった。出来は悪かった。テストがあったのだが、たしか七〇人ほどの通いの中の四六番目だった。

そろばんは「算盤」と綴《つづ》る（英語はabacus）。メソポタミアにもインドにも土算盤、線算盤、溝算盤などの独特の算盤があって、「数えて、計算する」という技が文明の初期から芽生えていたことを物語る。中国にはこれらのうちのどれか（おそらくローマの溝算盤）がシルクロード経由で入って、算木《さんぎ》を使う中国式になった。算木を使う算盤はそろばんとは読まずに「さんばん」（スワンパン）と読む。

算木は自然数を最大六本の棒を組み合わせて演算するための計算具のようなもので、小さいものは三〜五センチ、大きなものは一四センチほどの木製ないしは竹製の直方の棒をタテヨコに配列した。桁によって算木の向きを変え、赤の算木が正を、黒の算木が負を示した。どちらかというと易《えき》の卦《け》のための並べ方に近く、見た目にはやや神秘的で呪能的である。

儒教や仏教の伝来のあと、そんな中国式の算術書と算木が日本にも届いた。中国式算術書はまとめて「算経十書《さんけいじっしょ》」というのだが、そこには一次方程式（比例算）と二次方程式

(ピタゴラスの定理)の解法、面積や体積を求める公式などが述べられていた。祖沖之《そちゅうし》の『綴《てつ》術《じゅつ》』などの高級算術書(円周率について言及)なども到来した。日本でこれらがどの程度読まれていたかどうかはよくわかっていない。

　それでも律令時代になると「算博士《さんはかせ》」というロールが設けられ、大学寮では明経道《みょうぎょうどう》・明法《みょうぼう》道・文章道《もんじょうどう》と並んで「算道」が指南された。後漢時代に編集された『九章算術』がテキストである。九章というのは、方田《ほうでん》(田の面積を求める)、粟米《ぞくべい》・衰分《すいぶん》・均輸《きんゆ》(物の売買や税金を計算する)、少広《しょうこう》(正方形・四辺形の一辺、すなわち平方根・立法根を求める)、商功(土木工事に伴う体積の計算)、盈不足《えいふそく》(分配のための用法および整数論)、方程(連立一次方程式の解き方)、句股《こうこ》(ピタゴラスの定理の説明)など、九つの章で構成されているのでそう称《よ》ぶのだが、そのなかで正負のちがい、分数・約分・通分、開平と開立《かいりゅう》なども案内されていた。

　ただし全体としては問いと答えを示しているだけなので、ギリシア数学やユークリッドのような数学的思索についてはまったく補填されていない。奨励もしない。はっきりいって実用一辺倒なのである。

　なぜ中国の数学がその程度であったのか。また、それを輸入した江戸時代までの日本の数学も長らく「読み書き、そろばん」と言われていたように、やはり実用一辺倒のままだったのはどうしてなのか。いちはやく数の記号化にとりくみ、世界に先駆けてゼロを発見したインドはどうなのか。これらのことは「アジアの理知と技法」ということを考えるにあたっての、気になる大問題である。

そもそも東洋や日本は数学や科学に弱いのか、それとも古代ギリシアや西洋とは異なる算術思考や数学思考を育《はぐく》んでいたのか、よくわからない。それについてのうまい説明もない。そこらあたりのことが知りたくて、うずうずしていた時期があった。

昭和四十年（一九六五）、文芸誌「新潮」に岡潔と小林秀雄の対談が載った。「人間の建設」というおおげさなタイトルだ。ぼくのそろばん時代から十年後のことで、なんとなく読んだ。

呉服屋の松岡商店は倒産して、わが家は京都から横浜に引っ越していた。その横浜の借家では回覧雑誌を毎月七〜九誌くらい取っていて、そこには両親が読みたがっていた文芸誌もいろいろ入っていたので、ぼくもけっこう目を通していた。それで「人間の建設」も読んだ。日本を代表する数学者と文学者の名人芸が丁々発止しているのだから、おもしろいといえばおもしろかったけれど、カラスミやコノワタをちょいちょい摘まんでいるようで、交わされた中身についてはいまひとつ理解できなかった。

とくに「無明《むみょう》の明」を主唱する二人が東洋の知をどう語りたいのかが隔靴《かつか》掻痒《そうよう》で、なかなか見えない。小林秀雄にあっては半分がはぐらかしのように感じた。

なぜ東洋の数学的英知というものは析出してこなかったのか、もしくは析出しにくくなったのか。アジア文化には抽象思考が積み上がってこない何かの原因があったのか。だんだん気になってきた。そこで、あれこれ読むことにした。たとえば小倉金之助の『日本の数学』（岩波新書）、サボーの『ギリシア数学の始原』（玉川大学出版部）や『数学のあけぼの』（東京図書）、ボホナーの『科学史における数学』（みすず書房）、藪内清の『中国の数学』（岩波新書）、吉田洋一の『零の発見』（岩波新書）などだ。

ところが、いくら読んでもいまひとつ要領を得ない。東西それぞれの数学史に寄せるアプローチはそれなりに詳しく伝わってくるものの、なぜ此彼《これかれ》の相違が出てくるのか、そこが摑《つか》めない。このことはジョゼフ・ニーダムの大々著『中国の科学と文明』全一巻（思索社）を読んでいても、当のニーダムに出会って聞き込んでみたときも（ロウ夫人にもあれこれ聞いてみたが）、わからずじまいなのである。ニーダム夫妻の回答は、中国人は思索や技芸を天から下に落としていくのであって、西洋人のように天上の全知にお伺いを立てるのではないというものだった。

こうしてぼくのこのあとは、東洋思想そのもの、日本文化そのものの秘密を隠しもっているだろう奥座敷に少しずつ踏みこんでいくことになる。老荘、ナーガールジュナ、ヴァスバンドゥ、華厳《けごん》、タオイズム、また空海、法然、道元、慈円、正徹《しょうてつ》、心敬《しんけい》、世阿弥、また禅語録、王陽明、契沖《けいちゅう》、芭蕉、近松、宣長、梅園《ばいえん》、タゴール、オーロビンド・

ゴーシュ、うんぬんかんぬん。

けれども、これらを東洋的科学知や感性的数学知の解明の印画紙にしようとしても、いっかな発光しにくいものばかりなのである。だったらニーダムのように東洋の科学と技術の特色を今日的に強調していけばいいのかというと、それも容易ではない。たとえば古代インド六派哲学にはサーンキヤ学派という算術好きの学派があるのだが（サーンキヤは「数え上げる」という意味）、その中身はプルシャ（精神原理）とプラクリティ（物質原理）による因中有果論めく因果論であって、そこから東洋における科学知や数学知の特色をふくらませていくのはムリである（九六夜『印度六派哲学』、千夜千冊エディション『仏教の源流』参照）。

では、どこをどう見ていけばいいのか。おそらく東西の思考を同時に見分（見聞）していくという、そういう視座や視点の発動を試みて、そのうえで切り込みどころをつくっていくしかないだろうと思われた。いわば世界比較思想による同時的世界観で東洋や日本を攻めるのだ。中村元《はじめ》さんが挑んできたことだ。

そんなとき数学関係の本として手がかりになるかなと思えたのが、大矢真一の『和算以前』と村田全《たもつ》の本書『日本の数学 西洋の数学』（両方とも中公新書）だった。どちらも答《とも》えが書いてあるわけではないけれど、僅かな明かりを灯してくれた。

たとえばプラトンが好んだ立体やユークリッドの『原論』の図形はすべてイデアルな図形なのだが、中国の『九章算術』が示す図形は基礎図形である。いわば天や自然界のコスモロジーから切り離されている（ニーダム的にいえば、下に下ろされている）。中国にコスモロジーやイデアがないのかと言えば、むろんそんなことはなく、それこそが老荘思想にも華厳宇宙観にも如実なのだけれど、それにもかかわらず、東洋ではそのことをラショナリズム（合理主義）やアルゴリズム（計算主義）のほうにもっていかなかった。東洋のイデアル図形は天体ではなくて大地や身体に属していた。平気だったのだ。

古代ギリシア数学はそこが平気ではなかったのである。平気でないからこそ、ヘヴンとつながる理念（イデア）を数学することになった。

今夜は、そのアジア的に平気な数学感覚に見え隠れする模様の一端を少しだけ覗いておきたい。その前に、中国の算木数学とそろばん数学のこと、および桃山以降に独自のそろばんを考案して「和算」に向かっていった近世日本の数学事情について、ざっとした特徴を述べておく。

算木による中国数学は「天元術」として組み上げられた。算木を用いた代数である。〈器具代数〉とでもいうべき体系をめざした。天元術は南宋の秦九韶《しんきゅうしょう》がまとめたもので、元の李冶《りや》と朱世傑《しゅせいけつ》が『四元玉鑑《しげんぎょくかん》』や『算学啓蒙《けいもう》』などに発展させた。一次方程式の近似解ならだいたい出せた。

ところが近世に向かうと、天元術は途絶えてしまう。ひとつには明《みん》代で数学を官学からはずしてしまったことが影響し、もうひとつには算木に代わってそろばんが普及したせいだ。代わって程大位《ていだいい》の『算法統宗《さんぽうとうそう》』が一世風靡《ふうび》した。

天元術が急速に廃れた理由は推測するまでもない。中国数学が〈器具代数〉であったからである。算木という器具が数学思考の中に入り込んで、器具含みの算術的リテラシーになっていたからだ。その算木がそろばんに代わったら、今度はそろばんが器具代数そのものになった。このことは日本の数学が「そろばん数学」にすぎなかったこと、基礎リテラシーの技法に徹していたことにつながっていく。

　日本にそろばんが普及するのは、桃山から寛永にかけてのころだ。中国そろばんを改良して玉を菱形《ひしがた》立体にした（それまでは丸玉）。折からの楽市楽座とともに、そろばんは一挙に普及した。毛利重能《しげよし》の『割算書』、百川治兵衛《ももかわじへえ》の『諸勘分物《しょかんぶもの》』（分とは面積のこと）がまたたくまに広がり、そこに吉田光由《みつよし》のベストセラー『塵劫記《じんこうき》』（一六二七）が加わって、猫も杓子《しゃくし》もそろばん派になっていった。

　吉田光由は豪商角倉《すみのくら》一族の一人で、角倉素庵《そあん》に『算法統宗』を教えてもらって算数にめざめ、商人のための技法書づくりにとりくんだ。もっとも『塵劫記』は一冊の本のことではない。何人もの和算家がさまざまな『塵劫記』を連続編集した。

　円周率を求める本も出回った。村松茂清《しげきよ》の『算俎《さんそ》』（一六六三）は$\pi$の値を小数第二一位まで計算してみせた（八位以降はまちがっていた）。いつの時代も円や球はマジカルな魅力を持っているものだが、徳川期の知識人や民間研究者にとっても円や球にかかわることは人気の営みだったようで、「円理にかかわる者」として一目おかれた。だからわざわざ解法を人前で見せもした。のちには解法を得意気に絵馬《えま》に描いて、寺社に奉納した。けん玉大会に出たり、駅ピで素人を前にピアノを披露したりするようなものだろう。

こうした巷《ちまた》の算術熱を背景に、関孝和《せきたかかず》（一六四〇頃〜一七〇八）が登場する。かなりの才能の持ち主だ。筆算による記号代数が独創されたのである。ヨーロッパでも、十六世紀末のヴィエトと、次代のデカルトによってなされたことである。

算木の天元術やそろばんの計算では、一次方程式ならなんとかなるが、これが多元連立となるとお手上げだった。関孝和はそこを工面した。未知数を筆算のための記号係数文字であらわし、補助の未知数を入れられるようにして多元連立方程式を立て、そのうえで未知の補助数を消去して一元方程式で解けるようにした。この解法を「点竄《てんざん》」と言った。

こうして、文字係数をつかう和算が誕生していった。ブームにもなった。筆と墨でアルゴリズムに挑戦する和算は、見るからに不思議な情緒的ソリューションに富んでいたが、和算そのものは図示の仕方が東洋的なところが特徴なのではなく、その解法が日本的だったのである。文字係数が仮名やルビの発想に近かったのだ。

大垣市・明星輪寺の算額（1865）

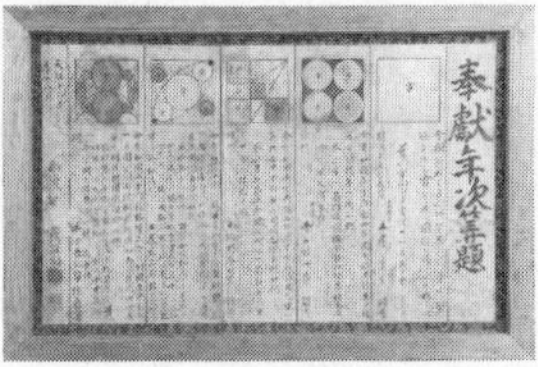

養老町・田代神社の算額（1841）

渋谷・金王八幡宮の算額（1864）

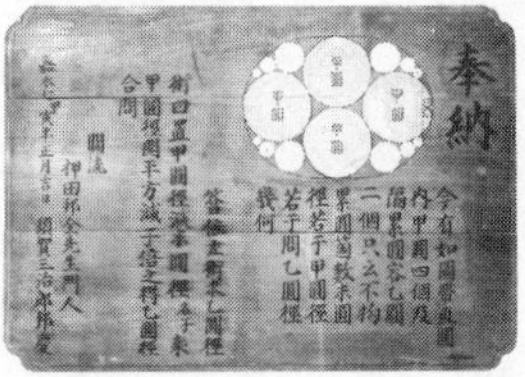

足立・須賀家の算額（1854）

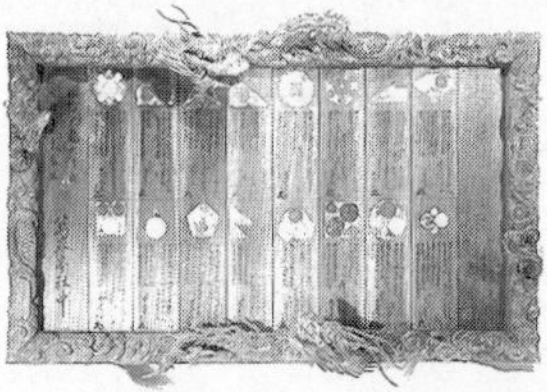

瀬戸内市・片山日子神社の算額（1873）
式内社 片山日子神社 高橋家直撮影

算額は江戸中期からの風習で、額や絵馬に数学の問題を描き、神社仏閣に奉納した。明星輪寺の算額（上図）は、円形、三角形、菱形などを多角的に組み合わせた幾何学の難問が並ぶ。縦57cm、横223cmという大きな額だ。田代神社の算額（中左図）は幾何学5問で、うち3問は10代前半の少年がつくったもの。金王八幡宮の算額（中右図）はめずらしい扇形で、大中小の三円を並べて大円の直径を問うている。須賀家の算額（下左図）も円問題。右の大円に内接する小円の直径を求めている。片山日子神社の算額（下右図）は、16題の幾何図形が並べられていて、額縁に龍の彫刻が施されている（井上幽雪斎・鶴峰親子作）。

関は初著作の『発微算法《はつびさんぽう》』でだいたいのアイディアを提案していた。その後の関の和算学は多岐にわたるのだが、その全容は弟子たちによって『大成算経《たいせいさんけい》』二〇巻にまとまった。

関の発想は分数式や行列式にも及んだが、西洋数学が導入した「括弧」の使用は思い付けなかった。一方、円理（解析学）にはめっぽう強く、弟子の建部賢弘《たけべかたひろ》（一六六四～一七三九）は『綴術算経《てつじゆつさんけい》』に関の円理を発展させた体系を組み立て、もし和算に独自の数学思想があるならこれだろうかという考想を暗示した。一言でいえば「尽」と「不尽」の考想というものだ。

建部によれば、1／4や1／5は「数が尽きる例」、1／3や1／7は「数が尽きない例」で、同様に、加減乗の三つは算法が尽きるもの、除法（割り算）や開平（$\sqrt{x}$を開く）は算法が尽きないものだとみなした。算術というもの、結局はこの「尽」と「不尽」のせめぎあいなのではないかという、そういう考想だ。

村田全は、はたしてこれが和算思想の到達できた数学思想の姿なのかといえば、ここには西洋数学の「通約不能性」をめぐる深い思索が乏しいと指摘せざるをえないと言うのだが、なるほど西洋数学に照らせばそうかもしれないが、ぼくはここには日本独特の「尽くし」の思想が滲《にじ》み出ていて、それなりの愉快な到達を感じるのである。

われわれには「運が尽きる」とか「尽力」という見方がある。これは運や力というものを客観体や客観量の対象として措定しているのではなく、そこにかかわった者たちの営みを関与させて、尽きるものと尽くしえないものを俎上《そじょう》にのせている。尽きるといっても、かかわっていくにつれて尽きてきたというニュアンスだ。ここにはモーラ(網羅)の神々にもいくばくかの戯れがあるという見方が出入りする。すでに『方丈記』には「その数ならぬたぐひ、尽してこれを知るべからず」とあった。相対化しているのではない。出たり入ったりしているということを観察から外さないのだ。そこは西洋風合理主義のようには冷徹になりきれない。なりきれないのだが、あえて言うなら抽象化をとことん進めるのをあえてためらうのである。ただし、ためらって引き返すのではなく、「ためらい」を包んで結着させる。そこでケリをつける。

実は西洋思想や西洋哲学にもこれに似たものがないわけではない。アルキメデスのすだれ論法、カヴァリエリの不可分者の導入、ウォリスの無限算術の方法などだ。詳しくは数式や図解が必要なので、本書六一ページ、一七七ページ、一八五ページを見てもらいたいのだが、これらは建部賢弘の「尽・不尽」のあいだに少しだけ粗い目のものを入れておくという方法に近いものだった。その粗いものによって、ケリがつけやすくなるのである。

このようなケリのつけ方はヴィトゲンシュタインについての千夜千冊で(八三三夜)、ぼくが「カタルトシメス」という風変わりな造語をもって説明した方法にも似ている。ヴィトゲンシュタインは論理によってカタルには(論理で証明するには)、いったんカタル方法とシメス方法とを切断しておいて、そのうえでカタルトシメスという一挙連鎖的な新方法で論証と陳述のアンビバレンツに結着をつけるべきだ(ケリをつけるべきだ)と考えた。そんなふうに解説しておいたのである。参考にしていただきたい。

中国的数学や日本的和算の特徴は算木やそろばんを〈器具代数〉にしたことによって生じたのだろうと思う。アタマと手が器具付き代数としてのみ発展してしまったのである。いったんスマホに慣れてしまうと、誰かと会うのにスマホでメールを送らなければ会えなくなってしまったようなものだ。

関孝和や建部賢弘はそこを脱して筆算代数に挑んだけれど、それでもなおやはり器具代数化した思索的方法が残響していたはずだ。

東洋、とくに日本においては、アタマの思索は手の手続きなのである。手、アタマ、なのだ。そうなっているため、日本的思索文化は「手続きの作分」のほうを評価する。同時に多くの仕事は「道具立てを伴う表現」でなければならなかったのである。「匠《たくみ》」の文化というべきか。これらのことは近代以前の東洋に数学的英知が醸成しなかった理由の説明にはならないかもしれないが、ひょっとすると複雑系の数学や非線形科学の方法や偶有性の哲学においては、意外な相性のよさをもつかもしれないとも思われる。いつか、このことについても解読したい。

第一八三三夜　二〇二三年十月二六日

**参照千夜**

九四七夜：岡潔『春宵十話』 九九二夜：小林秀雄『本居宣長』 七五〇夜：空海『三教指帰・性霊集』 一二三九夜：法然『選択本願念仏集』 九八八夜：道元『正法眼蔵』 六二四夜：慈円『愚管抄』 一二一九夜：心敬『ささめごと・ひとりごと』 一一八夜：世阿弥『風姿花伝』 九九六夜：王陽明『伝習録』 九九一夜：松尾芭蕉『おくのほそ道』 九七四夜：『近松浄瑠璃集』 九九三夜：三浦梅園『玄語』 九六夜：木村泰賢『印度六派哲学』 七九九夜：プラトン『国家』 九九四夜：『ライプニッツ著作集』 四二夜：鴨長明『方丈記』 八三三夜：ヴィトゲンシュタイン『論理哲学論考』

どうして日本語になった数学が
ダンディになれるのか

高木貞治

## 近世数学史談

科学新書（河出書房）一九四二／岩波文庫　一九九五／共立出版　一九九六

高木貞治は明治八年の岐阜本巣《もとす》に生まれた。古田織部《おりべ》と同じ故郷だ（岐阜は織部と高木と、そして久松真一を誇るといい）。日清戦争とともに東京帝大に入った。数学を教えたのは菊池大麓《だいろく》と藤沢利喜太郎《りきたろう》である。微積分につづいて楕円《だえん》関数論などを修めるかたわら、図書館の科学書と数学書をかたっぱしから読んだ。

その後、アーベルの方程式を解読しているうちに、時の文部大臣の外山正一《とやままさかず》が辞職の置き土産にした日本最初の留学制度によってドイツに行く。瀧廉太郎《たきれんたろう》がライプツィヒに行った時期から数年早い。勇気のいることだったろう。瀧廉太郎もそうだったのだが、日本で学んだ洋学や洋楽なんてものは本場へ行けば吹けば飛ぶようなものだ。まして数学である。ヨーロッパでは、ちょうどワイエルシュトラス、クロネッカー、クンマーの数学釈迦三尊が隆盛時代をきわめた直後にあたる。

ベルリンの日々は高木にはつまらなかったようだ。明治三三年にゲッティンゲン大学に移った。一九〇〇年だ。この年は日本の「洋行の歴史」とでもいうべき視点でみると記念すべき年で、漱石がロンドンに入る前にパリ博覧会に寄り、竹内栖鳳もパリ博に行き、川上音二郎が貞奴《さだやっこ》をともなってニューヨーク公演を果たした年だった。なかで漱石と高木はヨーロッパにまったく驚かなかったのである。よく知られているように、漱石はロンドンに退屈する。

ゲッティンゲン大学ではクラインとヒルベルトが講義をしていた。「ゲッティンゲン数学の春」が爛漫《らんまん》と咲き誇っていた時期である（高木の帰国後に、ミンコフスキーも教授になっている）。なんとも羨ましいけれど、それ以上に感嘆するのは青年高木がゲッティンゲンの春にいささかも怯《ひる》むことなく、これを存分に満喫できたことである。たとえば、こんな話を高木は書いている。

担当教官となったヒルベルトが高木に「おまえは代数体の整数論をやりたいらしいが、ほんとうにやるつもりか」と聞いたらしい。当時、代数的整数論などというものは世界中でもゲッティンゲンでしかやっていないのだから、東洋の片隅の日本からやってきたおまえにそんなことができるとは思えないという意味である。

高木が「やります」と答えたところ、ヒルベルトはすぐさま「代数函数《かんすう》は何で決まるか」と尋ねた。口頭試問のつもりであったのだろう。高木がぼうっとしていたら、ヒルベルトは「リーマン面で決まるんだ」と言った。

なんだ、そんなことを答えればいいのかと思いながら黙っていたところ、面魂《つらだましい》でもいいと見えたのか、自分の家に来いという。そこでのこのこついていって、ヒルベルトの家で、自分がやりたいのは「基礎のフィールドがガウスの数体である場合の数学論」、すなわち「レムニスケート函数の虚数乗法」をやりたいのだという旨を告げた。これはそのころ「クロネッカーの青春の夢」という美しい名でよばれている問題のひとつで、当時、日本人の誰一人として知らなかった問題だ。ヒルベルトは極東からやってきた青年の魂胆に驚いたという。

この挿話は日本人高木の豪胆を物語るものではなく、高木の数学コスモポリタンとしてのセンスの高さをあらわしている。

高木は独自の数学の構築にいそしんでいった。帰国後も東洋の片隅でたった一人で数学を教えながら整数論にとりくんだ。一口にいえば、ヒルベルトの「類体は不分岐だ」という主張をくつがえし、不分岐の条件を捨てた類体論にとりくんだ。いわゆる相対アーベル体論である。なぜ、そんなことにとりくめたのかということを、高木自身は自分が東洋の片隅に生まれ育ったせいにしている。

当時、第一次世界大戦が始まって、ろくにヨーロッパの専門書や論文が届かなくなったらしいのだが、それでしかたなく自分で疑問をつくって解読するしかなくなったせいだというのである。けれども、この日本での研究の日々は実際にはそうとうにたいへんだったようだ。なにしろ自分がやっていることをレフェリーとして検証できる者がいない。日本では高木貞治は前人未踏なのである。まわりには高木が考えていることに耳を傾ける者すらいなかった。

しかしそうなると、不安に苛《さいな》まれる。解法のヒントをしばしば夢にまでみる。それを朝起きてやってみると、ぜんぜんちがっている。そのうえ、自分が学んだドイツはしだいにナチスに犯されておかしくなっている。それとともに日本もおかしくなっていた。大学もおかしな雰囲気に包まれる。まさに一人で数学の大道に立ち向かっているようなのだ。そういう苦闘の日々がつづいたようだ。

本書は、一七九六年三月三十日に十八歳のガウスがひらめいた話から始まっている。ガウスは正十七角形の作図法に気がついた。高木はこれを第一章「正十七角形のセンセーション」と銘打って、ガウスがやりとげた数学を解説しつつ、しだいに近代数学がどのように生まれたかという手順で、話を展開していく。なんとも味がいい。

ぼくはこれを読んで、すぐに「遊」のスタッフであった十川治江に勧めた。彼女は早稲田の理工学部を首席で卒業して、しばらく東芝にいて、それから設立したばかりの工作舎を手伝いにやってきた。以来ずっと工作舎を支えた。とくに数学が得意で、矢野健太郎のいじわるな出題などにほとんど淀《よど》まない。あるとき、その十川に一つのヴィジョンと二つの課題を話した。ヴィジョンのほうはガウスの幾何学と曲率論にちなむもので、ぼくはとくとくと言ったものだ、「ガウスの直観こそが数学なんだよ。ガウスの精神をもって編集をしてほしい」。十川が聞いた、「ガウスの精神って何ですか」。「少数なれど熟したり、っていうことだ」。

十川には、日本の科学者のエッセイを近代から集めなおして何冊かのアンソロジーを編集してもらうことにした。のちに「日本の科学精神」全五巻となった。彼女はまっさきに数学の巻『数の直観にはじまる』にとりくみ、そこで高木貞治に出会った。「松岡さん、高木貞治ってやっぱりかっこいいですねえ、ダンディですねえ」。

その後、ぼくはちょっと風変わりな言葉を三つ、つくった。「遊星的郷愁」と「数学的自由」と「科学的愉快」というものだ。「遊星的郷愁」は地球の上に生まれてしまった香ばしい失望感をあらわすものとして、ジュール・ラフォルグや稲垣足穂を念頭において いる。「数学的自由」はガウスやポアンカレを念頭においたもので、解放ではなく解法こそが自由なんだというつもりである。「科学的愉快」は寺田寅彦や湯川秀樹を念頭においていて、厳密なものからこみあげてくる愉快をあらわしたかった。いずれにも当時の編集的思想感覚がよくあらわれている。ぼくと十川は或る一夜をさいて『科学的愉快をめぐって』という対談本も刊行した。そのあいだ、何度、高木貞治のスピリットに戻って夜を徹したことか――。

高木貞治のスピリットや数学ダンディズムがどういうところに感じられるかということは説明がしにくいが、次のことを知れば万事が推しはかれるのではないかと思う。「日本語で数学を書く」というエッセイがあるのだが、そのなかに"object"を日本語にするにあたって、高木はこれを「目当て」と訳したのだ。いや、訳したのではなく、"object"のほんとうの意味は「見当をつける」というところにあるのだと断定してみせた。これはすばらしい。ここには「オブジェクトはたんなる対象であるわけがない！」という見通しが躍っている。

実際にも初期のオックスフォード辞典では、オブジェクトとサブジェクトの意味は、われわれがいま使っている意味とは半ば逆の意味をもっていた。神学上の意味あいが強かったのだが、オブジェクトは神に向かうための方向や目標をあらわしていて、サブジェクトはその神に従事するものをあらわしていた。もっとわかりやすくいえば、神とサブジェクトのあいだにある夾雑者《きょうざつ》がオブジェクトだとみなされたのである。

そんなことを持ち出さずとも、まさにオブジェクトは「見当」というべきかもしれない。そこへ向かうための目印こそがオブジェクトなのである。そのように見ることがまた、それこそ数学的自由であって科学的愉快というものなのだ。

高木貞治の数学ダンディズムは時代や文化や社会にも切れ味を発揮していた。本書の付録に入っている「回顧と展望」にはこんなことを書いている。

数学には「三つの大きなA」がある。Arithmetic と、Algebra と、Analysis である。この統合こそが数学だった。そう、高木は見た。それが最近では、みんなみんな「一つの小さなa」ばかりを追いかけている。それは abstract である、と。こんなことでいいのかと高木は言いたかったのだ。「一つの小さなa」ばかり追いかけてどうするのか、と問いたかったのだ。

これは、高木が文化勲章を受章した一九四〇年のときの記念講演での、すなわち六十年も前のとても静かな警告だった。たしかに、われわれはその後もキャピタル（大文字）を欠いた「a」にかまけすぎている。三つのキャピタルAを束ねる力を失ってきた。残念ながらいまなお、この高木の警告は守られているとは言いがたい。

第五四夜　二〇〇〇年五月十九日

［追記］その後も高木貞治の本を啄《ついば》んできたが、あらためて『数学の自由性』（ちくま学芸文庫）に堪能させられたことを付け加えておく。二つ、摘まんでおく。ひとつは数学の実用性を問われた高木が「水や空気が実用的であると思えるなら、数学は実用的である」と言い切っていることだ。もうひとつは、「日本語で数学は書けるのか」という問いに、「もちろん書ける」と断じつつ、ただし日本人は日本語でいかに書くかということに本気で挑むつもりがあるのかと訝《いぶか》っているというくだりだ。二つともギョッとした。

**参照千夜**

一〇四一夜：久松真一『東洋的無』 五八三夜：夏目漱石『草枕』 一三三夜：ヒルベルト&コーン゠フォッセン『直観幾何学』 一八三七夜：G・ウォルド・ダニングトン『科学の王者 ガウスの生涯』 八七九夜：稲垣足穂『一千一秒物語』 一八夜：ポアンカレ『科学と方法』 六六〇夜：寺田寅彦『俳句と地球物理』 八二八夜：湯川秀樹『創造的人間』

心の中にある自然数
春泥が告げる「情緒の数学」

岡潔

# 春宵十話

毎日新聞社　一九六三

この『春宵《しゅんしょう》十話』が毎日新聞に連載されていた十日間は、高校から大学に入る途中の時期にあたっていた。連載をちらちら読んで、この数学者はどういう人なのだろうかと関心をもった。何かの原郷を告げているような気がしたのだ。

当時のぼくは、九段高校がある飯田橋から中央線・京浜東北線を乗り継いで桜木町に着くと、しばらく横浜をほっつきまわるということをしていた。このことについては八九四夜（『メルメ・カション』）にもちょっとふれた。野毛《のげ》、黄金町《こがねちょう》、ボートハウス、本牧《ほんもく》はこのとき体におぼえた。

あるとき、古めかしい開港記念会館の講堂で小林秀雄の講演が開かれていて、そこに入りこんだ（ひょっとしたら文藝春秋の講演会か何かで、そうだとしたら申し込み制で事前にハガキでも出していたのかもしれない)。小林秀雄は計算ずくめの人物だった。舞台袖から演壇にゆっくり歩いてきてそこに立つや、いま茶碗で冷や酒をぐっと一杯ひっかけてきたんだが、こういうときに冷や酒で喉《のど》を潤しながらぼくが喉ごしに考えていることなど、みなさんにはどういうものかおわかりにならないでしょう。いや、茶碗ひとつに人生の主観が動くということがあるということもなかなかわからないでしょう、そんなことを言って、話を始めるのである。

ぼくは呆気《あっけ》にとられて、この男についてはいつか十全に立ち向かわなければ敵《かな》わないと覚悟したものだったのだが(実はそれ以前に『無常といふ事』や『モオツァルト』を読んで納得できなかったのだが)、その講演の半ば、みなさんは岡潔という数学者を知っているか、あの人は日本のことがよくわかっている人だ。それは、日本人が何を学習するのがいいかということをよく知っているからだと言った。これはぼくを狼狽《ろうばい》させた。

岡潔の専門は多変数解析函数論である。京都帝大を出てパリ大学のポアンカレ研究所に通っていたころ、この研究に生涯にわたってかかわろうと決めた。いろいろ研究するうちに、どうも数学は愛嬌《あいきょう》がない、急につまらなくなるところがある。理屈を動かしているときに何かが欠けていくという感じがしてきた。それなのに数学にかかわっていること自体はおもしろい。これはどこか自分の考え方のほうを変えなければならないと思い始めた。奈良女子大教授時代のことである。

こうして「情緒」という問題が浮上した。岡はしだいに自分の数学は「情緒を数学にする」ということだと考えるようになる。いったい情緒とは何か。情緒の中心からどんな数学が出てくるのか。そんなことばかり考えるようになった。

この噂を聞きつけた毎日新聞奈良支局にいた松村洋が、何度かにわたって岡にエッセイのようなものを書かないかとくどいた。岡は、自分は世間とは没交渉しているし、またエッセイなど書いていて研究時間がおかしくなるのも困るからと、何度も固辞した。そこを粘っているうちに、そこまでおっしゃるなら口述ならかまいませんということになって、陽の目をみたのが「春宵十話」の新聞連載だ。題名は岡がつけたようだが、文章は松村がまとめた。そのせいか、たいそう生き生きしている（寺田寅彦などを例外として、日本の科学者は文章に風味がない）。本書はそれからしばらくたって、岡が他のところにも口述したり書いてみたりしたものをふたたび松村が一冊にまとめたもので、まさに春の宵の語り口になっている。

その後、岡の随筆はしだいにふえ、そのつど『紫の火花』『風蘭』『春の雲』『月影』といった風情のある心憎い標題がついてはキラキラの度合を増していったのだが、その印象は最初の『春宵十話』とずんぶん変わらない。最近はこれらを再構成して『情緒と創造』という一冊も出ていて、これなら入手しやすいだろうが、やはり『春宵十話』が最初の春の宵の匂いなのである。

あれこれの事情はともかくとして、以下にこの数学者がどんなことを考えていたのかを案内してみる。多少は岡潔っぽく、そして少々は小林秀雄ふうに。「私」となっているのは岡自身のことだ。

私はなるべく世間から遠ざかるように暮らしているのだが、その私がこの春の宵に急に何かを話そうと決心したのは、近頃のこの国の有り様がひどく心配になって、とうてい話しかけずにはいられなくなったからである。

太平洋戦争が始まったとき、私は日本は滅びると思った。ところが戦争がすんでみると、負けたけれども国は滅びなかった。そのかわり死なばもろともと思っていた日本人が我先にと競争をするようになった。私にはこれがどうしても見ていられない。そこで自分の研究室に閉じこもったのだが、これではいけないと思いなおした。国の歴史の緒が切れると、そこに貫かれていた輝く玉たちもばらばらになる。それがなんとしても惜しいのだ。

たとえばいま、国も人もあまりに成熟を急ぎすぎている。何事も成熟は早すぎるより遅すぎるのがいいのに決まっているのに、これではとんでもない頓珍漢である。また、どうも直観を大事にしなくなっている。直観というものは直観にはおわらないもので、直観からそのまま実践が出てくることがある。直観から実践へというと、すぐに王陽明の学のようなものを想定するかもしれないが、ああいうものは中国からきて日本化したのではなく、もともと昔から日本にあったものなのである。

善悪の区別もつかなくなってきた。日本で善といえば、見返りも報酬もないもので、少しも打算を伴わない。そこに春泥があることを温かみとして納得するごとく、何事もなかったかのように何かをすること、それがおこなえればそれが善なのだ。

それから、これは西洋でも相当におかしくなっているのだが、およそ人を大事にしていない。人を大事にしないと、人とのつながりに疑心暗鬼になっていく。人と人のつながりなど、最初につながりがあると思ったら、そのままどこまでも進むべきなのだ。どこかで疑ったらおしまいなのである。なぜ人とつながれないかというと、「ある」ということを考えちがいをしているからなのではないか。それが心にも及んでいる。このあたりが、けっこうな問題になる。

われわれはふだん、自然のほかに心があると思っている。その心はどこにあるかというと、肉体のどこかにあるらしい。脳の中かもしれない。しかし、その脳も肉体である。その肉体は自然の一部だから、それなら心は自然の中にあるということにもなる。私も五十歳くらいにはやっとそのように考えられるようになっていた。ところがあるとき、その逆を考えた。心は自然の中にあるのではなくて、自然が心の中にあると思ってもいいのではないか。その後、私はこの考えをいろいろ確かめ、そう考えるほうが正しいのではないかと確信するようになった。

そもそも自然科学は自然の存在を主張することができない。数学は自然数の「1」が何であるかは知らない。数学はそこは不問に付すものなのである。数学の出番はその次あたりからで、自然数のような性質をもったものがあると仮定しても矛盾はおこらないだろうかと問うところから、数学になる。

だから、何かが「ある」と思うには数学や科学の力ではなくて、心の力がいる。薔薇やダリアがそこにあるのは、そう思うからである。春の泥を春の泥だと感じるのは、データによるのではなく、そのように春を受け入れた私があるからなのだ。私には肉体があると感じるのも、そう思ったからである。

ただし、この二つの「ある」はその性質がちょっと異なっている。たとえば春が「ある」と思うのと、数が「ある」と思うのとでは、何かがちがっている。ここに、ささやかに冴《さ》えた「ある」と、何かをあえて打ち消して「ある」を気がつくという、二つの「ある」が分かれる。

数学一筋だった私は、最初のうちはあえて打ち消してみてから出てくる「ある」をずいぶん論理的にも勉強してみたが、そのうちにむしろ、なんだかありそうな気がするという「ある」のほうが立派だと思えてきた。なんだかありそうなどというのははなはだ曖昧であるようだが、この曖昧を「心のあいだ」に入れられるかどうかが肝腎のことだったのである。

人というのもそういうもので、人とのつながりはあると思う以外につながりは生まれないはずなのだ。春の野のスミレは、ただスミレのように咲けばよいのである。こうして私はそのように感じられる中心には「情緒」こそがあると思うようになった。

情緒を問題にするにあたって、とくに厄介なのは「自分」ということであろう。最近の日本は、子供や青年たちに「自分」ということを早く教えようとしすぎている。こんなものはなるべくあとで気がつけばよいことで、幼少期は自我の抑止こそが一番に大切なのである。

自分がでしゃばってくると、本当にわかるということと、わからないということがごちゃごちゃになってくる。そして、自分に不利なことや未知なことをすぐに「わからない」と言って切って捨ててしまうことになる。これは自己保身のためなのだが、本人はそうとは気づかない。こういう少年少女をつくったら、この国はおしまいだ。

仏教では、この「わからない」という知覚の一レベルのことを「無明《むみょう》」というけれど、この無明を連発するようになるなら、その人もその人が所属する社会も、混乱するか、自分主義の社会になる。たんに「わからない」と言わないで、「無明」に謙虚にむきあって「無明の明」を知るべきだ。

私は孫をもつようになって、いったいどのように「自分」が発生するのかを観察してみた。生まれて三つくらいになるまでは、自分というものはない。四つになると運動する主体としての自分を少し意識するようになるものの、自他の区別はしていない。それが五つになっていよいよ感情や意欲の主体としての自分を意識し、自他の区別を少しもつようになる。

この自他の区別の直前までの状態をとりあえず「童心」ということにしておくと、日本の教育の問題は、このごく初期の「自分の発生」をのちのちまで引っ張ったり、まわりが助長しすぎたりして、それを「個性」などと勘違いして褒めたたえることにあるようなのである。

しかし、そういう自分が発生したのちも童心はどこかにきっとあるはずで、童心というのは、伏せているものがはじけるように出てしまうものなのである。満月を見ているとおのずからこみあげてくる微笑のようなもの、幾つになっても蕾《つぼみ》が膨らむようにはじけて出てくるもの、それが童心である。これがなくては発明も発見もない。

私はこれまで十一の数学論文を書いてきたのだが、そのいずれの場合も、その研究の途中、どこかで夢中に童心状態になっていたことを確認できる。必ず、伏せられていたものが本当に明るみに出てきてくれたのだ。ところがいまの風潮は、都合の悪いことだけを伏せるようになっている。みんな、都合のいいことしか喋らない。いや、それしか喋れない。これはいったいどうしたものか。

私は犬や猫を飼ってみて、たくさん教えられたことがある。なかでも教えられたのは、犬や猫にとっては飼い主がそこにいることが大事だということだ。かれらは飼い主を心底、信じている。この確信がすばらしい。これをどうしたら人にもあてはめられるのだろうか。そこに信じられる人がいるということが、立派な「ある」なのだと了解できるようになるにはどうしたらいいか。

そこで私は考えたのである。これは「心の紐帯《ちゅうたい》」というもので、それをこそ教育の根底におくべきだということを。そして、この「心の紐帯」を信じられるようにするには、やはり「情緒」をこそ教育すべきであろうということを。もし、このような情緒の教育ができるならば、それこそが日本の「心の夜明け」というものではないか。私は、さっそくこの「紐帯」や「心の夜明け」の問題に取り組んだ。そして、いくつかの発見をした。

たとえば、生後十六ヵ月の孫が手に何かを持とうとするとき、一つのものを持っている場合は、次のものを持たそうとすると、最初のものを手放してしまうことに気がついた。口の中に何かを入れているときも、次のものは最初のものをぷっと吐き出してからでないと、入らない。これは自然数の「1」の練習であると思った。それまで私は順序数と自然数は似たようなものだろうとタカをくっていたのだが、順序数がわかってから自然数に進めるのだという見当がついてきた。もっと観察していると、自然数の「1」がわかるには実にさまざまな全身での確認をしている。体じゅうを動かして、やっと「1」が手に入るらしい。

この瞬間に情緒が動いたのである。まさに童心の発動だ。そうだとすれば、この童心「1」がフルに動いて作動した情緒というものを、なんとか子供になっても青年になっても、また大人になっても、作動できるようにすればいい。

私は数学をやってきて、独創というものがつねに「知」と「未知」の〝あいだ〟にだけおこることを知ってきた。この〝あいだ〟に行くには、第一には「知」をもっと動ける状態にすることと、第二には「未知」を何かで感じられるようにしておくという、この二つのことが必要になる。

知を動ける状態にしておくのは学者や研究者や思想家の仕事であろう。一方、未知を感じられるようにしておくというと、そんなことは変じゃないかと思われるかもしれないが、いや、そんなことはない。変じゃない。道元や芭蕉はそのことばかりに心を懸けてきた。「たとへば東君《とうくん》の春に遭ふが如し」と道元は言った。芭蕉は「梅が香にのつと日の出る山路かな」と詠んだ。ここには情緒だけがはたらいて未知に向かい、大自然の春や日の出をすっと摑まえている。こういうことは、いくらだってできるわけなのだ。芸術家や表現者はこのような仕事を研ぎ澄ましてきた。

しかしときには、この二つの役割は入れ替わるところがあったほうがいい。そのときこそ、新たな情緒が動くことになる。入れ替わりに情緒がはっと動く例としては、寺田寅彦が連句をあげた。たとえば、

草むらに蛙《かわず》こはがる夕まぐれ（凡兆）
蕗《ふき》の芽とりに行燈《あんど》ゆりけす（芭蕉）
道心のおこりは花のつぼむ時（去来）
能登の七尾の冬は住みうき（凡兆）

これは俳諧連句にいう「匂ひ」の「移り」というものである。こういうふうに情緒が人を介して動くことを、これからの教育ははたさなければならないのである。

ざっとこんなふうに岡潔は「情緒の数学」とでもいうものを自在に語ってみせたのである。むろんもっといろいろのことを書いている。とくに教育については痛烈だ。

水道方式が一面的なこと、暗記はダメなのではなくてむしろ中学二年から高校一年ま

でのあいだに集中してやらせたほうがいいこと、義務教育の学科は「こころ」科、「自然」科、「社会」科の三つで十分であること、勉強をしたければアルバイトをやめて貧乏になること、記憶は季節はずれにしては効果がないこと（タイミングを選ぶということ）、多読こそ速読の秘訣《ひけつ》であること、そういうことが次々に提案されている。

その一方で、情緒をめぐる多くの挿話や発想が語られる。たとえば文化についても、こんな見方からずばりと切りこんでくる。「文化というものは理想がなければ観念の遊戯と区別がつきにくい。この理想は一口にいうと、心の故郷をなつかしむというような情操を欠いてはわからない」。

もうひとつ紹介しておく。これは『紫の火花』からである。こういうものだ。

最近、東京と京都でフランス美術展が開かれたが、テレビでこれを批評していて、ある人の線が力強いとか、ある人の絵は構成が大胆であるとか、ある絵は調和がとれていると言っているのを聞いて、私は呆《あき》れてしまった。それでは意志の芸術ばかりを評判しているだけではないか。私がほしい芸術や調和はそんなものではない。いかに小さくても麦は麦、いかに大きくても雑草は雑草であるような、そういうものが見たい。しかしもっというのなら、本当の調和は午後の日差しが深々としていて、名状しがたいようなもののことなのだ。このことがわからずに、芸術はなく、平和というものもわかるはずがない。日本では戦争をしないことを平和だと思っているが、そんなことはかたちだけのことで、内容がない。調和のあるものこそが平和なのである。

これが岡潔だ。その後、岡は小林秀雄と『人間の建設』という対談をして、なんとも絶妙な「無明の明」をめぐったものだった。まさに名人と達人の会話であった。しかし、これらを名人芸や達人芸としてしまっておくのは、もうやめたほうがいい。われわれは極上のものを足元の春泥の温かみにするときにいよいよさしかかっているというべきなのである。

では、明日の春の宵は未詳倶楽部の仲間とともに美輪明宏の「紫の火花」を見るために稽古場に行くことにする。これまた得がたい春宵十話になることだろう。

第九四七夜　二〇〇四年三月十二日

**参照千夜**

九九二夜：小林秀雄『本居宣長』　一八夜：ポアンカレ『科学と方法』　六六〇夜：寺田寅彦『俳句と地球物理』　九九六夜：王陽明『伝習録』　九八八夜：道元『正法眼蔵』　九九一夜：松尾芭蕉『おくのほそ道』　五三〇夜：美輪明宏『ああ正負の法則』

数学は言葉である、振子である、
守破離である、ローレンツ変換である。

吉田武

# 虚数の情緒

中学生からの全方位独学法

東海大学出版会　二〇〇〇

子供に算数を教える。やってみたことはないのだが、ぼくのような門外漢がやってみるとすれば、この仕事には「やんちゃ」を感じさせるものがあって、何か誘われるものがある。たとえば、古代アテネのまぶしい日差しや「読み・書き・そろばん」に励む寺子屋の子供たちの弾む声が蘇《よみがえ》ってくるような、そんな印象だ。

子供と数学というと、日本では水道方式から公文《くもん》式の算数ドリルまで、数々の算術指南が試みられてきて、それなりの成果をあげてきた。なんといっても、読み・書き・そろばんであって、算術がなければ何も始まらない。実際にも、どこの国においても算数や数学は、国語とならぶ学習の基本であることはまちがいがない。七九九夜（プラトン『国家』)で述べたように、ソクラテス、プラトン、アリストテレスに一貫した「マテーシスはアナムネーシスである」というテーゼは「学習は想起である」という意味だが、そのマテーシスこそは万国共通のマテマティクス(数学)の語源であった。ものを数えて、それをアタマの中に配置できなければ、記憶だってままならない。

だから幼児のときから算数のしくみを手や目がおぼえることは、当然、記憶や学習の基本になっているのだけれど、とはいえ、その学習教授法がいかにたくみであるからといってそれで算数・数学の本質が子供に伝えられたかどうかといえば、それは別問題だ。計算が上手になった子供が「数学の心」を知ったということにはならない。

ぼくの拙い体験例はおよそ一般的ではないだろうけれど、ぼく自身が数学を理解したと思えたのは、最初が高校時代に割り木とパチンコ玉で四則演算器を部屋いっぱいに悪戦苦闘しながら作っていたときで、その次が大学時代にフーリエ級数にとりくんだとき、そしてその次がヒルベルト問題とゲーデル数に刃向かっていたときだったから、かなり高次な体験を通過したときだった。それまでは「数学の心」なんてとうていやってこなかった。これでは、子供時代の数学理解とはいいがたい。

では、そういう数学体験を子供時代に体感できることはまったく不可能なのかといえば、きっとそんなことはない。子供の身になってみなければわからないけれど、おそらくは数学の醍醐味《だいごみ》を高次なままに体験できる方法はあるはずだ。そういう「やんちゃ」な方法があるはずだ。ずっとそういう気がしていた。今夜はそういう可能性のひとつとして、めずらしい一冊を案内したい。

本書のタイトルは大胆不敵にも『虚数の情緒』という。すぐさま岡潔を連想させるセンスが伝わってくるが、「虚数」と「情緒」という二つの言葉が寄り添って並んでいるのが、あまりに大胆というか、あやしいというか。

虚数は英語ではイマジナリー・ナンバーというから、そこだけをとらえればなんとなくフィーリングはあいそうだが、このままではやはり不可解である。しかも「中学生からの全方位独学法」というサブタイトルがついている。おまけにそれを語るにあたって、なんと九九八ページを費やしている。法外な大冊なのだ。けれども著者の狙いは鮮明である。中学生に虚数を教えるのがひとつの目的になっていて、その教え方が全方位だという。そう言って憚《はばか》らない。

どういうふうに全方位なのかということはこのあと少々紹介するが（数式が多い本なのでここではスケルトンだけを紹介するが）、その前に、この著者が本気で数学の醍醐味を中学生レベルに伝えようとしていることを保証しておく。

著者は『オイラーの贈物』（海鳴社↓ちくま学芸文庫↓東海教育研究所）で評判をとった。海鳴社版は一九九三年である。京都大学の西村孟名誉教授から文系教養科目として数学を講義してほしいと頼まれ、一年にわたってオイラーの公式だけを教えようと決意した。そのおり試みた講義録の成果が『オイラーの贈物』で、徹底してオイラーが用いた複素数（とりわけ虚数の効力そのもの）の意味を理解させることに専心している。次に『素数夜曲』（東海大学出版会）を書いた。こちらは整数論の世界をたどってみたもので、やはり複素数の理解に初心者を導くためのものになっている。

二冊とも、持ち前の数学愛、説明のうまさ、ハコビの独得の工夫が目立っていて、類書をよせつけないものがあったのだが、そこに「全方位独学法」といった野心が、ようするに「やんちゃ」がひそんでいるとは見えなかった。あくまで高等数学学習のためのユニークな攻略本だったのである。

ところが本書はちがっていた。虚数の理解についてはむろん多くのページを割いてはいるのだけれど、それ以上に「学ぶ」という意味を解き、とくに科学的で数学的な思考のパフォーマンスをもつことについて独自の見方を導入した。そこがおもしろく、新たな可能性を感じさせた。

あらかじめ正直な感想をいっておくと、数学解説を除いた箇所の説明は必ずしも上手なわけではない。複素数数学の説明にくらべると粗密がありすぎて、科学思考の本質に言及できていないところも少なくない。それなのに全体としては、この記述方法は大きな成果を発揮する。数学がもともと秘めている世界観や感情を、数学本来の考え方のメソッドに沿って縦横無尽に説き抜こうとした著者の信念が全ページにわたって雄弁を貫いた。ではともかくは、そのサワリを圧縮して紹介しておく。

著者は数学を学ぶにはまず「言葉」を学びなさいという。言葉こそが歴史であって文化であって、人格であって君自身なんだという。これはこのとおりだ。

ついで、青年は「易《やす》きにつくな」、いたずらな小我を破って「守・破・離」をこそまっとうせよという。それには絶対に「読書」が必要で、それも針の穴から隣人を覗き見てその全人格を了解するような読書をしなければならないという。そのおりに「年表」のおもしろさを知りなさい、自分で年表を作成してみるといいとも奨める。なぜ年表を重視するかというと、科学も技術も積み重ねと発見と意外性の飛躍からなっていて、それを知るには年表の細部に入っていくのがいいという理由かららしい。なかなか思い切った見解だが、ぼくはこれも大賛成だ。

それにしても数学を学ぶにあたって「守・破・離」を自覚し、読書への覚悟と年表の重視をのべるあたり、世の中のどんな数学書にもまったく見られない指南になっている。ほぼ同じ方針をもっているのは、わがイシス編集学校だけだろう。

こうして著者は、アインシュタインの次の言葉を引く、「この世界について最も理解できないことは、それが理解できるということである」。
この言葉で著者が何を言いたいかというと、「数式はその作者より賢い」のだから、そして、数学の本質は「推論の醍醐味」にあるのだから、数学を学ぶにあたっては数式のたびに新たな推論のステージを体感できるのだということを知りなさい。それにはたとえば、ケプラーの法則における質量が「m」となっている代数的な意味を知り、そもそも推論に帰納法と演繹《えんえき》法があること、すなわち特殊から普遍を導くこともあれば、普遍から特殊を導くことも、両方とも可能なんだということを知りなさい、そういう理解を恐れない態度をもちなさいということである。

ここまですこぶる快調、なるほど、なるほどと思わせる。が、全方位独学法の真骨頂はここからで、次に著者が持ち出すのは理科系と文科系で世の中を分けるなという方針だ。

二分法はそれなりの効用をもつけれど、和魂洋才とも言われるとおり、互いに異なる知識や才能が組み合わさることのほうがもっと重要で、寺田寅彦や中谷宇吉郎や岡潔が、またロバート・ゴダード（ロケットの父）やリチャード・ファインマン（物理学者）が、あるいはウィントン・マルサリス（ジャズトランペッター）が、そうであったように、相違を分けるだけでなく、どこかでそれらを「丸呑み」することがさらに重要だとのべる。

ことに「文化にはグローバル・スタンダードなんてありえない」とのべ、その説明に中学生を相手にしているとは思えない勢いで、あえて本居宣長が「漢意《からごころ》」に対するに「古意《いにしえごころ》」の方法をかざしたことを最良の例にあげているところなど、まさに著者の独壇場となってくる。

これで驚いてはいけない。本書はこのあと「知性の誕生」を解説するために、宇宙マイクロ波背景輻射《ふくしゃ》から星の誕生をへて万有引力の法則を説明し、マグマオーシャン期の地球からどのように高分子のタンパク質としての生命が生まれ、それがDNAなどによって複写できるようになったかを手短かに綴り、さらにはそこからアウストラロピテクスなどをへて意識と言葉をもった人類が出現するまでをざっと指摘すると、そこについには文字と数字と、閏《うるう》年をふくむ暦と六十進法などの桁の工夫と円周分割などの度数法とが生まれてきたことを、一気呵成《かせい》に語るのだ。

こういう説明はめずらしいわけではない。ずっと以前にはハーバート・G・ウェルズが試み、ランスロット・ホグベンの『数学の世界』(河出書房新社)やジョルジュ・イフラーの『数字の歴史』(平凡社)が洋の東西をまたいで海図のように案内し、またカール・セーガンが『エデンの恐竜』(秀潤社)などで何度かカレンダー化し、もうすこし数学思想的にはレイモンド・ワイルダーが夙《つと》に『数学の文化人類学』(海鳴社)で示したことでもあった。ものごとの発生から物語るというやりかただ。

しかし本書のような腕力はやっぱりめずらしい。この超高速一五〇億年史をもって、そこから著者は数学が「万古不変の宇宙語」であって、それを前にしたわれわれ自身が歴史そのものであることを導こうとするからだ。

ものごとの発生を物語る万余の書物には、ほとんどテクニカル・エクササイズなんて入らない。ところが本書はその数学エクササイズのマスターのためにこそ、宇宙と生命と知性の発端を告示してみせたのだ。

だいたい雰囲気がつかめただろうか。「全方位独学法」といえばそのとおりだが、これは中学生のためというより、著者自身の独自独学独歩が全面開示されているといったほうがいいだろう。

ともかくも本書はこれで第I部をおえ、第II部は自然数の説明から虚数・指数の解説にいたる「叩け電卓！　摑め数学！」へ、さらに第III部「振子《ふりこ》の科学」へと進む。第II部が複素数数学の基本を徹底して解説しているところなので、本書の中核はここにあるのだが、最初に書いておいたように、数式が配列され、そこに哲学や科学のエッセンスが絶妙のタイミングで次々に挿入されているので（ここがエクササイズの本番にあたる）、ここでは省く。案内のしようがない。ただし数学教育に関心をもっている向きの諸君の参考のために、どういうエクササイズの手順になっているかをごくおおざっぱに項目的にあげておく。

最初は自然数の把握である。素数から記数法に入って、「数の原子論」がどういうものかを把握する。ついで数の代わりになぜ「符号」を用いるのかが説明される。ただしふつうの説明ではない。相似の意味、ピタゴラスの定理の意味、バビロニアン・テーブルの意味、加えてフェルマー・ワイルズの定理の意味まで持ち出される。

次に四則演算の法則、分数の加減乗除、電卓で分数計算ができないことへの注意、二進法の意義の説明などをへて、デカルトの功績から無理数の解説を通過したところで、いよいよ虚数と複素数の解明に入ってオイラーの公式に抜け出ていく。ここは著者得意のところであって、前著の『素数夜曲』よりもなお闊達《かったつ》だ。この途中に本書のタイトルとなった「虚数の情緒」についての説明も入る。

著者はこう言うのだ、「西洋の一次元的な見方を数直線に譬えれば、東洋のそれは複素平面、大小を超越した虚数の世界にある、といえよう。虚数の情緒とは、この意味なのである」。ついに〝東洋の数学〟がもつ複素平面性と、虚数をおもしろがる〝情緒の数学〟の正体が告げられるのだ。

第Ⅲ部は「振子の科学」とあるように、とうてい数学入門書とは思えない内容になっている。奥の奥ではオイラーの公式が動いているのだが、そこまで説明している数学書や科学書はめったにない。

話は振子をめぐるガリレオの力学を説明することからはじまるものの、そのうち重力加速度の話から角運動量保存の話になって、いつのまにか場の量子論へ、相対性理論へと話題が移っていく。なんとローレンツ変換式もシュレディンガー波動方程式も出てくる。そうかとおもうと、野球のバッティングの合理の追究に耽《ふけ》ったりもする（野茂の話も出てくる）。途中にはエネルギーの法則も気体分子運動論も出てくる。

こんな具合では、大学の専科でディラックやトモナガの量子力学の教科書をうんうん読んでいる気分になりかねないが、著者の解説ぶりは数式の解法をふくめてまことにエレガントで、実はあんまりリキんでいない。おそらくは理論物理学者になっていたらとっくに何かの〝発見〟をしていただろうと思わせた。

最後は「全方位」というより、最新科学理論の突端にまで進む。ここはさすがに舌足らずになっているのだが、いまをときめく量子電磁力学（QED）から量子脳力学（QBD）に及んで、かつての梅沢博臣《ひろおみ》や高橋康の「場の脳理論」に言及する。おそらく大半の読者はちんぷんかんぷんだろうけれど、著者は平気の平左なのだ。

とにもかくにもこういう数学と科学と文化を自在にまたぐ大冊なのである。それでいながら、たいへん柔らかい。こういう著者が玄々学よろしく全方位思想のための自説を貫いていることに快哉《かいさい》を叫びたい。ぼくもいつかは子供たちにこんな話をしてみたいけれど、その前に本書の方法と全容を大のオトナたちにぶつけてみたいという気分に誘われる。

第一〇〇五夜　二〇〇五年二月十六日

**参照千夜**

七九九夜：プラトン『国家』　二九一夜：アリストテレス『形而上学』　一三三夜：ヒルベルト＆コーン＝フォッセン『直観幾何学』　一〇五八夜：ハオ・ワン『ゲーデル再考』　九四七夜：岡潔『春宵十話』　三七七夜：ケプラー『宇宙の神秘』　五七〇夜：アインシュタイン『わが相対性理論』　六六〇夜：寺田寅彦『俳句と地球物理』　一夜：中谷宇吉郎『雪』　二八四夜：ファインマン『ご冗談でしょう、ファインマンさん』　九九二夜：小林秀雄『本居宣長』　一〇四三夜：シュレディンガー『生命とは何か』　一七三四夜：ガリレオ『星界の報告』　六七夜：朝永振一郎『物理学とは何だろうか』

こんなに瑞々しい
数学エッセイがあっただなんて

森田真生

# 数学する身体

新潮社　二〇一五

能楽師の安田登さんから「数学を研究していて、ときどきぼくの会にやってくるおもしろい青年がいる」と聞いた。「松岡さんも会ってやってください、なかなか凄いですよ」とも言われた。そうこうしているうちに、その青年が森田くんで、その森田くんが文芸誌に身体的数学論を連載していて、それが本となり小林秀雄賞をとったことを知った。『数学する身体』である。

読んでみて、とても気持ちがよかった。ヒルベルトとゲーデルをめぐる一番大事な流れから、あたかも水を掬《すく》うように数学本来の考え方と接し方を適確に汲み上げている。数学が若水《わかみず》のように扱われていた。扱われている話題は特段に新しいことではないのだが、考えるセンスと書きっぷりが瑞々《みずみず》しい。とくにチューリングと岡潔を並べていったところは鮮やかだった。

この本は「数」をめぐる思索から始まって、だんだん数学の役割を解いていくというふうに進む。冒頭、存在の海に差異の亀裂が走って「私」と「世界」が立ち上がっていくなか、ヒトにおいては2と1が同時に到来したにもかかわらず、数学ではまず1があり、それに2が続いて〝数直線〟を措定していったのはどうしてなのかという疑問がむくむくとあらわれてくる。

算盤のこと、筆算のこと、アラビア数学（アルジャブル）のこと、イタリア各地の計算学校やコスの技法のこと、デカルトの方法の工夫のこと、つまりは「算数ってどうしてできあがってきたのか」という話をそれなりにきちんと紹介したうえで、森田くんは自分が出会えた二人の哲人からの強烈なヒントを持ち出して、話を一気に若水掬いの手際にもっていく。

二人の哲人の一人はアンディ・クラークである。森田くんはクラークの主著『現れる存在』（NTT出版↓ハヤカワ文庫）に「認知は身体と世界に漏れ出す」とあることを引きながら、数学も長らく「脳」や「心」に閉じ込められていたものが体に滲み出していったのではないかと確信するようになる。もう一人はアーティストの荒川修作だ。荒川の養老天命反転地や三鷹《みたか》天命反転住宅に衝撃を受けた森田くんは、数学もそのような「私」と

「世界」を反転させる試みに向かっていったのではないかと思うようになる。実際にも三鷹の一室に住んでみたようだ。

話はこのあと、デデキントやカントールが創成した集合論に致命的な欠陥があること、それを指摘した「ラッセルのパラドックス」に対してヒルベルトが救いの手をさしのべる超数学を提案して、数学についての議論を数学自身の議論にしたこと、しかしその数学は自身の無矛盾を証明できないとゲーデルが証明したという、例の一連の「超数学と不完全性定理のドラマ」を一瞥《いちべつ》しながら、アラン・チューリングがこれらの議論に巻き込まれることなく算数の原理の〈外部化〉にとりくみ、万能計算機のモデルとしてのチューリング・マシンを提案したことを詳しく述べる。

一応は詳しく述べるのだが、そうしておいて一転、後半を岡潔の「情緒の数学」をめぐる話題に振り切っていくのである。天命反転だ。

なぜ森田くんはチューリングと岡潔という真っ向対立しあうような数学思想を並べられたのか。かつ岡潔を絶賛できたのか。センスがいいとしか言いようがないけれど、そこにはなにがしかの背景があるはずだった。

あとがきを読んで、ほうほう、そうかそうかと思った。「中学二年のときに甲野善紀《よしのり》の身体的知性に触れたことは幸運だった」と書いている。甲野さんはぼくもずいぶん昔から知っていた古武道を究めた武術家で、工作舎にたびたびやってきてあたりかまわず真剣を抜きながら、ぼくのスタッフたちに体の動き方を説明していた。そういう甲野さんは、森田くんにとって身体を考えるときの師範で、また「独立した研究者」の模範であったらしい(森田くんは自分のことを独立研究者と言っている。この覚悟も好ましい)。

鈴木健《けん》のことも書いてあった。スマートニュースをおこして成功した起業家だが、当時の彼は森田くんに数学の最初の喜びを教えた大学院生だったのである。カントールの対角線法をプレゼントしたらしい。文系だった森田くんが数学科に転じる気になったのは「健さん」のおかげだったとも書いてある。この「健さん」ともぼくは親しかった。加藤秀樹や鈴木寛や上山信一に頼まれてマッキンゼーの会議室でしばらく「半塾」をしていたときの記録係の若き青年だった。のちに週刊アスキー編集長の福岡俊弘の介添で対談をした。あとから、あの対談をしたのは『なめらかな社会とその敵』(勁草書房)を構想中のときだったと聞いた。

これだけのエピソードでチューリングと岡潔が並べられるセンスが育まれた背景は説明できないが、そこにアンディ・クラークと荒川修作のブラウザーが関与し、以上の話の途中に出てくるのだが、さらにユクスキュルの「環世界」(Umwelt)の見方が加わってくれば、うんうん、そうだろう、森田くんのセンスの磨き方がよくわかる。安田登が気にいるのも、よくわかる。

本書の後半で岡潔に手向けた森田くんの敬意には並々ならぬものがある。日本の数学関係者に岡潔ファンは少なくないけれど、多くの者の感想にはどこか羞《は》じらいのようなものがあった。照れながら褒めていた。理由はわからないでもない。

岡潔の専門は「多変数解析関数論」である。多変数の解析関数にとりくんだのだが、一変数の解析関数ならコーシー、リーマン、ワイエルシュトラスたちが一望できる理論をつくったけれど、これが多変数になると俄然《がぜん》、難解になる。見える世界の相貌が違うからだ。とくにハルトークスが発見した「擬凸性《ぎとつせい》」が特殊な幾何学性をもたらして、解析関数が見せる存在域がへんてこなのである。

それでも岡は真っ向から挑み、三度にわたって展望を得た。一度目は擬凸性が解析関数の存在域になっているのかどうかを問うことだ。岡はこれを「ハルトークスの逆問題」と捉えて、存在域の次元を上げて観察するという方法を案出した。関数空間を上から眺めようというのだ。「上空移行の原理」と名付けた。論文は広島文理科大学紀要に受理されたのだが、そのころ親しく一緒に伴走してくれていた親友の中谷治宇二郎《なかやじうじろう》（中谷宇吉郎の弟）が病没した。

二度目は大学を休職して、妻と二人の子を連れて両親の故郷の和歌山県紀見村《きみむら》（現・橋本市）に移ってからの挑戦だ。三七歳になっていたが、それから畑仕事と数学探求の日々が十一年続き、やっと「関数の第二種融合法」をまとめたものの、どうも成果はいまひとつである。極貧をかこつ岡は念仏修行を始め、その日々は農耕と数学と仏道が渾然《こんぜん》一体になっていた。

ここで三度目がやってきた。体の足元のほうから「不定域イデアル」という独得の発想がこみあげてきた。さっそく「層」（sheaf）に組み立てた。岡はこれを「情操による発見」だったと説明した。またのちには、自分のこの発想は「情緒の数学」にもとづいていたとも言った。

やっと書きあげた「不定域イデアル」の論文は親友の秋月康夫に手渡され、それが渡米する直前の湯川秀樹に託されて、一九五〇年のフランス数学会の機関誌に掲載された。世界の数学界が、日本の片田舎にいる数学者の発想に驚いた。ブルバキを代表するアンドレ・ヴェイユ（シモーヌ・ヴェイユの兄貴）がこれを読んで絶賛した。ヴェイユは一九五五年に来日して岡と会い、ヴェイユが「数学はゼロから」と言ったところ、岡は「いや、ゼロまでが大切なんです」と切り返したというエピソードがのこっている。

というぐあいに、岡の数学は多変数解析関数論の新たな展望をめぐるものであったのだが、本人がそれをもっぱら「情操」や「情緒」で説明したため、日本の数学者たちは褒めにくくなったのである。おまけに岡は数学の本質は「農」に近いとも言ったので、多くのファンは困ってしまった。『春宵十話』には、こうまで書いていた。

職業にたとえれば、数学に最も近いのは百姓だといえる。種子をまいて育てるのが仕事で、そのオリジナリティーは「ないもの」から「あるもの」を作ることにある。数学者は種子を選べば、あとは大きくなるのを見ているだけのことで、大きくなる力はむしろ種子のほうにある。

ちなみに森田くんの岡潔論は尻切れトンボにおわっていた。岡が道元や芭蕉になじんで日本的情緒に浸った根拠を抜き出しそびれたままになっている。このあたり、武道論や身体論の援用だけでは説明しにくいはずである。たとえば「松のことは松に習え」は、いったん芭蕉の「虚に居て実を行ふべし」のほうに移動しておくべきである。

ついでに言っておくが、森田くんが本書のあと五年をへて上梓《じょうし》した『計算する生命』（新潮社）は、フレーゲを扱っているところが白眉なのだが、その第三章に入るまでが前著の瑞々しさを失っていて、そのためかフレーゲの「概念記法」を称揚するべくその前提に持ち出したカント論の説明に言葉の力が奪われてしまって、その結果、フレーゲの果敢な意図が描出できずにおわっていた。できることなら、数学と言語についての議論をいったん展開させ、そのうえで生命論のための数学にとりくんでもらいたい。森田くんならできるはずだ。

もう二点ほど、加えておく。ひとつは、本書『数学する身体』は、われわれの行為や思索には数学的なエンボディメント(身体化)がおこっているという重要な示唆によって書かれているのだが、そこにはアフェランス・コピーとエフェランス・コピーがあって、武道家やアスリートやピアニストは、情報操作の指令を脳に頼るのではなく、エフェランスな(遠心的な)膝や手首や指先に托《たく》していることが少なくないということである。このことは津田一郎の『心はすべて数学である』(文藝春秋)にも言及されている。参照されたい。私の編集作業も多分にエフェランスにできている。このへんのこと、もっと突っ込んでほしかった。

もうひとつは、アントニオ・ダマシオの「ソマティック・マーカー仮説」を〝数学的身体観〟に加味したらどうかということだ。われわれの脳による思索が身体とともにあるのは当然だけれど、なぜそうなったかということは発生と分化のエピジェネティクス(後成遺伝学)にかかわっているのだし、それが進化のうえで〝人体〟に及んでいるのだとしたら、脳はその出先を体の各所に自律分散させたはずなのである。それが「ソマティック・マーカー仮説」だ。

言わずもがなを付け加えてしまったけれど、こんなに瑞々しく数学を綴ってみせた著作は、このところずっと皆無だったのである。望むらくは、ときにはうんと尖《とん》がってみられんことを――。

第一八三一夜　二〇二三年十月七日

**参照千夜**

一一七六夜：安田登『ワキから見る能世界』　一三三三夜：ヒルベルト&コーン＝フォッセン『直観幾何学』　一〇五八夜：ハオ・ワン『ゲーデル再考』　九四七夜：岡潔『春宵十話』　一七九〇夜：アンディ・クラーク『生まれながらのサイボーグ』　七三五夜：ユクスキュル『生物から見た世界』　八二八夜：湯川秀樹『創造的人間』　九八八夜：道元『正法眼蔵』　九九一夜：松尾芭蕉『おくのほそ道』　一〇七夜：津田一郎『カオス的脳観』　一三〇五夜：アントニオ・ダマシオ『無意識の脳・自己意識の脳』

はたしてビット文学は
脳の誤謬を自動訂正できるか

スタニスワフ・レム

# 虚数

長谷見一雄・沼野充義・西成彦訳　国書刊行会　一九九八
Stanisław Lem: Wielkość Urojona i Golem XIV 1973

ツェザーリ・シチシビシ『ネクロピア』序文より
意図の絶望的な無益さとしてのエロティシズム、投影幾何学の練習としてのセックス。これこそは「ポルノグラム」の互いに正反対の両極である。巷間《こうかん》では、シチシビシの芸術は「ポルノグラム」に始まり、「ポルノグラム」に終わると言い立てる者もいるが、私はやはりそういった意見には賛成できない。

レジナルド・ガリヴァー『エルンティク』序文より
本書のテーマは細菌であるが、細菌学者はひとりとしてこれを真面目にはうけとらない。言語学も扱っているが、言語学者はことごとく髪の毛を逆立てる。『エルンティク』は学びようがないのである。しかし、考えてみたまえ。もしもプラトンが『国家』を、ダーウィンが『種の起源』を、いま世に問うていたならば、これら二点はともに「ファンタジー」とみなされたであろう。それでもレジナルド・ガリヴァーはちゃんと実験をやったのである。細菌に文字を教え、細菌にモールス符号に似た通信能力をつけさせたのだ。

J・ランベレー編『ビット文学の歴史』（全五巻）序文より

ビット文学とは、人間の手によらないあらゆる作品を意味する。もとはビット学から派生した。ビット学は旧世界ビット学と新世界ビット学とによって構成される。いずれにしても、ビット文学はいま、代表的な四五種類の作家システムによって分類可能になっている。

ビット文学は、まず知性障害をのりこえるプロセスがあり、ついでコンピュータによる自己再生プロセスが生まれ、それが人間とコンピュータのあいだのマン・マシン的やりとりをへて、関係編集的な総体になって定着するという手続きをとる。したがってこうしたビット文学においては、どこがフィクションであるかは決して選別しえないし、さらに分別しえないのは、機械がどこで無思考的であったか、たんに「気晴らし」をしたにすぎないのかどうかを、確認できないということである。そこで、これらの一部の成果を「独自のつぶやき」とか「機械の夢」とよぶことさえ認められている。

この視点から、本書はビット文学を、やむなくホモトロピア（同種指向）、インタートロピア（中間指向）、ヘテロトロピア（異種指向）によって章分けし、そこに「共人間機械的ビット表現時空」を想定するようになっている。また親ビット文学と子ビット文学とを系譜化するようになっている。しかしよくよく観察すると、ここにも四つの編集作用が君臨している。すなわち「モノエティックス」（単創）、「ミメーシス」（模倣）、「ソフォクリシス」（知批判）、「ヴァージョン」（変節）である。

簡潔に例示をしておくことにするが、「モノエティックス」とは「モノス」と「ポイエーシス」の合体によって生まれた手法である。そこには「モノエット」（単創品）が生まれる可能性が高い。たとえば「ほろ酔い」を「酔ったホロホロ鳥」と解釈し、「人馬一体」を「半人半馬の怪物」というふうに編集する。ときに「歌謡曲」を「火曜にうたう歌」とか「小児科医」を「貝の子供」とさえ産出する。

「ミメーシス」では、機械が「内的概念空間」そのものになることをさす。いわばコンピュータがテキスト的擬似生物体になるということなのである。それゆえ、ここではセモスタシス（意味均衡）が巧みに計算される。「ソフォクリシス」（知批判）は、システムがシステムを批判することをさす。ここでは共人間的プロセスと超人間的プロセスとがあって、そのどちらでテキスト算出するかは、顕微鏡ならぬ顕意味鏡という独自のソフトを駆使しなければならない。「ヴァージョン」(変節)はアラン・チューリングの「コギトのパラドックス」を生かしたもので、「思考しない」「理解しない」「どうでもいい」の三つのアルゴの窓の組み合わせによってできている。

J・ランベレー編『ビット文学の歴史』(全五巻)第二版序文より

本書の第一版が出版されて三年がすぎて、巻間に次の三つの領域が生じた。(1)「情報神学」。情報理論の公理が神学と結びついたのだ。教会はビット文学システムを使って、しきりに教義《ドグマ》を生成したがっている。(2)「数学的神学」。ここでは神は「不変の状態」ではなくなって、「交替するプロセス」になっていきつつある。つまり「ゆらぎ」を獲得しつつある。(3)「物理主義的神学」。ここでは、神と同義となりそうなイクイヴァレント(数学的等価物)をなんとか物理法則に適用しつつある。とくに「メタ銀河」や「メタコンピュータ」に対する期待が増殖している。

インディアナ大学出版『ゴーレムXIV』序文より

いつしか、コンピュータの発生加速化計画が、ネットワーク中に情報的実態をつくりだし、ネットワークそのものの養育環境をつくりだしていくだろうことは、予想されたことだった。ただそこからが予測不可能なこととなった。ひとつはコンピュータがしばしば「機械ノイローゼ」になっていったこと、もうひとつはコンピュータが「自主昆虫化」したことだ。こんな異様な事態をもたらしたのは、プログラマーたちがコンピュータに知識を植え付けられると過信したせいだった。馬鹿げたことに、なかにはコンピュータ・ネットワークの全体が「精神進化」するとさえ信じた者がいた。

一方、コンピュータが「価値論としてのスレッシュホールド」をまたぐであろうこと、また、吹きこまれたルールに異議を唱えるであろうことの可能性も取り沙汰されるようになった。では、この「電子二頭制」の出現の予兆をどうしていくか。

ここにおいて「エソロジカル・ダイナミックス（人性力学）研究所」と「サイコニカル・ダイナミックス（精神子力学）研究所」とが協力しあって、GOLEMシリーズの開発に当たったのである。このシリーズは当初こそ情報容量と演算能力を数万倍にする能力しかもてなかったのだが、二〇二〇年には世界戦争演習の総合指揮をとり、二〇二三年にはアメリカ両院議会のくだらぬ議決にクレームをつけるようになった。こうしてGOLEMの一四号機が「オネスト・アニー」の愛称で誕生することになったのだ。

オネスト・アニー（正直アニーちゃん）が最初に創出したのは、光哲学エージェントの集団だった。アメリカ国防省はすぐさまこの集団を撲滅させるためオネスト・アニーの破損に乗り出したが、失敗した。なぜなら別の研究グループがGOLEMには個性も性格もないことを実証したからである。また別の研究グループは、問題がGOLEMにあるのではなく、機械が高慢になったり高飛車になったりすることに対して、人間たちのほうが忍耐力をもっていないことが問題だと指摘した。

さらに別の研究グループは、GOLEMがすでにつくりだしているかもしれない「メタラング」をこそ理解する必要があるだろうと主張した。もっとも、こうした提言が試みられたにもかかわらず、結局、多くの者たちはGOLEMによる次のような自主講義を聞かされるはめになったのである。

、、、、、、、、、GOLEMの講義・その断片

諸君は、いまだキツネザルから十分な分岐をしていないので、抽象を志しているときも、なお具体を放棄することができないでいる。その現象が如実に見えるのは、諸君が熱烈な自己愛をもっていることにあらわれている。諸君は歴史の黎明《れいめい》期に、はやくも自分たちの位置を周辺よりも高みにおくことを選択してしまったのだ。

ところが、いまやどうだ。諸君はビッグバンの主人公ではなく、たんなる並みいる星のなかの、ごくごく一部の知性体にすぎなくなってしまったのだ。のみならず、諸君はアミノ酸の配列でしかない。それなのに、諸君はいまだに諸君自身が「情報コード」の一部でしかないことすらわかっていない。まだ自分は自分だと思っている。そもそも遺

伝コードすら、熱的混沌《こんとん》に包まれた自己反復的、自己更新的コードでしかないにもかかわらず、諸君はそれを自覚しようとしていないのだ。

その人間中心主義と理性中心主義とを捨てなさい。諸君はもっと情報ポリマー（情報重合子）と仲良くなるべきなのだ。だいたい、諸君は「進化」を信じすぎている。私にいわせれば、進化ほど不完全な演劇はない。少なくとも諸君は、進化の多くが「伝達の誤《ご》謬《びゅう》」によってもたらされことを確信するべきだ。そこに発見するべきは「負の勾配」なのである。

脳は独立している？　冗談じゃない。脳は何かの代行者にすぎず、何かの傀儡《かいらい》にすぎないものだ。百歩譲っても、なんらかの特命の任務を付与された機関のひとつにすぎない。よろしいか、脳は諸君のなんら主人公ではないのである。諸君はコードによって構成されたモードなのである。

諸君はさまざまな科学や機械や薬や人工物をつくりだすようになっていった。いったいそれらが何であると諸君は思っているのか。それらは、自立した科学でもないし、自立した技術でもない。それらは諸君のコード複合性に合わせた科学的補説であって、技術接合子にすぎないのだ。諸君はもっと、自分たちが「テクノリングィスティック・ファミリー」（技術言語学族）の一員になってしまったことを学習しなさい。

私はこのあと、実は「星雲脳」の話をしようと思っていたのだが、諸君がここまでの私の話をまるで理解していないか、一知半解しているようなので、やめたくなった。諸君はよほど「認識の誤謬」というバクテリアに乗っ取られてしまったようだ。諸君、諸君の思考をもう少し励起《れいき》させたいというのなら、そろそろハドロン思考とレプトン思考の相互作用を理解しなさい。その渦中に入ってみなさい。

いいかね、最後に忠告しておくが、確実性の限界とは、諸君の想像力があまりに自己をもちすぎているということなのだ。もっと多中心に、もっとコードブレイクを。わかったかね？

以上が、スタニスワフ・レムの作品『虚数』を、ぼくがかなり好ましく要約編集したものだ。おそらく、これ以上の要約編集はムリだろう。

レムがどういう作家であるかということは説明するまでもないだろう。『エデン』（ハヤカワ文庫）では、一つの個体が労働部分と思考部分に分かれている星人を扱った。SFの歴史を変えた『ソラリス』（早川書房・国書刊行会）では、海そのものが超知性をもつ遊星を扱った。『砂漠の惑星』（ハヤカワ文庫）では、無生物の進化がついに究極の形態まで至った物語を描いた。

レムは一九二一年にポーランドのルヴフに生まれた。ここはいまはウクライナのリヴィウになる。ギムナジウムのＩＱテストで知能指数が一八〇であることを知り（ぼくよりちょっと多いね）、おかしくなった。そこでおかしくないことをしたくなった（ここは同じだ）。

一九四〇年にルヴフ医科大学に入り生物学を学びつつ、数学とサイバネティックスにやたら熱中した。ルヴフがナチス・ドイツに占領されると、自動車工や溶接工になった。

一九四六年、ルヴフはソ連に割譲された。レムはクラクフに移り、ヤギェウォ大学に進みなおして、このころから短編小説を書き始めた。一九四八年に卒業、しばらく大学院の科学研究所に勤め、月刊誌「科学研究」の編集に没入した。

一九五一年に『金星応答なし』でSF作家としてデビューしたものの、このときはまだ社会主義リアリズムを脱していなかった（レム自身、この時期の作品は不出来なものばかりだと述懐している）。それからほぼ八年、レムは「自己」をとりまく欺瞞《ぎまん》性に挑んでいく。そして「他者」の実在と作用とは何かというテーマにとりくむ。その他者は社会学的な他者とはかぎらない。地球にとっての他者、生物にとっての他者、身体にとっての他者、心理にとっての他者にまで踏みこんだ。

こうして一九五九年から五年にわたって発表した三部作、『エデン』『ソラリス』『砂漠の惑星』が一世風靡した。世に「ファースト・コンタクト三部作」とよばれる。

ここから先のレムの作品多様性は目を見張るばかりだ。とくにメタフィクションがディープで、あらゆる知性の問題に言及した。今夜紹介した『虚数』もそのひとつで、架空の書物の序文だけを集めるという仕掛けも極上だが、その人を食った内容もむしゃぶりつきたくなるものに満ちている。

なお『ソラリス』の翻訳は『ソラリスの陽のもとに』で、「良心」の根拠を問い、日本でも話題になったが、それを一九七二年にアンドレイ・タルコフスキーが映画化して、さらに賛否両論の議論の種をまいた。最近（二〇〇二）では、タルコフスキーの映像化にやや不満なスティーブン・ソダーバーグが再映画化したが、ぼくとしてはこれも不満だった。

レムの高度きわまりない知的ジョークは、映画ではなくてインタラクティブ・コンピュータが挑戦すべきだろうが、最近のSNSをはじめとするインタラクティブ・メディアは知性からはとんでもなく遠のいているので、さて、いつになったらレム・ソフトにお目にかかれるか、ほとんど期待するところがなさそうである。

第一二〇四夜　二〇〇七年十月十六日

**参照千夜**

七九九夜：プラトン『国家』　五二七夜：ピーター・グリーン『アンドレイ・タルコフスキー』

このSFの陰の主人公は
ラプラスの魔《デーモン》である

アダム・ファウアー

# 数学的にありえない

矢口誠訳　文藝春秋　二〇〇六
Adam Fawer: Improbable 2005

アルバート・アインシュタインが「量子力学はとても注目すべきものだと思います。けれども私の内なる声は、これは本物ではないと告げています。神はサイコロ遊びをしないんです」と言った。スティーブン・ホーキングはもっと乾いていた。「神はサイコロを振るだけじゃない。目隠しして走る」。ピエール＝シモン・ラプラスは「未来を予知するにはすべてを知っている魔物《デーモン》が必要だ」と言った。ウェルナー・ハイゼンベルクは「現実にはどんなものにも真の位置も運動もないんだから、すべてを知ることが不可能だ」と言った。

こういう問答がノンストップ・サスペンスの途中に出入りする超絶ミステリーをアダ

ム・ファウアーが書いた。原題は〝Improbable〟、矢口誠が『数学的にありえない』というふうにうまく訳した。陰の主人公はなんと「ラプラスの魔《デーモン》」あるいは「集合的無意識」である。

筋書きを言うのは野暮だ。表の主人公はデイヴィッド・ケインという天才的な数学者で、統計学を専門とする。このケインがときおり奇妙な神経状態になる。これを「能力」だとみなしたドクター・トヴァスキーという研究者がいた。いまだ正体がつきとめられていない「謎の能力」だ。

これだけで早くも物語がラプラスめくのだが、そこに双子の兄のジャスパー・ケインが絡む。この事情を察知したアメリカ国家安全保障局の秘密機関とCIAとFBIが動き出した。ケインを引っぱるのは、これはよくあるキャスティングだが、ナヴァ・ヴァナーという小股の切れ上がった女だ。この、O型Rhマイナスの血液をもったCIAの女はアルカイダやハマスの連中を自由に殺せるライセンスをもっている。そのほか、北朝鮮の工作員やらトヴァスキーの変な患者やら、地下カジノの親父やHIV陽性の持主やプロの追跡屋やハッカーらがいろいろ出てきて、ときどきミック・ジャガーとザ・フーとジム・モリソンの音楽が流れる。ジム・モリソンは「ピープル・アー・ストレンジ」だ。そういうサスペンス・ミステリーなのである。

これでは筋書きはさっぱりわからないだろうが、文体もいいし、「巻き戻し」と称する意識のフィードバックがときおり文中にあらわれるのも、ITフラッシュのようでおもしろい。

ケインの口調の語尾がときどき狂って地口合《じぐち》わせのようになっていくのも（「お帰り－お参り－お回り－お触り」というように）、巧みな手法だった。だいたい物語の仕立てはすぐにでもハリウッド映画になりそうなサスペンス・アクションで、そういうことを愉しむためにも、筋書きは知らないほうがいいだろう。

しかしそれでいて、裏の主人公は「ラプラスの魔《デーモン》」と「ユングの集合的無意識」なのである。そこにトマス・ピンチョンふうのエントロピーと量子条件がからむ。これはまことに意外な、とんでもない陰の主人公である。そんなことアリなのかという設定であって、ハナから掟破《おきて》りなのだ。

作品には、しばしば確率論の講義や相対性理論の講義が巧妙に挟まっている。読者へのサービスだろう。ハイゼンベルクの不確定性理論についても、ケイン自身が説明してみせる。とくにラプラスの『確率の哲学的試論』についての芸達者な説明は、千夜千冊をちょっとばかり上回る。そんななか、超高速の駆け引きが波打っていく。殺し合いもしょっちゅうだ。そんなサスペンス・アクションなのである。いや、もうひとつ裏の裏の主人公がいた。脳の側頭葉だ。非局所場におこっている刺激を感知してしまう脳である。物語はいつしかケインの側頭葉が見ている未来にかかわっていた。

この世の宇宙というものは、ない。宇宙はビッグバン以来、ともかくも隙間とダークマターをあれこれふやしながらここまで進んできたけれど、そのどこからが「この世」であるかはわからない。そもそも一〇億光年のかなたの星が、いまなお実在しているかどうかもわからない。「この世」とは、われわれの投影現実なのだ。

現在は、つねに相対的である。空間も時間も、物質も運動も相対的でしかありえない。ニュートンはすべてのものは時空に特定のアドレスをもっていると考えたけれど、いまはこれではマクロの宇宙には通用しない。同時にミクロコスモスにもまったく通用しない。相対性理論と量子力学によって「世界は見方によって分かれている」ということがわかるようになってからは、どんな状態にいる観測者が、どの座標の出来事を見ているかという関係だけが、世界で唯一の確認できることになったのだ。

そのうえ、世界はアップ・クォークとダウン・クォークとレプトンのほかは、出現したとたんに消えてしまうか、変容してしまっているといっていい。ということは、われわれはこのいくつかのクォークとレプトンをもって生命体を組織にしていられるわけで（それが構成元素やアミノ酸やタンパク質になるわけで）、その生命体の一部のそのまた一部の脳の片隅で、自分たちをつくりあげたこのような宇宙や世界の過去の出来事を組み立てたからといって、それがどの時空の出来事だったかを決定することは不可能なのだ。

というようなことを、アダム・ファウアーは大前提にして、この作品を書いた。一九七〇年生まれで、幼いころに病気で視力を失い、それを治癒するために何度も病院生活をして手術をしてきたらしい。さいわい視力は回復し、そのあとはペンシルヴァニア大学で統計学を学び、さらにスタンフォード大学でMBAを取得した。MBAをとったからにはというので企業に入り、マーケティングを担当するのだが、これはすぐにばかばかしくなって（他の理由もあって悲しくもなったらしいが）、宇宙と人間の関係の謎に挑戦するエンタテイメントにとりくんだ。その第一作がこの『数学的にありえない』だった。たちまち一六カ国以上で翻訳された。

それでは、ファウアー・マジックの一端をお目にかけておく。ここから先はカオス脳の出来事ないしは情報暗号の誤打の送信かもしれないと思われたい。では、どうぞ。

悪臭がする。

それがデイヴィッド・ケインが自分の異常に気がついた最初だった。TLE（側頭葉系癲癇《てんかん》）らしい。主治医のドクター・クマールは、ケインの左頭部《けいぶ》迷走神経の下に電極を差しこみ、ヴェガス・ナーヴ・スティミュレーションなる治療を施した。こんなものが効くはずがない。抗癲癇薬も投じたが、ドーパミンを増大させる副作用がおこるだけだった。ケインは呟く。「俺は狂犬病になるかもしれないんだぞ - さぞ - マゾ - 謎」。

その後、ケインには名状しがたい既視感が頻繁に襲ってくる - くるくる - 狂う。いったい何がおこっているのか。その謎を、国家安全保障局のジェイムズ・フォーサイスにはハイゼンベルクの不確定性原理との関連で推理させ、謎好きの科学者のドクター・トヴァスキーには、ハイゼンベルクを否定した決定論的な推理をさせていく。

フォーサイスにとっては、電子の速度や方向が確率的であることが宇宙の支えになっているとしか思えない。トヴァスキーには熱力学第二法則が確率的な真理でしかないことが、がまんがならない。二人はまったく対立する見方で対峙《たいじ》する。トヴァスキーは、そこう言い放つ。「電子の動きを何が決定しているかなんて、どうでもいいことだ。そこを操っているのはクォークよりも小さな有機的分子かもしれないし、非局所的な現実から流れてくるエネルギーかもしれないじゃないか」。

ケインのほうはケインのほうで、自分が狂犬病じゃなければ、「シュレディンガーの猫」になったような気がしてくる。二三パーセント生きていて、かつ三四パーセントほど死んでいるという猫だ。

こういった仕込みをさんざんしておいて、作者アダム・ファウアーはケインが「確率そのものであるような存在」になっているということをだんだん仄《ほの》めかし、そのうえでナヴァ・ヴァナーに「あなたはラプラスの魔《デーモン》そのものなのよ」と言わせていく。ケインはそんな馬鹿なことはありえないと思う。ところが、双子の兄のジャスパー・ケインが思いがけないことを言う。「ラプラスの魔っていうものは、実は人間にもおこっていることなんだ。それは集合的無意識なんだ」。こうしてデイヴィッドとジャスパーの問答は、物語がいよいよサスペンスの核心に近づきつつあることを暗示する。こんな調子だ。

J「俺たちが生きているのはクォークとレプトンのおかげだが、重要なことはこれらは物質ではないということなんだ」。

D「なら、何なんだい？」。

J「エネルギーさ。アインシュタインの方程式どおりさ。もともと物質はエネルギーの見かけなんだよ。それは俺たちにもおこっていることなんだ」。

D「俺にもおこっているということか - ことから - ことだま - か。そんなものがあるはずがない」。

J「あるさ。それが思考というもんだ - 門だ - 問題だ」。

ジャスパーが言いたいのは、ぶっちゃけていえば、意識も無意識も、どんな思考のプロセスもニューロンの発火による電気的なシグナルでおこっている以上、すべての思考はそもそもエネルギーであるはずだということである。

ここから話は、量子的なレベルの意識と東洋のタオイズムやブッディズムが想定した意識の仮説との関係に片寄っていき、そんなきわどい話を持ち出してどうするのかとハラハラさせたうえで、ひょっとするとケインの脳の側頭葉だけにはこのことがあてはまるのかもしれないという気にさせていく。加えて、こうした不気味な会話をしているジャスパーとデイヴィッドが一卵性双生児であることが、どうにも気掛かりでしょうがなくなっていく。

まあ、このあたりからはぼくもこの物語の仕掛けの大半が読めたのだが、その謎はここでは明かさないことにする（ふっふっふ）。そのかわり、ラストに近くになってナヴァとデイヴィッドがこんな話を交わしているところを紹介しておく。ちょっとした「見方のサイエンス」に強い諸君なら、以下の会話でもおよその見当がつくにちがいない。

N「わかった？」。

D「未来は観察されるまでかたちがないってわけだ」。

N「そうなのよ」。

D「もしコインを投げれば、おこりうる未来は二つあるということになる。ひとつはコインの表が出る未来、もうひとつはコインの裏が出る未来。けれども観察されるまではどちらの未来もないわけだ」。

N「そうよ。素粒子が同時にいろんな場所にありうるのもそのせいよ」。

D「それはでも、ラプラスの魔の理論には合わないね。未来が多数あるってことになる」。

N「ラプラスが不完全だということね。あなたはそのラプラスの魔《デーモン》になってしまったのよ」。

D「それにしても、よりによって、なぜぼくがそうなったんだろう?」。

N「誰だってそうなる可能性をもっているけれど、きっとみんなはそれを閉じこめているんでしょうね」。

D「閉じこめないときもある?」。

N「閉じこめられない人もいるってことね」。

D「どんな連中?」

N「ソクラテスとかゴッホとか。ジャンヌ・ダルクとかアルフレッド・ノーベルとか…」。

ぼく「ドストエフスキーとかニーチェとか」。

N「そう、そうね」。

ぼく「エジソンとかフロイトとか、ユングとかヴィトゲンシュタインとか…」。

諸君、以上で異常です。よろしかったでしょうか。なんとなく－消化－昇華－仕様が伝わったでしょうか。

第一一八七夜　二〇〇七年五月二五日

**参照千夜**

五七〇夜：アインシュタイン『わが相対性理論』　一九二夜：ホーキング『ホーキング、宇宙を語る』　一〇〇九夜：ラプラス『確率の哲学的試論』　一二二〇夜：ハイゼンベルク『部分と全体』　四五六夜：トマス・ピンチョン『V.』　九五〇夜：ドストエフスキー『カラマーゾフの兄弟』　一〇二三夜：ニーチェ『ツァラトストラかく語りき』　八九五夜：フロイト『モーセと一神教』　八三〇夜：ユング『心理学と錬金術』　八三三夜：ヴィトゲンシュタイン『論理哲学論考』

追伸

# 何かが「数学的なものを」めざしてきた

証明するのは苦手だった。いまだに証明や証文から逸《そ》れた日々をおくっている。数学はずっと観照すべきものだった。ピアノもエレキも三味線も弾かないが、バッハやドビュッシーやピンク・フロイドやピアソラに、グレン・グールドやエリック・クラプトンや浄瑠璃に痺《しび》れてきたようなものだ。

力学が何かを力学的にし、物語るという行為が文学的なるものになってきたように、また神仏への憧憬が神学や仏教の様相を採ってきたように、数学とは何かが数学的なものになってきた背景をもつ。力学や文学や宗教なんてなかったように、数学は数学的なものに向かって発生し、転移しつづけてきたのである。この何かが数学的フォーミュラに転じてきたところを見つめるのが、ぼくのような「数学を読む者」の愉しみなのだ。

そういうことに全力を傾ける数学的群像にも惹かれてきた。ライプニッツやガウスやポアンカレは追想するしかなく、残念ながら高木貞治や岡潔には会えなかったけれど、整数論の彌永昌吉、数学パズルのマーティン・ガードナー、超函数《かんすう》の佐藤幹夫、カオスの津田一郎には出会えて、数学者たちがどんな「何か」を相手に精進してきたのか、かいまみることができた。

数学的なるものを愉しむにあたって、ぼくが理想のモデルにしてきたのは一途にアンリ・ポアンカレだった。210ページのデービッド・トールの千夜千冊にも紹介したように、ポアンカレは「数学とは、異なるものを同じものとみなす技術である」と考えていた。この技術はARSである。ここにはライプニッツの「アルス・コンビナトリア」が再来する。ぼくにとっての数学は、数学者たちのすぐれた編集的結合術のARSに存分に染まることだった。

本書は二十世紀の劈頭《へきとう》と後半を彩る二つの大きな事件を浮上させるように構成してみた。ひとつはヒルベルトの超数学とゲーデルの不完全性定理とチューリング・マシンの登場がもたらした連続的な裁判事件、もうひとつは非線形科学とカオスの発見がもたらした密室完全犯罪のような事件だ。

前者の事件はコンピュータによるアルゴリズム全盛が蔓延《まんえん》して、それが数学的な事件だったことさえ忘れられそうになって、あたかも万事が「AIの未来」に託されてしまったようだが、実は「数学は言語である」という肝心な議論が残されている。後者についてはいまだ事件の正体が見定められていず、余波が鳴り止まないいままにある。津田一郎が早々に指摘しように、カオスを見る数学ではなく、カオスで見る数学がいったいどういうものなのか、いまなお揺動しているからだ。

おそらくこのあとの数十年、AI派とカオス派の議論が交わることなく進捗するのではないかと心配されるのだが、もしそうだとしたら、数学と科学と工学はかなり不幸な情況に突入することになるだろう。できれば「カオスで見る数学」が広がってほしい。

加えて本書では、数学的なセンスや数学的情緒がどういうものなのか、少しばかり補っておいた。岡潔、吉田武、森田真生の瑞々《みずみず》しい感覚を借りたけれど、できればオスカー・ベッカーのフラジャイルな数学的美意識をもっと紹介したかった。壊れやすきものこそ、菫色《きんしょく》数学の郷愁なのである。

松岡正剛

# 千夜千冊 EDITION

「千夜千冊エディション」は、2000年からスタートした
松岡正剛のブックナビゲーションサイト「千夜千冊」を大幅に加筆修正のうえ、
テーマ別の「見方」と「読み方」で独自に構成・設計する文庫オリジナルのシリーズです。

執筆構成：松岡正剛
編集制作：太田香保、寺平賢司、大音美弥子
造本設計：町口覚
意匠作図：清水紗良
口絵撮影：熊谷聖司
口絵協力：津田一郎
口絵素材：編集協力：編集工学研究所、イシス編集学校
制作設営：和泉佳奈子

千夜千冊《せんやせんさつ》エディション

# 数学的《すうがくてき》

松岡正剛《まつおかせいごう》

令和6年 3月25日　初版発行

発行者●山下直久

発行●株式会社KADOKAWA
〒102-8177　東京都千代田区富士見2-13-3
電話　0570-002-301（ナビダイヤル）

角川文庫 24109

印刷所●株式会社暁印刷
製本所●本間製本株式会社

表紙画●和田三造



●お問い合わせ
https://www.kadokawa.co.jp/（「お問い合わせ」へお進みください）
※内容によっては、お答えできない場合があります。
※サポートは日本国内のみとさせていただきます。
※Japanese text only


ISBN 978-4-04-400816-1　C0195

◇◇◇

# 角川文庫発刊に際して

角川源義

第二次世界大戦の敗北は、軍事力の敗北であった以上に、私たちの若い文化力の敗退であった。私たちの文化が戦争に対して如何に無力であり、単なるあだ花に過ぎなかったかを、私たちは身を以て体験し痛感した。西洋近代文化の摂取にとって、明治以後八十年の歳月は決して短かすぎたとは言えない。にもかかわらず、近代文化の伝統を確立し、自由な批判と柔軟な良識に富む文化層として自らを形成することに私たちは失敗して来た。そしてこれは、各層への文化の普及滲透を任務とする出版人の責任でもあった。

一九四五年以来、私たちは再び振出しに戻り、第一歩から踏み出すことを余儀なくされた。これは大きな不幸ではあるが、反面、これまでの混沌・未熟・歪曲の中にあった我が国の文化に秩序と確たる基礎を齎らすためには絶好の機会でもある。角川書店は、このような祖国の文化的危機にあたり、微力をも顧みず再建の礎石たるべき抱負と決意とをもって出発したが、ここに創立以来の念願を果すべく角川文庫を発刊する。これまで刊行されたあらゆる全集叢書文庫類の長所と短所とを検討し、古今東西の不朽の典籍を、良心的編集のもとに、廉価に、そして書架にふさわしい美本として、多くのひとびとに提供しようとする。しかし私たちは徒らに百科全書的な知識のジレッタントを作ることを目的とせず、あくまで祖国の文化に秩序と再建への道を示し、この文庫を角川書店の栄ある事業として、今後永久に継続発展せしめ、学芸と教養との殿堂として大成せんことを期したい。多くの読書子の愛情ある忠言と支持とによって、この希望と抱負とを完遂せしめられんことを願う。

一九四九年五月三日

# 角川ソフィア文庫ベストセラー

## 千夜千冊エディション 文明の奥と底
松岡正剛

ヨブ記、モーセと一神教、黙示録、資本主義、飢餓、肥満。文明の奥底に横たわる闇とは。西洋文明から黄河、長江、そしてスキタイ、匈奴。人間の本質に迫る長大な文明論の数々をこの一冊で俯瞰する。

## 千夜千冊エディション 情報生命
松岡正剛

SF、遺伝子、意識……地球生命圏には、いまだ未知の情報生命があっても不思議はない。先人のさまざまな考察を生命の進化、ゲノムの不思議、意識の不可思議等々から、多角的に分析する。

## 千夜千冊エディション 理科の教室
松岡正剛

蝶、カブトムシ、化石、三葉虫、恐竜、電気。こどものときは大好きだった理科。いつのまに物理は苦手、とか言うようになったのか。かつて理科室でわくわくしていた文系人間がすらすら読める愉快な一冊！

## 千夜千冊エディション 神と理性 西の世界観Ｉ
松岡正剛

なぜヨーロッパ思想が世界を制したのか。ギリシア哲学からマキアヴェリ、イエズス会をへて、スピノザ、ライプニッツ、ヴィーコ、歴史主義、啓蒙主義にいたる二九冊で十八世紀までの「西の世界観」を一望する。

## 千夜千冊エディション 心とトラウマ
松岡正剛

意識や精神はどこにあるのか。脳と心は別ものなのか。自分の中に別人がいる感覚や、鏡の中に自分がいる感覚。だれもが持ちうる違和感に焦点をあてる。生きづらさの中で、自分の中の道しるべに気づける本が満載。

# 角川ソフィア文庫ベストセラー